U0453071

Originally published as *Chinese Comfort Women: Testimonies from Imperial Japan's Sex Slaves* © UBC Press, Vancouver, Canada, 2013.

《日本帝国的性奴隶：中国"慰安妇"的证言》© 2017 香港大学出版社版权所有。未经香港大学出版社书面许可，不得以任何（电子或机械）方式，包括影印、录制或通过信息存储或检索系统，复制或转载本书任何部分。

本书简体中文版由香港大学出版社授权中国社会科学出版社出版发行。

丘培培
与苏智良　陈丽菲　合作
丘培培　译　周游力　协译

日本帝国的性奴隶

中国"慰安妇"的证言

中国社会科学出版社

图字 01-2017-7844

图书在版编目(CIP)数据

日本帝国的性奴隶：中国"慰安妇"的证言 / 丘培培，苏智良，陈丽菲著；丘培培译 .—北京：中国社会科学出版社，2018.7
ISBN 978-7-5203-2899-9

Ⅰ.①日… Ⅱ.①丘… ②苏… ③陈… Ⅲ.①军国主义-性犯罪-史料-日本 Ⅳ.①K313.46

中国版本图书馆 CIP 数据核字(2018)第 163357 号

出 版 人	赵剑英
责任编辑	李庆红
责任校对	李 剑
责任印制	王 超

出　　版	中国社会科学出版社
社　　址	北京鼓楼西大街甲 158 号
邮　　编	100720
网　　址	http：//www.csspw.cn
发 行 部	010-84083685
门 市 部	010-84029450
经　　销	新华书店及其他书店
印　　刷	北京明恒达印务有限公司
装　　订	廊坊市广阳区广增装订厂
版　　次	2018 年 7 月第 1 版
印　　次	2018 年 7 月第 1 次印刷
开　　本	710×1000　1/16
印　　张	14
字　　数	251 千字
定　　价	59.00 元

凡购买中国社会科学出版社图书，如有质量问题请与本社营销中心联系调换
电话：010-84083683
版权所有　侵权必究

鸣　　谢

　　本书的调查与撰写曾得到众多个人和机构的热心帮助，谨此表示最深切的谢意。首先要感谢的是那12位勇敢地站出来讲述自己在日军慰安所中所遭受的折磨及战后苦难经历的女性。她们是：陈亚扁、黄有良、雷桂英、李连春、林亚金、陆秀珍、谭玉华、尹玉林、袁竹林、万爱花、周粉英、朱巧妹。她们口述史的出版使世界上更多的人得以了解这一页重要的历史。

　　对本书的研究、写作提供过帮助的人不胜枚举，无法逐一表达感激之情。此处鸣谢如有疏漏，敬请原谅。我们特别要感谢的是为我们收集原"慰安妇"口述史提供了直接帮助的日军慰安所幸存者的亲属及志愿研究者。其中包括幸存者袁竹林的养女程菲、中国"慰安妇"研究中心特邀研究员程绍蟾、海南省保亭县南茂农场志愿调查员陈厚志、云南省保山市原史志办公室研究人员陈祖梁、海南省原史志办公室主任符和积、幸存者李连春之女高玉兰及儿媳张学芳、海南省陵水县田仔乡原文化站站长胡月玲、幸存者周粉英之子姜伟勋、陕西省盂县志愿调查员李贵明、云南省保山市隆阳区史志办公室原主任沙必璐、海南省陵水县政协原主席苏光明、幸存者雷桂英的养子唐家国、幸存者谭玉华之子谭毛湘、幸存者陆秀珍的继子王安章，及幸存者朱巧妹之子周燮。

　　由衷感谢湛江师范学院外国语学院院长陈俊英，"敦促日本战后补偿国际联盟"执行长有光健，及中国故宫博物院研究员朱春立为笔者提供了宝贵的日文资料。感谢纽约非营利机构People Inc. 财务总监张越女士不远万里将笔者所需资料由中国带到纽约。感谢哥伦比亚大学东亚图书馆中文藏书负责人王成志博士、日文藏书负责人野口幸生博士、特殊馆藏负责人Ria Koopmans-de Bruijn女士对笔者调查的鼎力协助。笔者的调研也得到了瓦萨大学图书馆Barbara Durniak女士及瓦萨大学科研基金办公室Amanda Thornton女士的倾心帮助。上海师范大学诸多研究生和笔者在瓦萨大学的学生助手Xuan Liu、Sally DeWind、Maria Ichizawa、Charlotte

Ong、周游力、Hayley Rothman、刘均锐、郭泊羽、Anthony Chan、胡小庭做了大量的辅助工作；周游力还参加了本书中文版初稿部分章节的翻译，刘均锐参加了索引的编写，在此一并致谢。此外，笔者借此机会对瓦萨大学毕业生 Lesley Richardson 和 Leann Peterson 表示感谢。笔者对中国"慰安妇"问题的调查始于审阅 Lesley 就韩日"慰安妇"索赔运动撰写的毕业论文；Leann Peterson 曾参与朱巧妹口述史初稿的英文翻译工作。

　　本书的写作得益于诸多此前出版的关于"慰安妇"问题的研究，但因篇幅所限，难以逐一列出，谨此向先行研究者一并致谢。特别感谢康健律师向笔者提供中国"慰安妇"对日诉讼的相关信息；感谢惠泉女学园大学名誉教授、大阪经济法科大学亚洲太平洋研究中心所长内海爱子、冈山大学名誉教授石田米子，及战争与和平妇女运动展览馆（Women's Active Museum on War and Peace, WAM）负责人池田惠理子的宝贵帮助。在本书英文版撰写的不同阶段，多位学者、同人抽出宝贵时间阅读书稿并提出宝贵建议，谨此表示深切的谢意。瓦萨大学 Lizabeth Paravisini-Gebert 教授不仅仔细阅读了初稿全篇，并为本书的撰写与出版提供多方支持；Seungsook Moon 教授、Katherine Hite 教授分别从性别研究、社会运动，及记忆研究的角度对初稿提出宝贵的修改建议；华东师范大学姜进教授热心促成笔者与苏智良、陈丽菲两位教授的合作，并对初稿提出建设性意见；哈佛大学 Karen L. Thornber 教授对完善修订稿提出了宝贵意见，并对本书出版给予了热忱支持；中国社会科学院日本研究所孙伶伶博士从法学研究的角度，仔细阅读了有关中国"慰安妇"法律诉讼的章节；日本战后赔偿联络网有光健执行长阅读了初稿并就"慰安妇"索赔运动提供信息；瓦萨大学 John J. Ahern 教授、Bryan W. Van Norden 教授审阅了本书初稿，并给予笔者大力支持；中国社会科学院世界历史研究所顾宁研究员、日本研究所李薇所长、美国禾大公司（Croda Inc.）孙金霞博士对本书的写作倾心相助，并提出中肯建议；瓦萨大学苏福兵副教授、周宇教授不仅抽出宝贵时间阅读书稿，并与笔者就"慰安妇"问题进行了深入的讨论；瓦萨大学教务长 Jonathan Chenete 教授就本书前言的写作提出了建设性意见；土屋浩美副教授、Diane Harriford 教授，及美国 Bridgewater Associates Inc. 中国区总裁王沿先生也在百忙中阅读了书稿的不同章节。加拿大不列颠哥伦比亚大学出版社特邀审稿人提供了中肯评价与建设性意见，对书稿的进一步完善至为关键，笔者不胜感激。

　　笔者由衷感谢瓦萨大学计算机学系行政助理 Linda Wood 女士为校阅本书初稿花费的心血。感谢《新民晚报》记者方毓强先生为本书提供日军在上海建立的第一家慰安所"大一沙龙"的日本地图照片。感谢上海师范大学博士后研究者吴俊范女士为制作12位幸存者受害地点图初版所做的工作。

美国新泽西州帕利赛兹帕克镇艺术家 Steven Cavallo、镇长 James Rotundo、副镇长 Jason Kim 百忙之中向笔者详尽介绍美国第一座"慰安妇"纪念碑的建立沿革。

加拿大不列颠哥伦比亚大学出版社资深组稿编辑 Emily Andrew 女士、编审 Joanne Richardson 女士，及制书编辑 Megan Brand 女士为本书英文版的出版做了大量的工作。她们高度的敬业精神和专业水平令人钦佩。香港大学出版社总编辑何舜慈女士、编审谢伟强先生、策划编辑梁悦生小姐，及原助理编辑、版权经理梁倩仪小姐为本书中文版的发行尽心尽力，特此感谢。由衷感谢中国社会科学出版社李庆红编辑为出版简体中文版付出的心血。

本书英文版的研究与写作，先后得到瓦萨大学 Emily Abbey 基金、Lucy Maynard Salmon 研究基金和2005届毕业生捐献基金的资助。上海师范大学资助了部分实地调查及访谈的费用。本书英文版的出版承蒙加拿大政府图书基金、加拿大不列颠哥伦比亚文学艺术委员会、瓦萨大学 Susan Turner 基金赞助；中文版的翻译出版承蒙瓦萨大学 Salmon 基金及 Tatlock 基金赞助，在此一并致谢。

在本书中文版出版之际，笔者及合作者衷心感谢我们的家人。他们长期以来无条件的支持，使这一重要的研究课题得以完成。

前　　言

　　刘面换是家中独女。在她之前，刘家的几个孩子都不幸夭折，小面换一出世就被父母视为命根子。然而，在刘面换未满16岁那年，日军占领了她的家乡，将她从母亲眼前抓走，关进军事据点充当日本兵的"慰安妇"。半个多世纪过去了，这段悲惨的经历仍然是刘面换心头流血的伤口。回忆起慰安所里骇人的折磨，她止不住泪如泉涌。

　　　　我生在山西盂县羊泉村。战前家里生活虽不富裕，倒也没有什么大的忧愁。
　　那年我将满16岁，一队日本兵突然进了羊泉村，包围了村庄。记得是采嫩柳叶、榆树叶吃的时候。那天天气很好，我们一家早晨吃了早饭，母亲在炕上，父亲去地里干活了。忽然听到有人高叫："开会！开会！"后来听说这人是日本兵的翻译官。所有的村民被日本兵赶到草堆边的空地上，全部蹲下，然后日本兵就开始在里面寻找"花姑娘"。有个30岁左右的军人，汉奸们叫他"队长"，走到我面前，瞪着眼看我，让翻译对我说："你长得很漂亮。"这样我就被日本兵挑上，五花大绑地与其他两个女孩一起被押上了路。我妈哭叫，没有用。我不停地反抗，遭到日本兵的毒打，左肩受伤，至今活动不便。
　　约走了三四个小时，我们被日本兵押到了进圭村，关进了日军的据点。当天晚上我就被日本兵强奸了。我又痛又怕，吓得缩成一团，恨不得钻到地里躲起来。以后日本兵开始白天黑夜地轮奸我，每天至少有五六个日本兵进来。那个队长每天晚上来强暴我。那时我还未满16岁，还没有月经。遭到日军的摧残后，下身糜烂，全身浮肿。我疼得坐不能坐，站不能站，只能在地上爬，连上厕所也只能爬着去，每日生活如地狱。
　　日军让当地的人送饭进来，每天只有两顿，一顿只有一碗玉米粥。我房间的门口由汉奸看着，无法逃跑。我当时的身体状况也根本不可能逃跑。我曾经想死，又想念着爹娘，想着爹娘不知怎么念着我，我不能死，只有忍耐着。

这时进圭村的一个亲戚知道了我的情况后，跑到羊泉村去告诉了我的父母。我父亲把家中仅有的一圈羊给卖了，得了100多银圆，便跑到进圭村去求日本兵。可怜我的父亲，他趴在地上磕头，求他们开恩放了他女儿。日本兵不理。又跟翻译说，身子养好了就送过来。当时我已被关押了40多天。大概日本兵看我身体确已不行了，不能再做他们的发泄工具了，便收下了银圆，把我放了。

看到父亲来救我，我哭啊哭啊，连爬的力气都没有了。我父亲将无法走路的我放在驴背上驮回了家。我一面在家养伤，一面还得提防日本兵又来抓我。于是我父亲挖了个地窖，将我藏了进去。果然，在半年之中日本兵真来找过几次，因为我事先都躲到地窖里，才没有被鬼子再抓了去。

刘面换的家乡盂县于1938年至1945年被日军占领。盂县位于日军占领区和抗日根据地的交界处，在日军频繁的扫荡中备受摧残。大批当地妇女与刘面换一样成为日军性犯罪的受害者，时刻生活在暴力骚扰的恐怖之中。这无时不在的恐怖直到战争结束后才得以解除，但战争造成的创伤和贫穷继续困扰着她们的余生。在苦难中挣扎了一辈子的刘面换于2012年4月12日与世长辞。

在日本侵华战争期间，不计其数的中国妇女像刘面换一样，遭到日军残酷的性奴役。然而，她们的悲惨遭遇过去却鲜为国际社会所知。战后几十年来的社会政治环境迫使为数不多的幸存者长期陷于沉默，而民族国家英雄主义的抗战叙事亦对她们的苦难遭遇讳莫如深。直到近二十年，在韩日"慰安妇"索赔运动的激励下，在中国民间团体、研究者和法律专家的支持下，这些幸存者才开始公开讲述她们的遭遇。她们的故事揭露出日军性奴役制度最残忍的一面，让世人看到中国"慰安妇"作为日本帝国主要敌对国的国民所遭受的特别惨无人道的蹂躏。

自从原"慰安妇"打破沉默讲出自己战时的经历，那些企图将她们的故事从公众记忆中抹去的势力便从未停止过活动。2012年，日本官方派员赴美，试图拆除建在新泽西州的一个"慰安妇"纪念碑。此举当时引起了国际社会的广泛关注。这座铜面石底的小纪念碑于2010年建成，位于新泽西州帕利赛兹帕克镇（Palisades Park Borough）。碑面上刻着如下几行献词：

谨此纪念那些被日本帝国政府武装部队掳走的20余万妇女和少女
1930年代—1945年
这些被称为"慰安妇"的女性所遭受的人权侵犯不应被任何国家和人民忽视
让我们永志不忘那骇人听闻的反人类暴行

纪念碑的设计者Steven Cavallo告诉笔者，他是从2008年开始创作关于"慰安妇"题材的艺术作品的。当时他正在举办一场个人画展，展出的作品取材于遭纳粹大屠杀的犹太人、"二战"时被美国拘禁的日裔、无家可归的越战老兵，以及日军"慰安妇"。参与筹建这个纪念碑的人来自不同的文化背景，包括一位日裔艺术家。然而，2012年5月6日，四名日本国会成员突然造访帕利赛兹帕克镇，要求当地政府拆除这座纪念碑，并声称："所谓军队胁迫妇女属不实之辞。"① 他们的要求当即被镇长James Rotundo及副镇长Jason Kim拒绝。但此后不久便有人在白宫官方网站上登出一份请愿书，发起签名运动，要求奥巴马政府下令"拆除该纪念碑，不支持任何与该问题相关的、针对日本人的国际挑衅"。② 这场签名运动一个月内征集了28000多个签名。据报道，大部分签名来自日本。某些日本政治家及其支持者的网站对此大肆宣传，其中就包括前往新泽西的日本代表团中的两名国会成员。③

纪念"慰安妇"所引起的国际争议恰恰凸显了记忆的力量和把幸存者的经历载入历史的重要性。令人深思的是，在那场战争悲剧发生70年后的今天，日本和世界各地仍然有人在为亚太战争期间"慰安妇"问题的真相而争论。对于战后出生的人而言，"慰安妇"的遭遇既遥远又难以置信。弃之不问或任由历史将之尘封似乎来得更容易、更轻松。然而，如此大规模、如此惨痛的生灵涂炭，不应该也不能够被忽视；我们如何认识和记住过去发生的一切，不仅影响我们的今天，更关系到我们的未来。

讲述"慰安妇"的故事绝不是要羞辱日本人，正如纪念被屠杀的犹

---

① Daisuke Shimizu, "'Comfort Women' Still Controversial in Japan, S. Korea", *Asahi Shimbun*, July14, 2012. 取自http://ajw.asahi.com, 2012年7月30日。

② 取自http://petitions.whitehouse.gov/, 2012年6月6日。

③ Josh Rogin, "Japan Comfort-Women Deniers Force White House Response", *Foreign Policy*. 取自http://thecable.foreignpolicy.com/, 2012年6月6日。

太人和遭受原子弹伤害的日本人并非要让德国人和美国人名声扫地。恰恰相反，这样做是为了增进日本人民与亚洲邻国人民之间的理解与互信。以国家荣誉的名义漠视并否认普通人的苦难不仅谬误而且危险：国家机器惯于利用此类借口把民众拖入战争，剥夺其基本权利，并伤害他们。对于那些真心希望解决战争遗留下来的日军"慰安妇"问题并抚平战争创伤的人来说，超越民族国家的立场，正视战争对人类生命的侵犯，是最基本的出发点。只有真正了解"慰安妇"的苦难，才能正确认识日军战时慰安所的实质和日军"慰安妇"制度的本质。正如戴安娜·拉里（Diana Lary）、斯蒂芬·麦金农（Stephen MacKinnon）、卜正民（Timothy Brook）及其他学者在研究中国反侵略战争的历史时所指出的，为了真正理解过去发生的一切，我们必须认识到苦难是历史研究的主课题而非副产品。①

中国大陆是第二次世界大战的主战场之一。为了铭记战争的灾难，本书将中国"慰安妇"的苦难经历连同大陆人民的惨痛记忆一并记载，以求加深我们对那段苦难历史的认知，进而促进亚洲乃至世界各国间的相互理解与和平。

---

① 见 Timothy Brook, "Preface: Lisbon, Xuzhou, Auschwitz: Suffering as History", in *Beyond Suffering: Recounting War in Modern China*, ed. James Flath and Norman Smith, Vancouver: UBC Press, 2011, xviii。

目　　录

引　言 ··· (1)

第一部分　战争记忆

第一章　日本侵华战争与"慰安妇"制度 ························· (21)
第二章　日军大规模暴力强征"慰安妇" ························· (36)
第三章　建在中国大陆的日军慰安所实况 ························· (51)
第四章　"慰安妇"制度下的性犯罪 ······························· (67)

第二部分　幸存者证言

第五章　中国东部沿海地区 ··· (82)
第六章　华中与华北战区 ·· (101)
第七章　中国南方前线 ··· (121)

第三部分　追索正义

第八章　无愈之伤 ··· (143)
第九章　索赔运动 ··· (152)

第十章　诉讼之路 …………………………………………（163）
第十一章　国际支援 …………………………………………（178）
结　语 …………………………………………………………（185）
参考文献 ………………………………………………………（190）

图 目 录

图 1　标有设在上海的第一家日军慰安所"大一沙龙"
　　　位置的日本地图 ………………………………………（25）
图 2　曾被日军霸占用来做慰安所的窑洞。幸存者万爱花
　　　1943年就被囚禁在这里 ………………………………（43）
图 3　幸存者黄有良带来访者参观海南岛藤桥日军
　　　慰安所遗址 ……………………………………………（52）
图 4　幸存者袁竹林战时被日军囚禁在这个设在旧庙中的
　　　慰安所里 ………………………………………………（54）
图 5　位于上海东宝兴路的"大一沙龙"日军慰安所旧楼 …（57）
图 6　幸存者李连春1943年逃离松山日军慰安所后在深山中的
　　　藏身之所 ………………………………………………（81）
图 7　幸存者雷桂英于2006年在上海为来自加拿大的教师与
　　　学生做报告 ……………………………………………（82）
图 8　幸存者周粉英于2007年向调查者讲述她战时的遭遇 …（89）
图 9　幸存者朱巧妹2001年在家里接受对她战时受害事
　　　实的公证 ………………………………………………（94）
图 10　幸存者陆秀珍于2000年在上海师范大学中国"慰安妇"
　　　　问题国际研讨会上讲话 ………………………………（97）
图 11　1998年袁竹林在多伦多控诉日军在亚太战争中的
　　　　罪行 ……………………………………………………（102）
图 12　幸存者谭玉华2008年在自家门前留影 ………………（107）
图 13　幸存者尹玉林2001年在自家窑洞中祈祷 ……………（112）
图 14　幸存者万爱花在山西太原自己家中讲述她遭受日军
　　　　拷打的情形 ……………………………………………（115）
图 15　幸存者黄有良2000年对调查者讲述她在日军慰安所
　　　　中的遭遇 ………………………………………………（122）
图 16　幸存者陈亚扁2003年在自家屋前留影 ………………（125）

图 17	幸存者林亚金 2007 年在上海参加中国"慰安妇"资料馆开幕式	(129)
图 18	幸存者李连春于 2001 年在她的女儿家接受访谈	(134)
图 19	日本侵略战争使朱巧妹全家陷入赤贫	(148)
图 20	幸存者朱巧妹病卧家中	(149)
图 21	幸存者毛银梅在自家屋前与苏智良及来自德国和日本的学者合影	(165)
图 22	中国"慰安妇"研究中心为海南慰安所幸存者杨阿婆建的墓碑	(170)
图 23	日军慰安所受害者陆秀珍于 2005 年 11 月 24 日去世	(180)
图 24	幸存者谭玉华向来自北美的历史教师讲述自己在日军占领下的遭遇	(182)

表 目 录

表1　1940年设在上海虹口区的日军慰安所 ……………………（34）
表2　日军慰安所收费举例 ………………………………………（62）

引　　言

　　本书译自关于中国"慰安妇"的首部英文专著，*Chinese Comfort Women：Testimonies from Imperial Japan's，Sex Slaves*。① 中译本由香港大学出版社于 2017 年首发繁体字版。此度中国社会科学出版社发行的简体字版系根据繁体字版勘校而成。"慰安妇"一词对于中国读者来说并不陌生。20 世纪 30 年代初至 1945 年，日本帝国军队在亚洲强征大量妇女，将她们称为"慰安妇"，投入军用"慰安所"，肆意蹂躏。"慰安妇"是日文同字词的直译。"慰安"二字的含义与受害女性在日军慰安所里的悲惨遭遇大相径庭，因而这个掩饰罪恶的词语是不应当用来指称那些受害女性的。本书之所以使用"慰安妇"一词，是因为该词近年来已经成为广为人知的专用语汇，在国际讨论、历史研究及法律程序中专指亚太战争期间遭受日军蹂躏的性奴隶。因此，笔者在本书中将"慰安妇"一词加引号，作为一个专题讨论用语使用。

　　关于"慰安妇"的报道在日本战败后曾零星见于一些回忆录、艺术作品、小说、杂志及电影、书刊②，但直到 1990 年年初"慰安妇"索赔运动兴起，这一问题才在世界范围内引起重视，成为高度政治化的国际议题。③

---

① 本书英文版主要介绍日军从中国大陆强征"慰安妇"的历史及受害人的经历。关于战时日本帝国从当时的日本殖民地台湾征召的"慰安妇"的情况，此前已有英文书刊介绍。见日本律师联合会（日本弁護士連合会）编，*Investigative Report in Relation to Cases of Japan's Imperial Military "Comfort Women" of Taiwanese Descent*，Tokyo：Japan Federation of Bar Associations，1997；台北妇女救援基金会，"慰安妇"，台北妇女救援基金会网站，http：//www.twrf.org.tw/；以及 Yoshiaki Yoshimi，*Comfort Women：Sexual Slavery in the Japanese Military during World War II*，trans. Suzanne O'Brien，New York：Columbia University Press，2000，pp. 115—117.

② 关于日本战后出版的有关"慰安妇"的书刊，见 C. Sarah Soh，*The Comfort Women：Sexual Violence and Postcolonial Memory in Korea and Japan*，Chicago：University of Chicago Press，2008，pp. 145—173.

③ 关于"慰安妇"问题的国际争议，见 George Hicks，*The Comfort Women：Japan's Brutal Regime of Enforced Prostitution in the Second World War*，New York：W. W. Norton，1994，pp. 194—266；Soh，*Comfort Women*，pp. 29—77.

"慰安妇"索赔运动最初由韩日学者及妇女运动组织发起,很快得到了各国民间团体、研究人员、法律专家及媒体的关注与支持。这场运动所形成的国际社会话语环境为日军慰安所幸存者提供了有力的支持,使她们终于能够打破沉默,公开讲出自己战时的悲惨遭遇。

"慰安妇"口述史的英文出版概况

1991年,韩国幸存者金学顺(1924—1997)首先站出来,以原日军"慰安妇"的身份公开做证,带动了更多的慰安所幸存者出面讲述自己战时的经历。幸存者的控诉为了解日军慰安所的真相提供了第一手资料,也为搞清"慰安妇"问题的实质提供了关键信息。自20世纪90年代以来,各国研究者为记录、刊行幸存者的口述材料,以及把她们的口述史介绍给国际社会而付出了巨大的努力。在"慰安妇"口述史的英译本中,两本幸存者自传影响较大。一本是《五十年的沉默》(Fifty Years of Silence, 1994),该书为出生在荷属东印度(今印度尼西亚)的荷兰裔受害者珍·拉芙—奥赫恩(Jan Ruff-O'Herne)所著;另一本是菲律宾受害者玛利亚·罗莎·汉森(Maria Rosa Henson)的《慰安妇:苦命的奴隶》(Comfort Woman: Slave of Destiny, 1996)。这两本书详细记录了受害者在亚太战争期间被迫充当日军性奴隶的苦难经历,引起了广泛的反响。与此同时,国际法学家委员会发表的专题报告《慰安妇:无尽的煎熬》(1994)[1],也刊载了菲律宾及韩国幸存者的口述材料。随后联合国的三份调查报告相继问世,将"慰安妇"制度明确定性为日军性奴隶制度。[2] 这些调查报告中所

---

[1] Ustinia Dolgopol and Snehal Paranjape, *Comfort Women: An Unfinished Ordeal*, Geneva: International Commission of Jurists, 1994.

[2] Linda Chavez, "Contemporary Forms of Slavery", working paper on systematic rape, sexual slavery, and slavery-like practices during wartime, including internal armed conflict, submitted in accordance with subcommission decision 1994/109, UN Doc. E/CN. 4/ Sub. 2/1995/38. 1995; Radhika Coomaraswamy, *Report on the Mission to the Democratic People's Republic of Korea, the Republic of Korea and Japan on the Issue of Military Sexual Slavery in Wartime*, UN Doc. E/CN. 4/1996/53/Add. 1, January 4, 1996; Gay J. McDougall, *Contemporary Forms of Slavery: Systematic Rape, Sexual Slavery and Slavery-Like Practices during Armed Conflict*, final report submitted to United Nations Commission on Human Rights, Sub-Commission on Prevention of Discrimination and Protection of Minorities, 50th Session, UN Doc. E/CN. 4/Sub. 2/1998/13, June 22, 1998. United Nations documents at http://www.unhchr.ch.

揭露的日军"慰安妇"遭受的非人待遇在国际社会引起了强烈的震动。1995年，Keith Howard编辑的英文专集《韩国慰安妇纪实》(*True Stories of Korean Comfort Women*)出版发行。此书韩文原版为"韩国挺身队问题对策协议会"和"挺身队研究会"所编，收有19位原"慰安妇"的口述材料。该书作为首部"慰安妇"口述史专集，是韩国幸存者的集体控诉，有力地挑战了战后日本官方对那场侵略战争所作的描述。从20世纪90年代中期开始，越来越多的原"慰安妇"证言被译成英文。其中影响较大的有Chungmoo Choi主编的《慰安妇：殖民主义、战争与性》(*The Comfort Women: Colonialism, War, and Sex*); Dae-Sil Kim-Gibson的专著《打破沉默：韩国慰安妇》(*Silence Broken: Korean Comfort Women*; 与该书同时发行的还有著者的获奖纪录片，内含36分钟的韩国原"慰安妇"的证言); 由Sangmie Choi Schellstede主编、译自华盛顿"慰安妇"问题联盟访谈录的《慰安妇在控诉：日军性奴隶的证言》(*Comfort Women Speak: Testimony by Sex Slaves of the Japanese Military*), 以及由Nelia Sancho主编、亚洲女性人权委员会出版发行的《亚洲妇女遭受的战争罪行："二战"时期的日军性奴役——菲律宾慰安妇》(*War Crimes on Asian Women: Military Sexual Slavery by Japan during World War Ⅱ—The Case of the Filipino Comfort Women*)。① 与此同时，一些英文学术专著和大众读物也发表了部分慰安所幸存者的口述片段。② 幸存者口述资料的出版及学者们将其介绍给国际社会的努力，不仅对世人认清日军"慰安妇"制度的本质起了关键性的作用，也在当前国际性的"记忆变革"(memory change)③

---

① Dai Sil Kim-Gibson, *Silence Broken: Korean Comfort Women*, Parkersburg: Mid-Prairie Books, 2000; Sangmie Choi Schellstede, ed., *Comfort Women Speak: Testimony by Sex Slaves of the Japanese Military*, New York: Holmes and Meier, 2000; and Nelia Sancho, ed., *War Crimes on Asian Women: Military Sexual Slavery by Japan during World War II—The Case of the Filipino Comfort Women*, Manila: Asian Women Human Rights Council, 1998.

② 见Yoshimi, *Comfort Women*（2000年版，译自1995年日文版）; Hicks, *Comfort Women*; David A. Schmidt, *Ianfu—The Comfort Women of the Japanese Imperial Army of the Pacific War: Broken Silence*, Lewiston: Edwin Mellon Press, 2000; Margaret Stetz and Bonnie B. C. Oh, eds., *Legacies of the Comfort Women of World War II*, Armonk, NY: M. E. Sharpe, 2001; Yuki Tanaka, *Japan's Comfort Women: Sexual Slavery and Prostitution during World War II and the US Occupation*, New York: Routledge, 2002; and Soh, *Comfort Women*。

③ "记忆变革"一词引自Carol Gluck, "Operations of Memory: 'Comfort Women' and the World", in *Ruptured Histories: War, Memory, and the Post-Cold War in Asia*, ed. Sheila Miyoshi Jager and Rana Mitter, Cambridge, MA: Harvard University Press, 2007, pp. 47—77。这里的讨论受到她的研究启发。

中有着重要意义。千百年来，社会的、政治的、男权至上的历史叙事惯将女性所遭受的非人待遇正常化，将战争与性暴力的联系合理化。慰安所幸存者讲述的亲身经历不仅彻底颠覆了以往的叙事逻辑，也引起国际社会对"慰安妇"问题及相关的人道原则的广泛注意。

随着越来越多的"慰安妇"口述史以英文出版，关于"慰安妇"问题的国际讨论中终于听到了慰安所受害者的声音。然而长期以来，关于中国"慰安妇"的信息在国际上却明显地缺失。从以上的概述中可以看出，除少数东南亚地区的受害者外，此前见诸英文的幸存者口述资料大多采自日本前殖民地的受害者，而日军占领地区，特别是中国大陆受害者的资料，几近全无。这种状况严重地影响了国际社会对"慰安妇"这一复杂历史问题的全面认识。

关于"慰安妇"问题的国际争论

在围绕"慰安妇"问题的国际讨论中，日本军队到底有没有强迫女性进入慰安所是一个争论的焦点。韩国受害者最初站出来做证时，日本政府矢口否认前日本帝国军队与强征妇女有任何瓜葛。直到1992年，日本历史学教授吉见义明公布了他所发现的战时日本官方文件后，日本政府才改变了原先的说法。从那时起，日本的进步学者和法律专家始终在支持"慰安妇"索赔运动中起着重要作用。2007年，日本战争责任资料中心（The Center for Research and Documentation on Japan's War Responsibility，JWRC）的专家们在长期研究的基础上，发表了《关于日军慰安妇问题呼吁书》。呼吁书指出："前日本海陆军为满足军人的需要建立了'慰安妇'制度。由军方决定慰安所设立的时间、地点、方式并付诸实施，提供房屋，制定规则与收费标准，同时掌控对慰安所的管理。日军完全清楚这些女性是如何被投入慰安所的，也十分清楚她们进入慰安所之后遭受了何等折磨。"呼吁书最后强调："如果日本国内以往的执照卖淫制度可被称为一种变相性奴役，那么日军的'慰安妇'制度则是彻头彻尾的、赤裸裸的性奴隶制度。"[①]

持这种看法的不限于日本学者。20世纪90年代以来，国际上众多学

---

① Hirofumi Hayashi, "Disputes in Japan over the Japanese Military 'Comfort Women' System and Its Perception in History", *Annals of the American Academy of Political and Social Science*, 617, 2008, pp. 123—132.

者、法律专家和人权运动人士都将战时日本的"慰安妇"制度定性为强制卖淫和军事性奴役制度。① 然而长期以来,部分日本政府官员却始终坚称无确凿文件可以证明日本政府与军队参与了强行将女性送入前线慰安所的行动。② 一些保守作家和右翼人士也声称,"慰安妇"是在战区私人经营的妓院里卖淫的职业妓女,并未受到国家或军队的任何强迫。③

妮克拉·亨利(Nicola Henry)在研究武装冲突中的性暴力时指出:"在亚洲广泛建立'慰安所'并将她们称为'军妓'的做法,在道德概念上起着混淆黑白的作用,把本应受到严厉谴责的日军性奴役行为涂改为受害者参与合作",从而使受害女性在国内外寻求公道的过程中遇到难以逾越的法律障碍。④ 的确,"慰安妇"被征入慰安所的方式多种多样,她们在慰安所中的遭遇也不尽相同。这种复杂性的存在不仅被右翼分子和保守人士用来否认日军曾犯下的性奴役罪行,也使一些同情受害者的学者对是否应把"慰安妇"制度定为性奴隶制度产生了疑问。韩裔美国学者C. Sarah Soh 在《慰安妇:性暴力与韩日的后殖民时期记忆》一书中,就不赞成"日本的进步历史学家做出的笼统定性,把这一现象看作是'官方有组织的性暴力'或'系统性的、全面的军事性奴役'"⑤。她强调"慰安妇"被送入慰安所有不同方式,而且她们在慰安所中的经历存在多样性,认为将慰安所认定为"强奸中心"是"有失偏颇"。⑥ Soh 试图跳出日本侵略战争背景的局限来分析针对女性的"结构性性暴力"的社会、历史、文化背景。⑦ 从这个意义上讲,她的专著提供了一个不同视点。然而,正如 Soh 的书名所示,她的研究主要以韩日受害者为调查对象,基本未涉及包括中国妇女在内的日军占领下各国受害者的遭遇。⑧ 应当指出的

---

① 有关研究的英文书刊,见 Soh, *Comfort Women*, pp. 46—56。
② *Japan Times* online, March 11, 2007, http://www.japantimes.co.jp. 关于日本国内就"慰安妇"问题的争论,见 Hayashi, "Disputes in Japan", pp. 123—132。
③ 此类观点的代表性刊物有藤冈信胜,『「自虐史観」の病理』,文芸春秋,1997 年;秦郁彦:『慰安婦と戦場の性』,新潮社,1999 年。
④ Nicola Henry, *War and Rape: Law, Memory and Justice*, London: Routledge, 2011, p. 51.
⑤ Soh, *Comfort Women*, p. 235. 她所引用的日本进步学者的观点来自吉見義明『従軍慰安婦』,岩波書店 1995 年版,第 66 页;及 Tanaka, *Japan's Comfort Women*, p. 173。
⑥ Soh, *Comfort Women*, p. 235.
⑦ Ibid., pp. xii—xiii.
⑧ 该书简短地提到了荷兰、菲律宾、印度尼西亚和中国"慰安妇"的少数个案,但作者的主要观点建立在对韩日"慰安妇"的调查之上。

是，近二十年来中国研究者的调查表明，日军"慰安妇"制度受害者的总数远远超过以往的估计，其中在日军占领区被掳掠的中国女子就约达20万之多。① 不全面了解这一受害者群体的经历，就无法对"慰安妇"制度的性质做出正确分析。

被长期掩盖的暴行

中国受害者数量惊人，但长期以来却鲜为国际社会所知，这种状况是由多方面的因素造成的。首先，绝大多数中国"慰安妇"是在日军占领她们的家乡时被掳进慰安所的，非人的折磨使她们中的大部分未能活下来讲述自己的遭遇。战时日军士兵普遍认为，残暴对待敌国国民是军队允许的战争行为；他们的残酷折磨导致了中国"慰安妇"极高的死亡率。这些受害女子或死于毒打，或因伤病得不到医治而亡，或为逃跑被残杀，或遭士兵性虐致死，或在日军撤离时被屠杀灭口。其次，与从日本本土或殖民地征集的"慰安妇"不同，日军在占领区随意抓掳中国妇女通常不留任何记录，加之第二次世界大战结束时日军销毁了大量相关文件，② 远东国际军事法庭（The International Military Tribunal for the Far East, IMTFE）和中国政府又未能对"慰安妇"问题及时进行彻底调查，致使中国"慰安妇"的受害情况一直没有搞清。此外，战后相当长的时间，社会环境的压抑迫使那些死里逃生的幸存者们缄口不语。许多慰安所幸存者甚至被自己的同胞看作是民族的耻辱、协助敌国的汉奸，在"文化大革命"等政治运动中受到迫害。几千年来，中国社会中根深蒂固的传统贞操观也构成了对幸存者的无形桎梏。这一传统观念要求女性不惜一切，甚至以生命为代价去保持贞洁。遭到强奸的女人被看作不贞不洁，有辱门庭。在这样的社会环境中幸存者申冤无门。即使在今天，虽然社会政治气候已经有了

---

① 苏智良：《慰安妇研究》，上海书店出版社1999年版，第275—359页。

② 关于日军在第二次世界大战结束前有计划地销毁相关文件证据的研究，见吉见义明在《从军慰安妇》一书中的调查。Chung Chin Sung 也在1995年发表的文章中援引当时发现的文件揭示，日军在战争末期指示士兵销毁证据。见 "Korean Women Drafted for Military Sexual Slavery by Japan", in *True Stories of the Korean Comfort Women: Testimonies Compiled by the Korean Council for Women Drafted for Military Sexual Slavery by Japan and the Research Association on the Women Drafted for Military Sexual Slavery by Japan*, ed. Keith Howard, trans. Young Joo Lee, London: Cassell, 1995, p. 11. 关于日军在战争末期杀害中国"慰安妇"灭口的实例，见本书第一部分。

很大的转变,"慰安妇"追索正义也已经成为一个国际性的运动,但很多中国受害者仍然顾虑重重,不愿公开说出自己战时的经历。

"慰安妇"的遭遇,并不是唯一一个"二战"后很长一段时间在中国大陆闭口不提的战争创伤。北美学者戴安娜·拉里(Diana Lary)和斯蒂芬·麦金农(Stephen MacKinnon)曾指出,虽然20世纪前半叶那场反侵略战争是中国历史上最惨烈的战争,造成了无以计数的物质损失和人员伤亡,但在中国,人们竟"对谈论那场杀戮表现出几近抵触的沉默",而且"海峡两岸的媒体对报道日军的暴行一致保持低调"。① 可以说,上述种种社会政治因素交织在一起,迫使中国"慰安妇"幸存者战后长期处于沉默;她们的惨痛记忆也被排除于民族国家的英勇抗战史叙事之外。

中国"慰安妇"口述史研究近况

在韩日"慰安妇"索赔运动的激励下,中国大陆自20世纪90年代初掀起了调查研究"慰安妇"问题的草根运动,众多研究者、志愿者投入其中,许多重要的研究论著相继问世,例如苏智良的《慰安妇研究》(上海书店,1999);苏智良、陈丽菲合著的《侵华日军慰安妇制度略论》(载《历史研究》,1998;《中国社会科学》英文版,2000);陈丽菲的《日军慰安妇制度批判》(中华书局,2006)。此前,韩日研究者根据当时已有的资料和幸存者的证言,曾就日军战时拘禁妇女充当"慰安妇"的人数做出推断,各种估计从3万到20万不等。② 然而当时的推断并未完全包括为数众多的中国受害女性。苏智良和其他中国研究者根据近年来在大陆调查的结果估计,从1931年日军占领中国东北到1945年日本战败,被迫沦为日军"慰安妇"的女性约比早前的推测多一倍,而其中一半是中国女性。③ 然而近二十年来,尽管越来越多的中国原"慰安妇"的证言

---

① Diana Lary and Stephen MacKinnon, eds., *Scars of War: The Impact of Warfare on Modern China*, Vancouver: UBC Press, 2001, pp. 3—4.

② 关于"慰安妇"总数的各种推断,见吉见義明『従軍慰安婦』,78—81頁;秦郁彦:『慰安婦と戦場の性』,397—407頁;Soh, *Comfort Women*, pp. 23—24。根据吉见义明的统计,各种推断总数为5万到20万不等。

③ 苏智良:《慰安妇研究》,第275—279页。

及相关资料已在大陆出版,仅有少数见诸日文书刊,而中文语境之外的读者几乎得不到相关信息。应当说,国际讨论中关于中国"慰安妇"信息的缺失是当前"慰安妇"问题研究的一个严重问题,这不仅是因为中国"慰安妇"在这一受害群体中数量巨大,而且因为她们作为日本帝国主要敌国的国民,在等级分明的"慰安妇"制度中受到常人难以想象的残酷蹂躏。可以说,没有对中国"慰安妇"遭遇的认真研究,便无法准确分析"慰安妇"制度的性质及其加害规模。

本书之贡献

本书原著以英文出版,旨在弥补国际讨论中关于中国"慰安妇"信息的不足。本书英文版由加拿大不列颠哥伦比亚大学出版社于2013年首刊,英国牛津大学出版社和中国香港大学出版社于2014年同时发行平装本。书中刊载了12位中国原"慰安妇"的口述史,并综合介绍了中国研究者的诸多研究调查结果。通过采集慰安所幸存者的亲口证言、展示慰安所的大量兴建与日本侵略战争进展的密切联系,本书清楚地揭示出"慰安妇"制度作为军国主义战争工具的实质,无可辩驳地证明,日本帝国军队直接参与了掳掠、敲诈、蹂躏和奴役大量女性。虽然日本军方首脑一再声称,兴建慰安所是为了防止大规模强奸及性病在士兵中发生,但日军强征数以十万计的女子,全面建立慰安设施任由士兵发泄性欲,实际上是在将大规模强奸合法化、制度化。本书记述的12位幸存者,都是在日军占领她们家乡时被抓进慰安所的。她们的受害地点几乎遍及中国大陆,从山西省北部,到海南岛南端,从大都市上海周边,到偏远的云南山村。她们的口述与当地的历史记载及目击者证词相印证,无可置疑地揭露出"慰安妇"制度是不折不扣的性奴隶制度、令人发指的战争罪行。

中国"慰安妇"的经历首先无可辩驳地证实了日军暴力强征妇女的历史事实。20世纪90年代以来,在"慰安妇"是如何进入慰安所这一问题上,始终存在争论,而相关信息的缺乏是造成这种争执不休局面的一个重要原因。一方面,此前国际社会并不掌握日军在占领区大量掳掠妇女的情况;另一方面,日军在本国及其殖民地征用"慰安妇"时刻意使用了欺瞒手段,给混淆是非者可乘之机。据报道,军方在日本国内及其殖民地征召"慰安妇"时,惯用伎俩是以虚假招工诱骗贫困人家的女子,或对女学生、女青年进行军国主义洗脑煽动。不明真相的受害者往往直到被骗进慰安所遭受强奸时才知道所谓"工作"的真正性质。在征召过程中，日本军方人员通常躲在幕后，由妓院老板或劳务中介出面。由于存在这些欺骗的方式，右翼势力坚持否定日军曾参与强征"慰安妇"。

虽然日军在中国大陆也曾采用这种欺骗的征召伎俩，但他们在占领区强征"慰安妇"时通常是明目张胆的抓掳。曾于1912年到1940年居住在南京的美国圣公会牧师约翰·马吉（John Magee）在远东国际军事法庭做证时，陈述了一名中国少女在南京附近被日军抓走囚为性奴隶的经过。他说：

> 那是1938年2月，我把这个女孩子带到医院，与她谈了很久，其后又多次去看过她。她从距南京60英里的芜湖来，父亲是开店铺的。日本士兵冲进她家，说他哥哥是抗日军人，把他杀了。但女孩说他哥哥并没有当兵。日本兵又杀了她的嫂子，因为她反抗强奸，接着又杀了她姐姐，因为她也反抗强奸。女孩的父母跪在日本兵面前求情，也被他们杀害了。所有这些被害人都是用刺刀戳死的。女孩吓得晕了过去。日本兵就把她抬到一处驻军营房，把她在那里关了两个多月。头一个月她每天遭到士兵轮奸。他们拿走她的衣服，将她锁在屋内。后来她病得很厉害，他们怕她传染，就把病重的她扔在那里不管，整整一个月。①

马吉所陈述的日军对手无寸铁的中国平民施加的这种暴行，在日军侵华战争期间极为普遍。② 事实上，这个女孩子的遭遇与上海师范大学中国"慰安妇"研究中心主任苏智良记载的许多案例十分相似。多年来，苏智良和他的研究团队记录了102个日军在中国大陆强征的"慰安妇"的实例。其中87人是在日军占领她们的家乡时直接被日军抓走的；10人是由当地汉奸傀儡受命于日军抓走的；3人是被日军以招工的名义骗入慰安所的；只有2人战前是妓女，但她们也是在占领军把妓院改为军用慰安所后被迫成为日军"慰安妇"的。③ 为了尽量客观地记述中国"慰安妇"受

---

① 译自 Yuma Totani, *The Tokyo War Crimes Trial: The Pursuit of Justice in the Wake of World War II*, Cambridge: Harvard University Asia Center, 2008, pp. 126-127。

② 关于日军对中国平民施加暴行的记述，见笠原十九司「中国戦線における日本軍の性犯罪：河北省、山西省の事例」,『戦争責任研究』13号，1996，2-11頁；苏智良、荣维木、陈丽菲编《滔天罪孽：二战时期的日军"慰安妇"制度》，学林出版社2000年版。

③ 这些数字取自本书英文版出版前苏智良的调查记录，不包括其他中国研究者和研究机构记录的案例，及本书出版后该团队发现的新案例。

害的实况,本书记述的 12 个实例中特别包括了两位被骗入慰安所的受害者的口述。从这两位幸存者的经历以及本书第一部分提到的其他案例可以看出,即使是采用诱骗的"招募"方式,日军在占领地区的"招募"也几乎无一例外地伴随着暴力胁迫。如马吉所述,绝大多数中国"慰安妇"不仅本人被暴力绑架,还目睹了自己的家人惨遭折磨与杀戮。日军官长不但允许并指使手下的士兵使用暴力,他们自己常常就是施暴者。掳掠和强奸如此普遍,乃至日本兵们竟以凌辱中国女性为乐,当作严酷军旅生活中的犒赏。原日本帝国陆军第 59 师团 54 旅团 110 大队富岛健司伍长在他的回忆录"狗"中写道,1943 年 12 月 8 日,在庆祝日本天皇对美英宣战诏敕日两周年的那天,他所在的部队路过中国渤海湾沿海的一个小村庄,日军士兵强迫当地一个年轻姑娘光着身子在地上爬,用刺刀刺她的臀部供他们娱乐,并就地抓了一群妇女做部队的"慰安团"。① 可以说,要搞清日军强征"慰安妇"的历史真相,中国"慰安妇"的遭遇是不可缺少的史实。

中国"慰安妇"的悲惨经历清楚地将日军慰安所的罪恶本质暴露在光天化日之下,同时彻底揭露出"慰安妇"制度作为日本侵略战争工具的军国主义实质。在分析日军"慰安妇"制度的性质时,各国研究者曾将不同形式的"慰安"设施按经营者、经营时间长短及"组建动机"(organizational motives)② 分类考察。吉见义明根据经营者的不同身份把慰安所归为三类:①由日本军队经营并专为军方人员使用的慰安所;②经营者非军方人员但受到军方严格管控、专为军方人员使用的慰安所;③由军队指定并优先供军方人员使用,同时也向非军方人员开放的慰安所。③ 田中利幸(英文笔名 Yuki Tanaka)则按照经营时间长短,将慰安所划为三类:①设在主要城市的"稳定型"慰安所;②附属于大部队的"半稳定型"慰安所;③前线小部队建立的"临时"慰安所。④ 虽然吉见与田中所采用的分类方法不同,他们都把"慰安妇"制度定性为日军性奴隶制度。与他们的分类截然不同的是 C. Sarah Soh,她在专著中按照"经营资助者

---

① 富島健司:『犬』,中国帰還者連絡會編『完全版三光』,晚声社,1984 年,101—109 頁。
② Soh, *Comfort Women*, p. 117.
③ 吉見義明:『從軍慰安婦』,74 頁。
④ Tanaka, *Japan's Comfort Women*, pp. 18-19.

的动机"把慰安所进行分类,认为这样能够"更好地揭示慰安制度的本质"。① Soh 所分的三类是:①以赚钱为目的而建立的"租界"慰安所,或由租界日侨经营的商业性妓院;②旨在"通过有规范的性服务来管理部队"的、由日军全权掌控的非营利娱乐性"准军用"慰安所;③"主要是在发生了士兵对当地妇女性犯罪后出现的""犯罪性"慰安所。② Soh 认为最后一类"犯罪性慰安所主要出现在战争末期,即 1941 年 12 月日本偷袭珍珠港之后"。③ 她由此认为,把慰安所和慰安制度定性为强奸中心和军事性奴役,是未能对慰安制度做出准确判断:这样定性是把各类不同的慰安所简单化地混为一谈。④

的确,日军慰安设施种类繁多,简单的分类实难概括。Soh 的分类从慰安所经营者的动机着眼,可说是一个新的尝试。虽然她所归纳的最后一类,"犯罪性"慰安所的"经营动机",在概念上令人颇为费解,将慰安所经营者的不同动机作为一种分类标准也未尝不可。然而,当采用这一分类标准来分析慰安所的性质时,分析者必须掌握全面的调查数据,并回答下述的关键问题:所谓的"租界"慰安所在日军慰安设施的总数中是否占有很大比例?"准军事"慰安所的经营者所鼓吹的建所目的是否与这些慰安所的实际所为性质相符?性犯罪是否仅仅发生在那些由个别小部队临时建立的前线慰安设施中?是否有足够证据证明"犯罪性"慰安所主要出现在战争末年?要回答这些问题,不能不对中国"慰安妇"的受害事实进行深入的考察。

来自中国大陆的史料显示,早在 1932 年,当日军在中国的主要港口城市上海正式设立了第一家海军慰安所,并在东北日占区设立陆军慰安所时,驻在中国东北的日军已开始掳掠当地女子充当性奴隶。士兵们肆意绑架妇女,把她们抓进军营或者关在强占的民房内权作"慰安妇"。⑤ 此类临时慰安设施在南京大屠杀前后急剧增加,也在整个侵华战争中与日军正式设立的慰安所并存。在侵华日军中,不仅大部队普遍在驻地附近设置慰安所,各个小队或分队也常有自己的慰安设施。本书采访的 12 位原"慰

---

① Soh, *Comfort Women*, pp. 117–132.
② Ibid., pp. 117—118.
③ Ibid., p. 118, 134.
④ Ibid., pp. 235–236.
⑤ 见管文华《日军对北票妇女的凌辱》,载李秉新、徐俊元、石玉新编《侵华日军暴行总录》,河北人民出版社 1995 年版,第 69 页。

安妇"中,有8位是被关在这种临时慰安设施中受奴役的。这些临时慰安设施常常设在炮楼、营房、窑洞、被霸占的旅馆、铁皮搭建的棚屋,甚至是受害者自己的家中。这12位原"慰安妇"受害的时间跨度也很大,从南京大屠杀硝烟未散的1938年初,到1944年日本投降前夜,并非如Soh所说,"犯罪性"慰安所只出现在战争末期。以幸存者朱巧妹为例,她一家有四位女性在1938年春日军侵占崇明岛时被占领军因为性奴隶。她们未被关在常规慰安所,而是被迫在自己家中遭受凌辱,并随时被叫到日军炮楼中去受蹂躏。这种形式的摧残在其他地区鲜有报道,但在日军占领下的中国大陆却非常普遍。

中国"慰安妇"幸存者口述史所揭露的另外一个重要事实是,虽然最残忍的性犯罪常常发生在临时搭建的前线慰安所中,性暴力与各种摧残也普遍发生在那些大部队设立的所谓"规范性"慰安所及建在城镇的私人经营的慰安所中。本书第二部分记载的雷桂英的遭遇就是一个典型例子。1937年,时年9岁的雷桂英在南京江宁区目睹了日本占领军在首都南京一带肆意强奸、绑架和杀戮中国妇女的暴行。雷桂英后来受雇于居住在汤山的一对日本商人夫妇,帮他们看小孩。她万万没想到,自己刚满13岁就被强迫在雇主经营的军人妓院充当"慰安妇"。日本军人在这家私人经营的妓院里对雷桂英施加的蹂躏无疑是残暴的犯罪:她不仅遭到强奸与毒打,还在反抗时被刺刀戳伤,导致她的一条腿终身残疾。

像雷桂英这样的遭遇并不罕见。苏智良、陈丽菲和他们的团队自1993年以来在全国22个省市展开调查的结果显示,慰安所的暴力残害规模惊人。仅上海一个城市,现已核实的慰安所旧址就有166处①,而这个数字还不包括那些已知曾经存在、但因战后城市建设而无法查证地址的部分。② 在中国南端的海南岛,调查者们在岛上找到了62个原日军慰安所。③ 关押在这些慰安所中的中国妇女全部受到骇人听闻的折磨。日军只给这些性奴隶少量食物,以维持她们不死,好对她们反复施加性暴力。反抗者遭到毒打杀害,试图逃跑者连同家人都会被处以肉体折磨乃至斩首的

---

① 此为最近的统计数字。英文版出版时的统计是164所。

② 苏智良的调查报告。另参考 Wang Yufeng, "Scholars Propose Memorializing 'Comfort Stations': The Ravages of Time", *Global Times*, September 22, 2011.

③ 符和积:《侵琼日军"慰安妇"实录》,载苏智良等编《滔天罪孽:二战时期的日军"慰安妇"制度》,第188页。该文最初发表于《抗日战争研究》,1996年第4期,第34—50页。

酷刑。

在被奴役囚禁的条件下，绝大多数中国"慰安妇"非但得不到报酬，她们的家人为救她们脱离苦难还常常被迫付给日军大笔赎金。在关于"慰安妇"的国际研究中，部分"慰安妇"得到报酬这一点曾导致对"慰安妇"性质的不同看法，甚至有人借此认为慰安所是商业性妓院，而"慰安妇"是职业妓女。不能否认，少数"慰安妇"在慰安所里或被征召时得到过些许报酬，但是绝大多数"慰安妇"在被投入慰安所之后即被剥夺了自由并被强迫为日军提供性服务。虽然"慰安妇"的征召方式及其遭遇不尽相同，但就慰安制度整体而言，其强迫性不容置疑。事实上，日军对不同国籍的"慰安妇"施以不同对待，尤其是对敌国的女性，常施以惨无人道的迫害。这一点恰恰证明了日军"慰安妇"制度是一种战争犯罪：它为军国主义战争而建立，也通过战争使它的存在成为可能。尽管日本帝国军方首脑声称，设置军用慰安所系统的动机是通过为士兵提供常规的、有规范的性服务去防止强奸及性病的普遍发生，这一制度的直接结果却与上述的所谓动机大相径庭。慰安所作为一个官方认可的体制非但没有防止强奸的发生和性病的传播，反而将发生在慰安所内外的大规模性暴力合法化，并为其提供了保护伞。伴随着日军在占领地区大批强征"慰安妇"，掳掠妇女、拐卖人口，以及性奴役等罪行普遍发生。

本书记载的幸存者口述史还揭示出造成她们一生苦难的社会、政治和文化因素。如 Soh 指出："男权统治的社会体制对女儿、妻子的虐待，长期以来的男权主义性文化，以及殖民主义的政治、经济，都使女性很容易成为性压迫的牺牲品。"[①] 为了对中国"慰安妇"的受害状况有比较全面客观的描述，本书收载的幸存者口述史既包括她们战前的经历（如被走投无路的父母卖给人家作童养媳，或是从婆家逃走以反抗虐待），也记录了她们战后因为曾被奸污和所谓"为敌国服务"而受到歧视迫害的心酸故事。的确，"慰安妇"一生的苦难并非只定格于她们在慰安所的岁月。她们战前的苦难、战后的煎熬，以及当前追索正义的艰难路程，同样引起我们心灵的震撼，让我们思考人性原则的根本。然而，在揭示铸成"慰安妇"苦难一生的多种因素的同时，中国受害者的叙事共同证明了一个铁的事实，那就是日军"慰安妇"制度是彻头彻尾的性奴役，它给无数女性的人生带来了极其深重的苦难。

---

① Soh, *Comfort Women*, p. xvi.

本书结构

本书主要由三个部分组成。第一部分简述日军侵华史，为幸存者的个人叙述铺陈历史背景。"慰安妇"制度始于日本侵华战争之初，最早的慰安所于1932年前后建在中国东北和上海，至1937年底南京大屠杀期间开始迅速扩展，一直延续到1945年日本战败。这一过程显示出，慰安所的大规模建立与日本侵略战争的进程密切相关。通过记述大陆人民对那场反侵略战争及日军慰安所的历史调查与记忆，第一部分介绍了许多西方读者迄今未知的史料，譬如前面谈到的日本帝国武装侵占中国大陆后大规模绑架妇女，利用汉奸协助建立慰安所，由小股部队在占领区甚至前线遍设各种简易慰安设施，及迫使受害者的家人为解救被绑架的妻女缴纳巨额赎金。

第二部分以12位慰安所幸存者的口述材料为主体。开篇介绍调查方法，进而将12位原"慰安妇"的口述史按照地域划分为三章，各章的故事按战争进展时间顺序排列。为帮助读者理解口述史的内容，笔者在每篇口述材料前面提供了战时当地历史背景简介，并对读者不熟悉的事件、名词等加以说明。本书所收口述史在地域（受害者家庭及慰安所所在地）、经历、被害年龄、被害时间等方面都具有广泛的代表性。这一部分及本书第一部分所记录的性奴役暴行相当残忍，读者在阅读时应有心理准备。

本书第三部分主要记述幸存者战后的生活状况，以及20世纪90年代以来在中国兴起的支持"慰安妇"追索正义的大众运动。幸存者战后的生活实况暴露出一个可悲的事实：由于社会偏见和政治情势，饱经日军蹂躏幸存下来的中国"慰安妇"，战后大多面对歧视和排斥，始终生活在贫困之中。笔者在这一部分介绍了中国"慰安妇"索赔运动的概况，包括幸存者的法律诉讼及相关的法律争议和国际援助，尤其是来自日本人民的援助。这场跨越国界的声援运动清楚地表明，对"慰安妇"悲惨遭遇的关切不分国界，她们的苦难深深地牵动着全世界人的心。

引用资料

本书第二部分收录的幸存者口述资料，是由上海师范大学中国"慰安妇"研究中心创建人苏智良和陈丽菲在长达十年的过程中调查记录下来的，由笔者丘培培根据中文记录编辑整理。从20世纪90年代初开始，苏智良和陈丽菲在中国大陆"慰安妇"研究中起着重要的推动作用。多年来，他们在各地研究者的帮助下，确认并记录了100多位原"慰安妇"的经历。本书从中选取了12位幸存者的故事，分别代表不同受害地点、时间及被囚方式。受害者讲述的经历，距今已逾半个多世纪。鉴于幸存者曾遭受严重的身心创伤，高龄体衰，她们中的大多数又没有受教育的机会，为避免记述的误差，苏智良与陈丽菲多次前往受害者被抓捕、关押的地点，查找当地历史记录，并寻找目击者取证。尽管个人的记忆有限，并可能存在某些误差，本书记载的幸存者受害经过均经过核实，因而可以说，她们的口述史提供了关于日军慰安所实况的真实写照。

笔者丘培培在撰写第一部分和第三部分时，调查了大量中、日文的第一手资料，并广泛参考了当代学者的研究成果。关于日本侵华战争历史（1931—1945）的概述参阅了中、日、英文相关史料，特别是近年来出版的、综合各国学者研究成果的论著，譬如《战火中的中国：中国各地区，1937—1945》（*China at War: Regions of China, 1937-1945*, Stanford University Press, 2007）、《中国之战：1937—1945年中日战争史论文集》（*The Battle for China: Essays on the Military History of the Sino-Japanese War of 1937-1945*, Stanford University Press, 2011）。第一部分中关于日军慰安所建立与扩张的论述参考了中日双方的战时文献，及战后出版的历史资料。吉见义明编辑的《随军慰安妇资料集》（『従軍慰安婦資料集』，大月书店，1992），以及亚洲妇女基金会编辑的《政府调查"随军慰安妇"相关资料集》（『政府調査「従軍慰安婦」関係資料集成』，龍溪書舍，5卷，1997—1998）中收录的战时日本官方军事文件，提供了关于日军战时体制及其在建立慰安所过程中所起作用的关键信息。近二十年来中国研究者找到的实物、文档及证言等多方面资料，也为搞清日军有组织的性犯罪提供了有力证据。为了尽量客观、全面地记述日军"慰安妇制度"，本书的第一部分不仅引用了中国民众和军人的目击证词，也援引了日本军人的相关日记与文书。战时驻华外国公民的目击者记录、回忆，也为本书关于日军性犯罪的撰写提供了重要细节与多重视点。本书的调查和撰写从各国学者对日军性暴力及"慰安妇"制度的研究成果中获益匪浅。

本书第一、第三部分中关于中国"慰安妇"受害群体的记述参考了近二十年来中国研究者的调查结果。伴随着1980年代末兴起的国际性"慰安妇"索赔运动，日军侵华暴行录的出版在中国大陆势如泄洪，以电视纪录片、电影、媒体报道、网络文章、口述史、小说、回忆录和历史书籍等多种形式大量涌现。日军暴行录在这一时期的涌现有多方面的因素。一是当时在日本出现的否认日军战争暴行的现象在中国各界引起了强烈的愤慨；二是随着历史见证人年事增高，保存抗战史回忆材料的呼声高涨；三是长期被压抑的受害者在"文化大革命"结束后开始发声；四是地方史志的编写在"文化大革命"后得以恢复。还有一个很重要的因素是来自国际"慰安妇"索赔运动的激励。随着抗日战争回忆录的大量发表，关于日军战争暴行的调查在全国范围内普遍展开，出版了大批丛书、合集、专著和论文。在这一大背景下，一度在日本战犯审判中被忽略的日军性奴役罪行在中国大陆重新进入公众视野，并引起了广泛的关注。

笔者关于侵华日军性奴役的论述参阅了大量的中文资料，并引用了近年来解密、出版的档案文件，包括被俘日本军人和汉奸的供词。本书的第一部分亦援引众多中国学者发表的实地调查、研究报告和证言材料，特别是由中国人民政治协商会议①全国委员会文史资料委员会、地方政协文史资料委员会、中国社会科学院及地方社会科学院、大学研究人员和各地史学工作者主持的调查结果。其中《侵华日军暴行总录》就是由全国政协文史资料委员会主编，在被日军占领过的26个省市自治区进行调查的成果。这项调查从1991年5月开始到1994年11月结束，历时三年半，汇集了2272篇调查报告和83张历史图片。总录清楚地显示出日军在各地犯下的野蛮罪行普遍包含性暴力和性奴役。本书第一部分所介绍的另一个重要资料性书刊《日本侵略华北罪行档案9：性暴力》，是一部长达十卷的日军暴行录丛书中关于性犯罪的专集。此书由中央档案馆、中国第二历史档案馆和河北省社会科学院共同编辑出版，收载了保存在中央档案馆、河北省档案馆、北京市档案馆、天津市档案馆、青岛市档案馆和山西省档案馆的相关资料。书中也收有"慰安妇"幸存者的证词和其他调查材料。

1990年代兴起的这场席卷中国大陆的、就侵华日军暴行所展开的调查是一场以地方、民间研究者为主体的草根运动。本书所引用的三卷本《铁蹄下的腥风血雨——日军侵琼暴行实录》（上、下、续集）就是地方学者和志愿者共同努力的结晶。从1993年到1995年，海南岛地区6市13县的历史工作者和研究人员对日军占领海南岛六年期间所犯的罪行进行了全面调查。这个位于中国南海的岛屿战时被日军据为主要军事基地并驻有

---

① 简称"政协"，是中国共产党多党合作政治协商制度下的统一战线组织，由各政党、组织代表及独立成员组成。

大量部队。调查表明，驻岛日军烧、杀、抢、虐之余，还强迫岛上居民到日军工地上服劳役，并在全岛建立了为数众多的慰安所，其中62所的遗址已经被确认。调查人员并在岛上找到了不少日军慰安所幸存者，本书第二部分所介绍的黄友良、陈亚扁和林亚金，就是在海南调查者的帮助下站出来做证的幸存者。《铁蹄下的腥风血雨——日军侵琼暴行实录》三卷总计收载了242份调查报告，这其中既有慰安所幸存者的回忆，也有被强迫做劳工的受害者所提供的第一手口述资料。

除上述研究者集体协力完成的大规模调查以外，近年来中国各地大学教师和独立研究者也就日军"慰安妇"制度展开了深入的专题研究，本书援引的由苏智良、荣维木、陈丽菲主编的论文集《滔天罪孽：二战时期的日军"慰安妇"制度》，仅汇集了其中的部分成果。

综上所述，本书关于中国"慰安妇"战时经历的记述，得益于诸多研究者长期调查的成果，而笔者撰写本书的目的之一，也是将中国学者的研究结果介绍给广大的国际读者。为此，笔者就所引书刊为读者提供了详尽的注释和书目，并对本书记载的所有中国"慰安妇"注明了身份、受害时间、地点及信息来源。

除中文资料之外，本书的写作亦广泛借鉴此前发表的日文文献。吉见义明、林博史、千田夏光、笠原十九司、洞富雄、石田米子、内田知行、田中利幸、内海爱子、西田瑠美子、金一勉、川田文子、铃木裕子、上野千鹤子、池田惠理子、山下明子、平林久枝、松冈环，及日本战争责任资料中心诸学者的研究为笔者提供了重要的参考资料。这些学者及日本律师户塚悦朗、大森典子、小野寺利孝、高木健一，及由日本律师组成的中国战争受害者索赔事件辩护团的长期调查，不仅提供了关于中国"慰安妇"的重要资料，也激励了笔者投入"慰安妇"问题的研究，并完成此书的写作。

本书第三部分主要概述中国原"慰安妇"战后的生活状况，以及她们近年来为追索正义所进行的斗争。在这一部分的写作中，各国学者关于日本战犯审判和盟军对日占领的研究为本书提供了重要的参考资料。韩国、日本及西方学者对日本战争责任和"慰安妇"索赔运动的探讨亦为笔者分析中国"慰安妇"索赔运动的历史、政治及法律沿革提供了极大的帮助。

本书全文由笔者丘培培根据英文原著译为中文。周游力协译。除特别标示外，书中源自英、日文书刊的引文，均由丘培培翻译。正文中外国人名及固有名词的翻译，于第一次出现时加括号并注明原文，其后不予重复。无惯用译名的英文名称直接使用原文。日文名称在正文中采用中文简体字。注释中的英日文名称均保留原文以便读者查询。本书书目按中文、日文和英文分别排列。中文书目按作者姓氏读音依汉语拼音排序。日文书目按作者姓氏读音依日文字典顺序排列。英文书目按作者姓氏依英文字母顺序排列。

＊＊＊

多年来，帮助中国战争受害者要求赔偿的日本律师团团长尾山宏为支持中国受害者与日本政府打官司，无偿付出了大量时间和自己的积蓄。当中国记者问他为什么要这样做时，他回答说："我要对历史负责，不管是中国人还是日本人，都要对过去的历史负责。"[①] 尾山宏简短的回答掷地有声。日本帝国在亚太地区发动的那场侵略战争已经过去了70年。70年后的今天，战争的创伤仍然折磨着每位受害者的身心，炙烙着每一个卷入那场战争的国家和人民的记忆。抚平创伤、走向和解，始于对历史负起责任。只要"慰安妇"的悲惨遭遇尚未被正确地写进历史，我们留给后代的战争记忆就是不完整的、不负责任的。为此，笔者希望借此书为保存人类共有的历史记忆略尽绵薄之力。谨将此书献给那些曾在战争中饱经苦难的人，那些至今仍然在苦难中煎熬的人，以及那些把他人的苦难遭遇放在心上的人。

[①] 张骥良：《尾山宏：为中国战争受害者代理诉讼40年》，《人民日报》（海外版）2005年7月7日。

第一部分

战争记忆

第一章 日本侵华战争与"慰安妇"制度

在世界上大多数国家的历史记述中，第二次世界大战始于1939年，至1945年结束。但对中国人来说，那是一场远为长久的战争。早在1931年，当日本帝国占领了中国东北的满洲地区时，一场最终遍及中国大陆的侵略战火已被点燃。

日本帝国向亚洲大陆的势力扩张始于19世纪80年代[①]至20世纪30年代初，日本已通过半官方的南满洲铁道株式会社完成了对中国东北地区的政治经济侵蚀。[②] 1931年9月18日夜里，一组日本军官在奉天（今沈阳）附近的南满铁路上导演了一起爆炸事件，并称爆炸乃是中国反日分子所为。以此为由，日本关东军对南满铁路沿线城市展开了袭击。此前两年的精心策划使关东军得以迅速推进，很快控制了整个东北地区。[③] 史学家普遍认为，"九一八事变"（又称为盛京事变或满洲事变）拉开了第二次世界大战亚洲战场的序幕。几个月之内，日军占据了该地区的主要城市，迫使张学良率领的中国部队撤至长城以南。[④]

时隔不久，日军于1932年1月在上海向中国驻防部队挑起了另一场武装冲突。这一事件的始作俑者也是关东军，目的在于增强日军在中国东南部的影响力，并转移外界对日本建立满洲国傀儡政府的注意。[⑤] 为了将国际社会的注意力从满洲地区引开，日本情报机关在上海策划了一场反日示威。

---

① Mark R. Peattie, "The Dragon's Seed: Origins of the War", in *The Battle for China: Essays on the Military History of the Sino-Japanese War of 1937*, ed., Mark Peattie, Edward J. Drea, and Hans van de Ven, Stanford: Stanford University Press, 2011, pp. 48-78.

② Yoshihisa Tak Matsusaka, *The Making of Japanese Manchuria, 1904—1932*, Cambridge: Harvard University Asia Center, 2001, pp. 1-16.

③ Peattie, "Dragon's Seed", p. 66.

④ Matsusaka, *The Making of Japanese Manchuria*, pp. 381-387.

⑤ Peattie, "Dragon's Seed", pp. 66-67。亦见 Ienaga Saburō, *The Pacific War: World War II and the Japanese, 1931-1945*, New York: Pantheon Books, 1978, p. 65.

趁骚乱加剧之际，日本海军将海军陆战队调赴上海，与日本人自警团共同"维持秩序"。① 此举遭到中国方面的激烈反击，于是日方又增调两支陆军部队前来增援。双方激战持续了两个月。中国第19路军和第5军在缺乏后援的情况下坚持反击，但最终被迫撤离。② 国际联盟出面呼吁双方停火，并要求日本与中方谈判。停火协议划定了一个非军事区，禁止中国在本国领土上海、苏州和昆山一带驻军，却允许部分日本海军陆战队留驻上海。③

日军对中国妇女的性暴力和性奴役，在日本对华侵略升级之初就已经开始。在关于"慰安妇"问题的国际研究中，第一家日军慰安所在1932年建于上海已广为人知。但国外读者大多不知道，同一时期日军在中国东北地区也已经开始掳掠当地妇女充当性奴隶。随着战事的发展，慰安所的数量迅速增多，几乎是哪里有日本军队，哪里就有慰安设施。中国人民政治协商会议文史资料委员会1995年出版的《侵华日军暴行总录》汇集了在全国范围内调查的结果。调查显示，1932年冬，关东军第8师团第16旅团属下的一支部队占领了中国东北北票县朝阳寺地区。士兵们随即四处搜寻美貌女子，挟持到军营充当性奴隶。成群结队的日军冲进各家各户蹂躏妇女。据报道，数以千计的当地妇女在家中遭到强奸，连孕妇、少女和老妇也难逃厄运。④ 在同一个县，100多名日本士兵于1935年秋突袭了当时抗日力量活跃的大黑山地区。日军用机关枪向村民扫射，把他们赶进一个大院，将妇女一个个拽出人群，当着她们家人的面强奸。士兵们抓住一个怀有六个月身孕的妇女，撕开她的衣服，把她绑在院中的桌子上，一边当众侮辱她一边照相，最后用刺刀切开她的肚子，挑出了里面的胎儿。⑤

日军犯下的种种暴行如此残忍，几乎令人难以置信。然而，同类事件在日本侵华战争中曾普遍发生。⑥ 关于日本军人这种令人发指的残暴行为，学者们曾试图从战时心理因素、性饥渴、军队纪律松懈等各方面寻求解释。这些因素的确可能起了一定的作用，但如果我们相信绝大多数日本

---

① Peattie, "Dragon's Seed", p. 67.

② Ibid..

③ 张宪文编：《中国抗日战争史》，南京大学出版社2001年版，第92—105页。

④ 管文华：《日军对北票妇女的凌辱》，载李秉新、徐俊元、石玉新编《侵华日军暴行总录》，河北人民出版社1995年版，第69页。

⑤ 同上。

⑥ 关于战时日军对中国妇女的性犯罪，见江上幸子《日军妇女暴行和战时中国妇女杂志》，载苏智良、荣维木、陈丽菲编《滔天罪孽：二战时期的日军"慰安妇"制度》，第56—70页。

军人并非生来性恶,上述因素则无法完全解释为什么如此残酷的性暴力会普遍发生。加拿大学者卜正民(Timothy Brook)在分析日军对中国女性所实施的肉体摧残时指出:

> 有战斗力的男人均被枪杀或被拉去做劳工,因为他们是,或被看作是中国的士兵。有生育力的女人则被强奸或被征为军妓,因为她们是,或被看作是中国国体的象征。强奸之所以普遍地发生,不仅仅是士兵性欲的发泄;这更是一种意在凌辱的暴行。日本士兵在中国女人身上施加这种暴行,其目的在于羞辱中国男人,以证明他们彻底的无能。①

卜正民的分析有助于我们了解日军残忍暴行普遍发生的政治根源,也从一个侧面解释了为什么中国"慰安妇"的遭遇会在战后被完全排除于本国的英雄主义抗战史叙事之外。如卜正民所言,日军对中国妇女非常残酷的蹂躏,本质上是一种战争行为,以战争为目的,并通过战争得以实行。这种"炫耀征服"的暴力行为,从日本帝国军队占领中国东北就开始上演,贯穿了整个侵华战争。

当盘踞在中国东北的日本军队大肆骚扰当地妇女,并把她们挟持到军营中充当性奴隶时,所谓"正规的"日军慰安所也开始出现在大城市中。② 有资料表明,最早的日军慰安所是由日本海军于1932年上海战役期间设立的。③ 上海自清朝末年就成了日本的常设海军基地,而日本人开设的妓院早于19世纪80年代就已在这里出现。到1882年时,住在上海

---

① Timothy Brook, *Collaboration: Japanese Agents and Local Elites in Wartime China*, Cambridge, MA: Harvard University Press, 2005, pp. 23-24.

② 除上文援引的中文资料外,韩国幸存者 Ch'oe Il-rye 的证言也显示,早在1932年日军已在中国东北满洲地区建立了军用慰安所。见 C. Sarah Soh, *The Comfort Women: Sexual Violence and Postcolonial Memory in Korea and Japan*, p. 125.

③ 关于日军建立的最早的慰安所,见 George Hicks, *The Comfort Women: Japan's Brutal Regime of Enforced Prostitution in the Second World War*, pp. 45-49; Chin Sung Chung, "Korean Women Drafted for Military Sexual Slavery by Japan," in *True Stories of the Korean Comfort Women: Testimonies Compiled by the Korean Council for Women Drafted for Military Sexual Slavery by Japan and the Research Association on the Women Drafted for Military Sexual Slavery by Japan*, ed. Keith Howard, trans. Young Joo Lee, pp. 13-15; 吉見義明:『従軍慰安婦』,14—19頁;苏智良:《慰安妇研究》,第23—40页;Yuki Tanaka, *Japan's Comfort Women: Sexual Slavery and Prostitution during World War II and the US Occupation*, pp. 8-12. 此外,韩国幸存者的证言和中国发现的证据皆证明,同一时期日军也在东北地区建立了慰安设施。见 Soh, *Comfort Women*, p. 125.

的日本妓女已达到 800 人左右。① 从 1884 年到 1885 年，日本外务省为维护本国国际形象，曾配合中国政府禁止卖淫活动，遣返了近 600 名日本妓女。② 但是这些措施未能真正取缔日本妓女在华卖淫。时隔不久，在沪日本妓女的数量便重新攀升。到 1907 年夏，获得执照的日本"贷座敷"（实际上是一种妓院）开始在上海营业。③ 这种"贷座敷"日后成了日本海军 1932 年建立军用慰安所的基础。日本国驻上海领事馆所发的一份文件《一九三八年在华日本特种妇女之状况及其管理以及租界当局对私娼的处理状况》，详细描述了军用"慰安妇"制度是如何产生的。文件表明，1907 年 7 月，日本人经营的"贷座敷"开始在上海营业，并从持有执照的日本妓院雇用了"乙种艺妓"（即妓女）。1929 年 6 月，上海市公安局下令取缔其管辖范围内所有持有营业执照的中国妓院，并要求其管辖范围内所有的日本妓院停止营业。当时日本妇女矫风协会上海分会（婦人矯風会上海支部）亦强烈反对执照卖淫制度，并要求日本外务省解决这一社会问题。为应付这些要求，日本总领馆于当年推行了"饭店陪酒女"（料亭酌婦）制度，以求尽快取代被取缔的有执照营业妓院系统。然而，随着 1932 年上海战事的发生，驻沪日军人数急剧增加，日本海军遂以"贷座敷"的形式为部队开设了慰安设施，并一直沿用到 1937 年战争全面爆发。全面战争爆发时，部分经营者一度返回日本。但自 1937 年 11 月开始，在华"贷座敷"的数量与驻华日本人数量同时攀升。到当年 12 月为止，计有 11 家"贷座敷"，其中 7 家是海军慰安所。"陪酒女"总数达 191 人，包括 171 个日本人和 20 个朝鲜人，比前一年增加了 73 人。那 7 家海军"贷座敷"专为海军官兵服务，其余的 4 家主要面向日侨。医务人员每周一次在一名海军陆战队军官和一名日本领馆派出的警官监督下，检查慰安妇的身体。此外，在日本总领馆管辖区域内还有 300 名临时"慰安妇"在陆军慰安所服务。④

上述文件清楚地表明，尽管日本海军首批慰安所是以战前的日本妓院为基础建立的，它们其实是在日本加速侵略步伐时，为实现军事目的而设。有一种观点认为，由于日军在 1918 年至 1922 年远征西伯利亚时军人

---

① 森崎和江：『からゆきさん』，朝日新闻社，1976 年，92 页。
② 苏智良：《慰安妇研究》，第 24 页。
③ 同上。
④ 见"昭和十三年中に於ける在留邦人特種婦女の状況及其の取締並に租界当局の私娼取締状況"，吉見義明编『従軍慰安婦资料集』，184—85 页。

感染性病的概率极高，日军首脑认为必须提供性服务设施以增强士气，防止性病传播。① 然而事实恰恰相反，日军"慰安妇"制度不仅没有起到预防性病的作用，反而成为性病传播和性暴力的可怕温床。

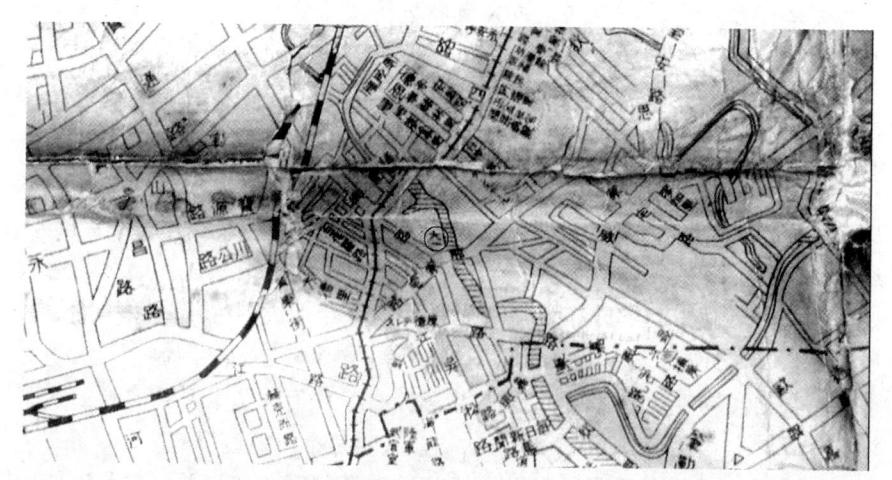

图1 标有设在上海的第一家日军慰安所"大一沙龙"位置的日本地图。地图由方毓强先生提供（苏智良摄）

战争初期，日军建在大城市的慰安所已经具有相当的规模。"大一沙龙"是日本海军在上海最早设立的慰安所之一，由几栋两层小楼组成。从上面这张1937年印行的日本地图上可以看到，"大一沙龙"位于东宝兴路，与四川北路日本海军陆战队驻地毗邻。家住东宝兴路的上海居民陆明昌曾在"大一沙龙"做过14年杂工。他回忆道，"大一沙龙"最初征召的主要是日本"慰安妇"，当时向日本海军军官和在华日本人开放。其后来自朝鲜半岛的妇女也被送进"大一沙龙"。1937年全面战争爆发后，这里就成了日本海军的专用慰安所。②

从1932年开始，日本陆军仿照海军的先例，也在上海建立了慰安所。当时上海驻有约三万日军，士兵强奸妇女的事件经常发生，引起了公愤。③ 1932年3月14日，时任上海派遣军高级参谋的冈部直三郎在日记

---

① 关于这一观点的讨论，见 Chin-Sung Chung, "Wartime State Violence against Women of Weak Nations; Military Sexual Slavery Enforced by Japan during World War II", *Korean and Korean American Studies Bulletin* 5, 2/3（1994）：pp. 16–17；吉見義明『従軍慰安婦』，18—19頁；Tanaka, *Japan's Comfort Women*, pp. 10–12.

② 苏智良：《慰安妇研究》，第31—34页。

③ 同上书，第30页。

里写道:

> 最近常听说我军士兵四处找女人寻欢。部队处于非战斗状态时，此类问题难免发生。因此应采取积极措施建立相应设施。我们应考虑制定能解决士兵性问题的各种决策并予以实施。此事宜由永见中佐主要负责。①

史料显示，冈部提出的这一决策的具体实施者中，也包括时任上海派遣军副参谋长的冈村宁次。冈村不仅指示部下按照海军的范例建设慰安所，还让长崎县知事从日本征集"慰安妇"送往中国。② 很明显，征召"慰安妇"从一开始就得到了日本军方和政府的认可与帮助。侵华战争全面爆发后，日本政府加强了对从日本及其殖民地到中国大陆旅行的限制，旅行者必须持有警察当局签发的身份证明。③ 也就是说，没有军方和政府高层官员的批准，这种大规模的跨境贩运人口活动在战时是不可能进行的。

虽然早期的日军慰安所与日本战前的卖春制度密切相关，但是它们完全不同于普通的妓院，也不同于在其他国家出现过的建在兵营左近的妓院。它们之间的主要区别在于，日军慰安所是由军方为发动战争而建立的；它们大多直接由日军管控，并只供军人使用。此外，绝大部分日军"慰安妇"是被迫进入慰安所的，她们在慰安所中失去了人身自由，长时间遭受反复的性暴力侵犯。征召"慰安妇"的强迫性质，在日军战时发布的文件中也暴露得十分清楚。陆军省兵务局兵务科于1938年3月4日发出的"副官致驻华北地区部队和华中派遣部队参谋长通告"称，"近乎绑架"的"慰安妇"征召方式即使在日本国内也很常见，并因此造成了"社会问题"。④ 为防止本国公众产生更大的不满情绪，该通告要求参战部

---

① 岡部直三郎:『岡部直三郎大將の日記』，芙蓉書房，1982年，23頁。吉見義明在他的『従軍慰安婦』一书中也提到此日记。见该书第17頁。

② 稲葉正夫編『岡村寧次大將資料（上）戰場回想編』，原書房，1970年，302頁。各国学者曾探讨冈村从长崎招募妇女的原因，认为这与该地区的历史有关。长崎历史上自明治以来有大批妇女由于家庭贫困，被卖到设在中国大陆的日本妓院或其他亚洲国家从事性服务行业。见吉見義明『従軍慰安婦』，45頁；苏智良:《慰安妇研究》，第23—40頁；Tanaka, *Japan's Comfort Women*, p.10。

③ 吉見義明:『従軍慰安婦と日本國家』，載吉見義明編『従軍慰安婦資料集』，28—50頁。

④ 「副官ヨリ北支方面軍及中支派遣軍参謀長宛通牒案」，吉見義明編『従軍慰安婦資料集』，105—106頁。

队严控"招募"过程并慎选征召人。① 必须指出的是，日本军方试图在日本本土对征召方式进行规制，不过是为了维护军队在日本国民眼中的形象。而在日军占领地区，性暴力和掳掠妇女的现象始终普遍存在。前述日军在中国东北北票县犯下的暴行仅是其中一例。随着日本的军事扩张从东北地区延伸到整个华北，日军强掳中国妇女以应前线慰安所之需的暴行也越演越烈。

关东军 1931 年入侵中国东北之后，于 1932 年年底推进至长城以北。到 1933 年时，北平（现北京）以北地域已落入日军手中。双方军队在对峙中时有交火，这种相持状态一直持续到 1937 年夏全面战争爆发。1937 年 7 月 7 日，驻扎在距北平约 15 公里处卢沟桥附近的日军进行了一场夜间演习，期间一名士兵迷路失踪。日军指挥官借此要求进入卢沟桥旁边的宛平城搜寻失踪士兵，但遭到拒绝。② 卢沟桥是连接北平和中国国民党部队控制下的南方的要塞，平汉铁路线上的交通枢纽，中方自然不敢大意。失踪的日本士兵最终回到了部队，日军却以此事件为借口袭击宛平。在炮兵轰击的配合下，日军步兵和坦克部队对宛平城和平汉铁路大桥展开攻击。中国军队猛烈回击，于次日夺回了对这些战略要塞的控制权。看到中国军队人数众多，日本方面宣布失踪的士兵已被找回，要求停火谈判。但是谈判期间，日军调集兵力再次炮击宛平。谈判刚一结束，日军便对北平展开了全面攻击，一个月内攻占了北平和附近的天津。③

占领了这两个主要城市之后，日军地面部队渡黄河向南部推进。1937 年 8 月 9 日，日本海军陆战队中尉大山勇夫冲闯上海虹桥机场，与中国保安部队交火时被击毙。日本军方以此事件为由，派军舰至上海，日陆军军部亦调遣 30 万兵力赴上海和青岛。④ 1937 年 8 月 13 日，武装冲突爆发并迅速升级，日本战舰炮轰了上海市的中方管辖要地。⑤ 中国军队奋起反抗，与入侵日军浴血奋战三个月之久，最终不敌而退。

日军占领上海及其周边之后，立即向当时中国的首都南京方向进逼，

---

① "副官ヨリ北支方面軍及中支派遣軍参謀長宛通牒案"，吉見義明編『従軍慰安婦資料集』，105—106 頁。

② Yang Tianshi, "Chiang Kai-shek and the Battles of Shanghai and Nanjing", in Peattie et al., *Battle for China*, p. 143.

③ 张宪文编:《中国抗日战争史》，第 229—258 页。

④ Yang, "Chiang Kai-shek", p. 146.

⑤ Ibid., p. 147.

至12月10日，兵临南京城下。① 国民党政府领导人蒋介石（1887—1975）命令中国军队誓死保卫国都。但由于组织指挥失当，中央军分阶段撤离上海支援南京的计划崩溃，南京防守大部分落在原地方军阀部队和新兵肩上。② 守城的激战持续了三天，至1937年12月13日，南京城失陷，日本军队开始对手无寸铁的平民和已经缴械的中国军人展开大规模屠杀。③ 南京沦陷时，究竟有多少平民与解除了武装的中国士兵被杀害，始终是一个有争议的话题，④ 但远东国际军事法庭对这场大屠杀有如下记述：

> 根据事后统计，日本占领南京最初的六周内，在南京市区及周边杀害的中国平民和战俘超过20万。⑤ 这个数字并无夸张，因为殡葬业者及其他组织总共掩埋了15.5万多具尸体。据掩埋者报告称，大部分尸体的双手都被反绑在身后。这个统计数字还没有包括那些被日军焚烧、抛入扬子江中，或被随便处理掉的尸体。⑥

---

① Edward J. Drea and Hans van de Ven, "An Overview of Major Campaigns during the Sino-Japanese War, 1937–1945", in Peattie et al., *Battle for China*, p. 31.

② Ibid..

③ Ibid..

④ 关于日军南京大屠杀期间在南京及其周边地区犯下的暴行，有很多书刊记载。见 John Rabe, *The Good Man of Nanking: The Diaries of John Rabe*, New York: Knopf Publishing Group, 1998；洞富雄：『南京大虐殺：決定版』，现代史出版社，1982年；南京事件调查研究会编译，『南京事件资料集』，青木书店，1992年；Iris Chang, *The Rape of Nanking: The Forgotten Holocaust of World War II*, New York: Penguin Group, 1998; Honda Katsuichi, *The Nanjing Massacre: A Japanese Journalist Confronts Japan's National Shame*, London: M. E. Sharpe, 1999; Yang Daqing, "Atrocities in Nanjing: Searching for Explanations", in *Scars of War: The Impact of Warfare on Modern China*, ed. Diana Lary and Stephen MacKinnon, Vancouver: UBC Press, 2001, pp. 76-96; Suping Lu, *They Were in Nanjing: The Nanjing Massacre Witnessed by American and British Nationals*, Hong Kong: Hong Kong University Press, 2004. 关于南京大屠杀真相的争议，见 Takashi Yoshida, *The Making of the "Rape of Nanking": History and Memory in Japan, China, and the United States*, Oxford: Oxford University Press, 2006。

⑤ 中文资料一般估计有超过30万中国公民和手无寸铁的士兵在南京大屠杀期间被杀害。据报道，最近在美国档案中发现的文件显示，美国驻德大使威廉·陶德（William Edward Dodd）于1937年12月14日向美国总统发出的电报报告，时任日本驻德大使的东乡茂德对他说，日军当时已经杀了50万中国人。见"美国外交关系档案 RG59-793.94/11631"，引自袁新文报道《南京大屠杀再添铁证》，《人民日报》2007年12月6日。

⑥ Hyper War Foundation, "Hyper War: International Military Tribunal for the Far East", IMTFE Judgment (English translation), Chapter 8, "Conventional War Crimes (Atrocities)", 1015, accessed April 26, 2008, http://ibiblio.org/.

远东国际军事法庭的判决书也描述了南京大屠杀期间日军性暴力的残忍程度。判决书中说,性暴力受害者的任何一点反抗,或者她家人试图保护她的任何行动,都会招来杀身之祸。残暴的强奸遍及全城,从少女到老妇,都未能幸免。众多妇女在遭受强奸后被杀害,她们的尸体被残忍地摧残。根据远东国际军事法庭的估计,在日军占领后的一个月里,南京城内大约有两万起强奸事件发生。① 广东路难民营里的难民曾向南京安全区国际委员会发出如下呼救:

> 广东路83号和85号聚集着大约540名难民。从13日到17日,三五成群的日本士兵每天多次来这里搜查抢掠。今天日本兵又来抢夺财物,把钱、首饰、手表和衣服等等全部抢走了。现在这里每天晚上都有年轻妇女被日本兵用摩托车强行带走,到第二天早上才放回来。已经有30多个妇女和少女遭到日军强奸,她们整夜地哭泣。这里的状况比我们所能描述的还要糟糕。请救救我们。
> 敬上,
> 全体难民
> 1937年12月18日,于南京②

日军南京大屠杀的行径,引起了中国民众和国际社会的强烈义愤。日军上层担心大规模强奸激起的民愤会影响战事的进展,于是在战争全面爆发后,便着手在前线和占领区加快设立慰安所。时任驻华北方面军参谋长的冈部直三郎在1938年6月27日发出的备忘录中向属下军官明确指示:"根据各种消息来源,目前各地普遍发生的士兵强奸事件,已激起强烈的反日情绪……屡屡发生的强奸事件,不是简单的刑事犯罪问题,它是扰乱占领区秩序,妨碍全军作战行动,危害我们国家的大逆行为。"他进而强调:"因此,必须对军人的个人行为严加管理,同时立刻建立健全性慰安

---

① Hyper War Foundation, "Hyper War: International Military Tribunal for the Far East", IMTFE Judgment (English translation), Chapter 8, "Conventional War Crimes (Atrocities)", 1012, accessed April 26, 2008, http://ibiblio.org/.。根据国民党政府的调查结果,日军性暴力受害女性的数量远大于远东国际军事法庭的统计数字,约有8万中国妇女在南京大屠杀期间被强奸。见朱成山《南京大屠杀是日军对人类文明社会的集体犯罪》,载苏智良等编《滔天罪孽:二战时期的日军"慰安妇"制度》,第128页。

② Rabe, *Good Man of Nanking*, p. 81。信件格式遵原文。

设施，以防止因缺乏此类设施而出现的违纪行为。"① 冈部的指令表明，日军建立慰安所的初衷其实与他们口头声称的防止强奸和保护当地妇女无关，其主要目的是要确保侵华战争得以顺利进行。

虽然日军当局声称要解决大规模性暴力问题，并有法规规定士兵强奸妇女要受到惩罚②，但即使从日军自己的报告记录来看，这些法纪措施根本没有认真执行。根据日本学者的调查，在原日本陆军法务局长大山文雄提交给东京战犯审判法庭的犯罪数字中，只有28个军人被认定违犯军规（抢劫、强奸及杀人），另有495人被认定违犯日本国内刑法（强奸、伤害）。③ 这些数字与已知的日军大规模犯罪的记录相比，简直是九牛一毛。不仅如此，由于"强奸"只列为军纪法规下面的一条，而真正因为性犯罪被送上军事法庭的人少之又少。毫不夸张地说，日军上层事实上纵容了部队的强奸、抢劫、杀人和其他犯罪行为。正如户谷由麻所指出，日本士兵普遍认为他们的长官默许这些行为，并把为所欲为的犯罪行为看作是战争的特权，是对他们辛苦作战的犒赏。④

日军首脑不但不采取严厉措施惩治性犯罪，反而大力扩展军用慰安所系统。占领南京两天前，日军华中方面军明令建立慰安所。⑤ 1937年12月18日，华中方面军第十军参谋、陆军少佐山崎正男在日记里写道，当他到达南京附近的湖州时，先行抵达的陆军中佐寺田已经在那里设立了一所"娱乐设施"，并指挥宪兵征集当地妇女。当时那所"娱乐设施"里有7个"慰安妇"，但宪兵计划征集100名。⑥ 现存的中方战时记录也显示，在南京大屠杀发生前后，日本军队已经开始大规模抓捕中国妇女投入慰安所中。驻守南京的中国军队军医蒋公谷在南京失陷时曾留在南京城内，

---

① 吉見義明：『従軍慰安婦』，210页。
② 日本军队规定，犯强奸罪的军人将判处七年有期徒刑至死刑。见 Yuma Totani, *The Tokyo War Crimes Trial: The Pursuit of Justice in the Wake of World War II*, Cambridge: Harvard University Asia Center, 2008, p. 120。
③ Aiko Utsumi, "How the Violence against Women Was Dealt with in War Crime Trials", in *Common Grounds: Violence against Women in War and Armed Conflict Situations*, Quezon: Asian Center for Women's Human Rights, 1998, p. 191.
④ Totani, Tokyo War Crimes Trial, 120. 另见江口圭一『十五年戦争小史』，青木書店，1986年，117页；笠原十九司：『南京事件』，岩波書店，1997年，191—200页。
⑤ 吉見義明：『従軍慰安婦』，23页。
⑥ 南京事件调查研究会编译：『南京事件资料集』，411页；亦见吉見義明『従軍慰安婦』，24页。

目睹了日军的暴行。他写道，南京失陷后，日本军队在光天化日下群奸妇女，甚至从设在金陵女子文理学院校园内的国际安全区绑架妇女做他们的性奴隶。① 远东国际军事法庭的证词中也有同样的记录。金陵女子文理学院宿舍管理负责人程瑞芳（音）女士的证词说，日本士兵经常以搜索中国军人为由，进入国际安全区来抓女人。她列举的案例之一，是发生在1937年12月17日夜，一群日本士兵强行进入学校，抓走11名年轻女子。其中9人在惨遭蹂躏和摧残之后被放回学校，另外两人从此下落不明。②

日军除了直接抓掳中国妇女，也利用占领地汉奸强征"慰安妇"。汉奸乔鸿年就在南京帮助日本人建立了不止一家慰安所。③ 南京档案馆馆藏资料显示，1937年12月中旬，上海派遣军参谋、特务机关长大西命令当地汉奸征集100个女人以建立慰安所。乔鸿年协同汉奸从设在女校的避难营内抓了300名妇女，再从中选出100名送交大西。乔还帮助筹建了两处慰安设施，一处在傅厚岗，另一处位于铁管巷。这些慰安所在12月22日正式开业，由大西担任主任、乔鸿年为副主任。慰安所一共有200余人，包括3个售票员（其中两人是日本人），4个记账员，老妈子、杂役及众多"慰安妇"。30个年轻貌美的女性被送进傅厚岗慰安所专供军官享用。那里的收费为每小时军用手票3日元，过夜10日元。其余的妇女被送往铁管巷慰安所供士兵蹂躏。收费标准是每小时军用手票2日元，不提供过夜服务。④ 日本军方支付了这些慰安所营业初期的开销。其后慰安所收费经营的利润则进了大西的腰包。⑤

1937年12月至1938年4月，乔鸿年遵从日军的指令，设立了另外三个慰安所。⑥ 这种由日军军官直接管理、利用汉奸强征"慰安妇"的做法，在南京大屠杀之后日军在中国战场迅速扩展慰安所系统的过程中比较

---

① 蒋公毂：《陷京三月记》，个人出版物，1938年版；南京出版社2006年版，第14—24页。
② Susan Brownmiller, *Against Our Will: Men, Women, and Rape*, New York: Simon and Schuster, 1975, p.58.
③ 李世民：《乔鸿年筹设慰安所》，《大地周报》1946年第31期。
④ 陈娟：《南京日军"慰安妇"制度的实施》，载苏智良等编《滔天罪孽：二战时期的日军"慰安妇"制度》，第157—158页。
⑤ 经盛鸿：《侵华日军在南京实施"慰安妇"制度始末》，载苏智良等编《滔天罪孽：二战时期的日军"慰安妇"制度》，第166—167页。
⑥ 陈娟：《南京日军"慰安妇"制度的实施》，载苏智良等编《滔天罪孽：二战时期的日军"慰安妇"制度》，第158页。

常见。类似做法也被用来在小城镇中设置慰安所。据日军慰安所开设委员杉野茂回忆，1937年12月18日，日军第3师团卫生队进驻位于南京东北的扬州市，随即在当地建立了一个军用慰安所。杉野茂和其他开设委员与当地治安维持会一起，为慰安所征集了47名中国妇女。① 大致同一时期，日军也在南京以东的常州建立了两个慰安所。时任独立攻城重炮兵第2大队司令官的万波蕃在一份报告中说："其中一个慰安所由兵站管理，另外一个由军直辖部队经营。每个部队在固定日期由干部率领，按每队一小时的时间配额使用慰安所。军医会预先做好卫生检查。"② 很明显，早在日本侵华战争全面爆发之初，日军掳掠中国妇女并把她们投入慰安所充当性奴隶的暴行已经非常普遍。

在占领区大量强征中国妇女的同时，日军自1938年初也加紧从朝鲜半岛、日本和中国台湾运送妇女到中国大陆充当"慰安妇"。研究者们认为，日本加紧从本土及其殖民地征集"慰安妇"，多半出于安全方面的考虑。军队上层担心在占领区掳掠当地妇女会激起民众反抗，更重要的是怕中国"慰安妇"可能会将军事情报传递给抗日武装。当时由海外运送到中国大陆的"慰安妇"主要来自朝鲜半岛，但也有不少从日本和中国台湾征召的妇女。③ 随着日本在亚洲太平洋战场战事的扩大，众多其他国家的妇女也被迫成为日军"慰安妇"。④ 曾在上海派遣军兵站医院供职的日本军医麻生彻男在回忆录里描述了当时的情况。1938年1月2日，麻生对上海杨家宅慰安所的约100名"慰安妇"进行了性病检查。他回忆道，其中约80%的妇女来自朝鲜半岛，其余的是日本人。⑤ 与在中国战区或占领地区被抓的中国妇女不同，这些来自日本和日本殖民地的妇女被视为大日本帝国的海外臣民，所以日本外务省相关机构有时会登记她们的数量，而对于中国"慰安妇"，则几乎没有任何记录。现存的日本驻华东、华中领事馆的资料显示，1938年到1939年，在上海、九江、杭州、镇江、汉口、厦门、芜湖

---

① 吉見義明：『従軍慰安婦』，25頁。
② 吉見義明编：『従軍慰安婦資料集』，195—196頁。
③ 关于这方面的研究，见千田夏光『従軍慰安婦』，講談社，1984年，72—76頁；Chin Sung Chung, "Korean Women Drafted for Military Sexual Slavery by Japan", in Keith Howard, *True Stories of the Korean Comfort Women*, pp. 16-17。
④ 太平洋战争爆发后，亚太地区其他地方的女性，包括菲律宾、新加坡、泰国、印度尼西亚、东帝汶、马来亚、缅甸和越南的女性也被日军强征，沦为"慰安妇"。
⑤ 麻生徹男：『上海より上海へ——兵站病院の産婦人科医』，石風社，1993年，215頁。

和南昌有逾千名朝鲜和日本"慰安妇"。① 在华北地区，日本领馆的记录未将慰安所单独归类，所以无法得知华北地区"慰安妇"的数量。但是，从华北地区日本警务部 1939 年 7 月 1 日编制的《按职业分类日本在华人口统计表》中可以看出，当时在那个地区共有 8931 名"艺妓、妓女和酒吧陪酒女"，这个数字据吉见义明分析必定含有大量的"慰安妇"。② 在华南地区，"慰安妇"的数量随着战火的蔓延而不断增加。1939 年 4 月，驻扎广州的第 21 军司令部《战时旬报》称，该军有约 850 名由军部直接管理的"慰安妇"，另有约 150 名是由下属部队从各自故乡招来的"慰安妇"。③ 这份报告同时表明，这些统计数字只涵盖驻有宪兵管辖的地区，并未包括宪兵没有掌握情况的各部队的数字，虽然当时在三水、九江、官窑、增城、石龙等地都建有慰安所。事实上，根据第 21 军军医部长 1939 年 4 月 15 日在陆军省医务局会议上的汇报，他所在部队当时已经按照每 100 个士兵一名"慰安妇"的比例引进了"慰安妇"，总数在 1400 到 1600 人之间。④

以上统计数字虽然并不完整，但还是能够大概反映当时来自朝鲜半岛、日本和中国台湾的"慰安妇"在中国大陆快速增加的状况。然而，这些有文件记载的数字，既没有包括日军在占领地强征的中国"慰安妇"，也没有算入那些由小部队直接控制的临时慰安设施。近二十余年在中国大陆展开的实地调查证明，日军慰安所和"慰安妇"的数量远远大于以前根据日本战时文件所做的估计。仅以上海一地为例，就有 166 处已被确认的慰安所遗址，而且有证据显示，这个数字远远低于实际数字。譬如，上海的虹口区和闸北区，已知曾建有大量日军慰安所。1940 年，这里曾设立"慰安所组合会"并订立了《管理慰安所临时规约》，以加强对慰安所的管理。⑤ 但由于战后多年来城市的发展建设，很多慰安所遗址已

---

① 吉見義明编：『従軍慰安婦資料集』，183—184、258—268 頁。
② 北支警務部：「邦人職業別人口統計表」，1939 年 7 月 1 日，外務省外交史料館藏；引自吉見義明『従軍慰安婦』，30—31 頁。
③ 吉見義明编：『従軍慰安婦資料集』，214—215 頁。
④ 金原節三：『陸軍省業務日誌摘録』，1939 年 4 月 15 日日誌，防衛庁防衛研究所図書館存。引自吉見義明『従軍慰安婦』，32 頁。
⑤ 上海市档案馆，文件号 R36，全宗 1 号目录。关于这一调查的详细内容，见陈正卿、庄志龄《档案中发现的有关上海日军慰安妇问题》，载苏智良等编《滔天罪孽：二战时期的日军"慰安妇"制度》，第 110—122 页。

经难以确认，因而这些慰安所没有包括在上述已确认的慰安所遗址数目中。① 日军占领期间，在上海特别市警察局管辖下的"虹口区慰安所组合会"对区内慰安所数量做了记录。表1是根据该会1940年的报告制作的。②

表1　　　　　　1940年设在上海虹口区的日军慰安所

日期	慰安所数量	被囚中国妇女人数
5月	16	77
7月	20	91
8月	23	105
9月	22	114
10月	20	117
11月	22	119
12月	22	115

除了已知的慰安所之外，有报道表明，日军还设有不为外人所知的慰安所。《大公报》1938年2月27日刊登的一篇文章，报道了昆山一所教会的牧师陆先生偶然发现的一处军用慰安所。1937年上海陷落后，陆先生去上海，与他认识的一个日本军官同行。这个军官带他来到位于虹口区北四川路上的一个日军"行乐所"。这是一栋三层楼房，从前是家银行，门口有日本兵把守。陆先生进去后不禁毛骨悚然。只见到处都是赤身裸体的中国女人，年龄在十几岁到三十几岁。日本士兵在其间走来走去，挑选女人。如有不从者，便遭毒打。陆先生见状，准备退出。此时有个女子突然站起来呼救。陆先生认出此人是自己的邻居王某。他知道此时对她表示同情会带来危险，但是作为虔诚的基督徒还是不忍看到她被士兵殴打，便哀求带他来的日本军官放了她，说这个女人是自己的熟人。那个日本军官听了陆先生的话，让他带走了王某。事后得知，王某和其他被囚妇女是在11月中旬日军占领昆山后被掳的。她们被装上卡车运到上海虹口区，关进这个慰安所。在这里关着几百个女子，每天遭受多次蹂躏。许多女子绝

---

① 苏智良、陈丽菲、姚霏：《上海慰安所实录》，生活·读书·新知三联书店1995年版，第2—3页。

② 数字来自《原中国慰安妇受害调查委员会第三次报告》，中华全国律师协会网站，http://www.acla.org.cn，2010年6月30日。

食而死，而隔日即有新掳来者补充。①

这篇报道讲述的情形与在中国大陆其他地方查到的史料及幸存者口述的经历十分相似。日军早于1932年就在上海设立军用慰安所的事实今天已经广为人知，但上述这家慰安所在任何日本文书中都没有记载。假如陆先生没有偶然看到里面的情况并透露给《大公报》，那么这个慰安所里发生的一切将始终不为世人所知。这种慰安所的存在并不是一个孤立的现象。随着日本侵华战争的全面爆发，日军在占领区的许多城市大规模掳掠中国妇女，实行性奴役，暴行遍及日军屯驻的所有地区。南京市民谭先生是在1938年5月20日逃离南京的，据他回忆，他逃离南京时大屠杀发生还不到半年，日军已在城里建立了17个军用慰安所。② 在同一时期，南京周边的南通、苏州、无锡、镇江、扬州、常州、如皋、徐州和杭州等地也有大量中国妇女被日军捉走，而慰安所则在占领区广泛设立。③

---

① 《上海的地狱——敌寇行乐所》，《大公报》，1938年2月27日；转引自李秀平《十万慰安妇》，人民中国出版社1993年版，第34页。

② 高兴祖：《日军南京强奸事件与慰安所的出现》，载苏智良等编《滔天罪孽：二战时期的日军"慰安妇"制度》，第123—126页。

③ 苏智良：《慰安妇研究》，第124—130页。

第二章　日军大规模暴力强征"慰安妇"

　　占领南京之后，日本驻华北方面军于 1938 年 3 月在山东一带发起大规模进攻。中国军队奋起反抗，在台儿庄战役中与日军短兵相接，激战两周，日军死伤惨重。时至 4 月，日军对中国主力部队发动了另一场围剿。经过两个月的围攻，占领了江苏省徐州市，却并未能将中国军队围歼。日军原打算通过攻占中国首都并围歼国民党主力部队迫使中国政府投降，结果如意算盘没有实现。日军随即把进攻的矛头转向其他战略要地，包括华中的武汉和华南的广州。1938 年夏，日军由武汉东部同时沿长江两岸和北部山区发起了军事行动。这场大战最终卷入了 30 万日军和 100 万中国部队。几乎在同一时期，日本第 21 军对广州发起了进攻。[1] 到 1938 年 10 月末，武汉和广州分别落入日军手中，战火蔓延至中国大部分地区。

　　面对日本的侵略战争，政治上分裂的中国很快形成了抗日统一战线。国民党政府将首都迁至重庆继续抗战。在被日军分割占领的华北、华中及沿海一带，共产党领导的游击队及其他抗日武装坚持抗击日军。与此同时，国民党部队顽强作战，阻止日军向西南推进。至 1940 年，战争进入胶着状态。受挫的日军在交战区对抗日武装力量及平民百姓采取了疯狂的"烬灭作战"，即通常所称的"三光"战略（烧光、杀光、掳光）。在日军实施"烬灭作战"的过程中，千百万中国平民被残杀[2]，遭受劳工酷役

---

　　[1]　本书关于这些战役的综述，基于 Edward J. Drea and Hans van de Ven, "An Overview of Major Military Campaigns during the Sino-Japanese War, 1937–1945", in *The Battle for China*: *Essays on the Military History of the Sino-Japanese War of 1937–1945*, ed., Mark Peattie, Edward J. Drea, and Hans van de Ven, Stanford: Stanford University Press, 2011, pp. 33—35。

　　[2]　日本侵华战争给中国造成了巨大的人员伤亡。尽管无法确切统计，学者常用的估算数字是 2000 万到 3000 万。见 Stephen R. MacKinnon, Diana Lary, and Ezra Vogel, eds., *China at War*: *Regions of China*, *1937–1945*, Stanford: Stanford University Press, 2007, pp. 1–2。关于中国平民和军人的伤亡总数，中国官方发表的数字是 3500 万，其中包括死亡人数 2000 万和受伤人数 1500 万。见郭汝瑰、黄玉章、田昭林《中国抗日战争正面战场作战记》，江苏人民出版社 2001 年版，第 31 页。

者成千上万①，掳掠中国妇女充当性奴隶则成了日军军事行动的常态。

到 1939 年前后，慰安所的设置在日军中已经非常常规化，陆军经理学校甚至开设了教授慰安所设置纲要的课程。曾任陆军主计官的鹿内信隆于 1939 年 4 月到 9 月在陆军经理学校学习。战后他在一次访谈中回忆说：

> 当时我们必须学会估算从占领地调弁来的女人的耐久度和消耗度。我们还得判断哪里的女人好，哪里的不好，每个男人钻进房间后该给多长时间——将校几分钟、士官几分钟、士兵几分钟，等等。（笑）收费也按级别决定。这类规定叫作"Pi 所设置纲要"，陆军经理学校也教这些东西。②

"Pi"是日本士兵对"慰安妇"的蔑称。③ 很显然，鹿内所说的课程是专为筹划和管理慰安所而设立的。值得注意的是，当讲到征用"慰安妇"时，鹿内使用了一个日文词"调弁"，该词在军事语境中意为"在战场就地征集军需品"。这一用词暴露出当时日军在中国战场大量强征当地女子，并把她们送进军用慰安所的实况。这一用词也显示出日军根本不把中国"慰安妇"当人看待，而是把她们当作一种军需品。据日本陆军第 11 军兵站部经理将校官记述，在日本军人眼中，"慰安妇"无异于"公共厕所"。④ 他还回忆说，早在战争全面爆发之初，日本帝国军队的"中

---

① 关于日军侵华战争中强征的劳工，目前尚无完整的统计数字。日本外务省报告称，由于征兵导致劳动力严重短缺，为支持战争需求，从 1943 年 4 月开始，有 38935 名 11 岁至 78 岁的中国男性被强行送往日本，在矿山、工地及码头上做劳工。在短短两年的时间里，17.5%的劳工被摧残致死。日本官方所报的死亡数字是 6830 人，但这一数字并未包括那成千上万在中国被拘禁期间，或在抵达日本之前逃跑时身亡的受害者。见 William Underwood, "Chinese Forced Labor, the Japanese Government and the Prospects for Redress", *Asia-Pacific Journal: Japan Focus*, accessed July 2, 2010, http://www.japanfocus.org/。

② 桜田武、鹿内信隆：『いま明かす戦後秘史』，サンケイ出版，1983 年，40—41 頁；引自吉見義明『従軍慰安婦』，岩波書店，1995 年，37 頁。

③ 关于这一蔑称的来由，一种解释是它可能来自英文"妓女"（prostitute）一词中第一个字母 p 的发音。另一种解释是，这是模仿中文俗语里女性生殖器一词"屄"的发音。

④ 千田夏光：『従軍慰安婦』，講談社 1984 年，72—76 頁。上一章谈到的曾在杨家宅慰安所给"慰安妇"检查身体的军医麻生彻男，也用类似的语言形容慰安所。他说："军用特殊慰安所不是享乐的场所，而是卫生用公共厕所。"见麻生徹男『上海より上海へ——兵站病院の產婦人科医』，石風社，1993 年，222 頁。

坚"干部就将"从敌国夺取补给"作为一个重要策略。① 从1938年开始，派遣到中国的日本军人逾一百万。② 这些部队在掠夺中国资源作为军队补给时，也把掳掠中国妇女当作军事补给的必要部分。在这一历史背景下，"调弁"一词显然不是指从日本本土及其殖民地调运妇女，而是指日军在中国大陆强征妇女充填慰安所的普遍做法。事实上，中国"慰安妇"研究中心的调查表明，超过60%的日军慰安所设立在中国大陆的农村地区，而这些慰安所里囚禁了大量从当地掳获的中国妇女。③ 这些从农村抓掳的妇女有时候也被送到一些大城市去。比如第一章提到的设在上海的日军"行乐所"，就拘禁了几百个来自苏北地区和上海郊区农村的中国女子。④ 另外，从中国城市地区掳走的女子也被日军送往一些偏远省份。江浩发表的调查显示，日军占领南京后捉走大批妇女，运往前线各地充当军用"慰安妇"。⑤

此前由于缺乏关于中国"慰安妇"的资料，国际上就"慰安妇"问题的研究多认为日军慰安所受害者主要来自日本和朝鲜半岛。然而近年来在中国大陆开展的调查显示，日军从侵华初期直至战争结束曾强迫大量中国女子充当性奴隶。历史学家估计，战争中日本帝国共投入约320万兵力，其中大部分被派驻中国；日本偷袭珍珠港时，约70%到80%的日本军队驻扎在中国战场。⑥ 为了安抚数目庞大的军队，日军建立慰安所在很大程度上依赖强征占领区的中国妇女。日本在1941年12月轰炸珍珠港之后，将战线延伸至东南亚和太平洋诸岛，当地妇女也随之被强迫充当"慰安妇"。在日军占领地区被抓的"慰安妇"通常遭到特别残暴的蹂躏。

虽然日军"慰安妇"制度残害了为数众多的中国妇女，此前外界却

---

① 千田夏光：『従軍慰安婦』，73—74頁。西野瑠美子在她的『従軍慰安婦：元兵士たちの証言』（明石書店1992年）中也有相关记载。见该书第34页及第42—60页。

② 吉見義明：『従軍慰安婦』，22頁。

③ 陈丽菲：《日军慰安妇制度批判》，中华书局2006年版，第202页。

④ 《大公报》，1938年2月27日。

⑤ 江浩：《昭示：中国慰安妇——跨国跨时代调查白皮书》，青海出版社1998年版，第172—188页。

⑥ 这一数字在中国、日本和西方学者的历史研究中被普遍采用。见张宪文编《中国抗日战争史》，南京大学出版社2001年版，第25、1263—1264页；"Second Sino-Japanese War", http://www.newworldencyclopedia.org/, accessed July 11, 2010. 日本学者秦郁彦也认为，截至1941年12月，日本在中国和太平洋地区驻军有198万；到战争后期，这一数字攀升到324万（其中大部分是在中国）。见秦郁彦『慰安婦と戦場の性』，新潮社，1999年，401页。在推算日军慰安所受害者的总数时，韩国和日本学者也大多认为日军士兵总数在300万左右。

对此知之甚少。1990年代初,日韩学者根据当时掌握的资料,曾对"慰安妇"受害群体的总数作出各种推断,估计在5万到20万,其中80%到90%来自朝鲜半岛。① 千田夏光在1984年出版的调查专著中估计,亚太战争期间,"慰安妇"的人数逾10万。他的推测以1941年7月关东军在苏联和中国北部边界举行特别演习时士兵与"慰安妇"的比率作为参照。千田指出,当时负责部队补给的关东军后勤参谋原善四郎少佐曾对部队的性服务需求做出估算,并根据估算要求,从朝鲜半岛征2万"慰安妇"供70万日军所用。② 这个关东军后勤参谋原的要求表明,当时估算所依据的士兵与"慰安妇"的比率约为35∶1。不过后来有些研究者认为,当时日军所普遍采用的计算比率是29∶1(源自日文"ニクイチ")。③ 金一勉认为,如果日本士兵的总人数是300万,按29∶1这个比率估算,"慰安妇"的总数应在103500人左右。④ 秦郁彦则给出了两种估计:一是按士兵与"慰安妇"50∶1计算,得出"慰安妇"总数为6万;二是按同一比率再加上1.5的"慰安妇"更换率,得出总数9万。⑤ 吉见义明的估算与前者不同。他认为,如果更换率是1.5,那么计算方法应当是:3000000/29×1.5,总数达到155172;如果更换率是2.0,总数则是3000000/29×2.0,即206897。⑥ 碍于当时找到的资料所限,这几种估算都未能将中国"慰安妇"的人数充分估算在内。

各种估算数字的不同,无论2万还是20万,都不影响性奴役是滔天罪孽这一重要事实。但既然数字有助于分析受害规模,中国研究者也对"慰安妇"的总数做出了估计。苏智良根据20世纪90年代初以来调查的结果提出,从1937年到1945年,"慰安妇"的更换率约在3.5到4,远远高于先前的估计。若按3.5的更换率推算,那么"慰安妇"的总数超过36万(3000000/29×3.5=362068);若按4的更换率推算,总数则超过40万(3000000/29×4=413793)。按国家地域推算,苏智良估计来自朝鲜半岛的受害者约有14万到16万,来自日本的约2万,来自中国台湾和东

---

① 吉見義明:『従軍慰安婦』,78—81頁。
② 千田夏光:『従軍慰安婦』,119—20頁。Yuki Tanaka参照的数字略有不同。他认为那次关东军特别行动约有80万军人参加。见Yuki Tanaka, *Japan's Comfort Women: Sexual Slavery and Prostitution during World War II and the US Occupation*, New York: Routledge, 2002, p.18。
③ 见吉見義明编『従軍慰安婦資料集』,83頁。
④ 金一勉:『天皇の軍隊と朝鮮人慰安婦』,50頁。
⑤ 秦郁彦:『慰安婦と戦場の性』,405頁。
⑥ 吉見義明:『従軍慰安婦資料集』,第83頁。

南亚的有数千人，欧洲的有几百人。其余20万左右均掳自中国。①

　　这里需要提及的是，苏智良以上的估算，并未包括那些受到日军性暴力侵犯但没有被囚禁为性奴隶的女性。很多中国调查者认为，在中国大陆遭到日军性侵犯的受害者数量还要大于"慰安妇"的数量。新闻工作者李秀平说，她1990年代初在山西省盂县调查日军慰安所状况时，当地受访者经常问她："你是只了解被抓进炮楼的女人们的情况呢？还是也了解被强奸过（但没被带走）的女人的情况呢？"当李秀平回答两者都想了解时，他们总是说："后一种情况太多了，一下子说不清。你多住一段时间就知道了。"李秀平在当地住过一段时间后，确实了解到关于后者的很多情况。她报道了诸多案例，其中发生在盂县的一例，仅在一次大扫荡中，日军就强奸了杏花村的几百名妇女。全村只有两名妇女逃出包围幸免于难。②

　　苏智良关于"慰安妇"的更换率高于以往估计的看法，是在对中国"慰安妇"受害经历广泛调查的基础上提出的。近年来，随着"慰安妇"问题研究的深入及受害人纷纷站出来做证，当年中国妇女被日军掳入慰安所惨遭折磨的骇人真相开始浮出水面。日军掳掠中国"慰安妇"的手段可谓五花八门。虽然无法统计确切数字，目前掌握的资料已清楚地证明其规模之巨大。仅南京大屠杀前后，日军就从南京及周边地区抓走成千上万的妇女，包括苏州2000多人，无锡3000人；在杭州一地被抓走的竟达2万名之多。③ 这种光天化日之下掳掠妇女的暴行，贯穿整个日本侵华战争，已知的最年轻的受害者只有9岁。④ 据海南岛调查者报告，1941年6月24日，海南乐会县发生了一起大规模日军掳掠妇女事件。当时400来名日本士兵烧毁了北岸、大洋两个村庄，杀害499位村民，并强行将阿娘等数十名年轻妇女带往设在博鳌的日军慰安所。⑤ 日军在中国大陆掳掠妇女手段之残暴，与在菲律宾等其他占领地采取的方式非常相似。⑥ 这种公

---

① 苏智良：《慰安妇研究》，上海书店出版社1999年版，第277—279页。根据苏智良与陈丽菲最近的估计，东南亚的受害者达数万人，台湾地区受害者有2000人左右。

② 李秀平：《十万慰安妇》，人民中国出版社1993年版，第6—7页。

③ 苏智良：《慰安妇研究》，第278页。

④ 文彦：《安徽慰安所》，载李秉新、徐俊元、石玉新编《侵华日军暴行总录》，河北人民出版社1995年版，第742—743页。

⑤ 符和积：《侵琼日军"慰安妇"实录》，载苏智良等编《滔天罪孽：二战时期的日军"慰安妇"制度》，学林出版社2000年版，第194—195页。

⑥ 关于菲律宾"慰安妇"的遭遇，见 Maria Rosa Henson, *Comfort Woman: A Filipina's Story of Prostitution and Slavery under the Japanese Military*, Lanham, MD: Rowman and Littlefield, 1999.

然的暴力掳掠并非只发生在靠近前线的偏远地区或抗日武装活跃的地区。曾任英国志愿救护队队员的 Andrew Levinge 夫人为远东国际军事法庭做证时说，日军占据中国香港期间，她在设于香港圣士提反学院的医院里服务。日本占领军将她和其他三名志愿救护队员抓走，多次强奸，并且公然在医院内关押四名中国妇女施行性奴役。①

日军"慰安妇"制度惊人的加害规模，也表现在占领军频繁更换中国"慰安妇"以满足士兵对童贞少女和新来女性的淫欲上。曾于1942年到1943年在海南赵家园慰安所做杂役的吴连生说，赵家园慰安所于1942年2月开业，经常配有20到45名"慰安妇"，但实际那里的受害女性却远远超过这个数字，因为日军经常把那里的"慰安妇"运往其他地方，并将那些病得太重或虚弱得不能工作的"慰安妇"杀死。由于被杀害女性的遗体都被日军当场销毁了，加上日军就地掳掠妇女根本不留记录，没有人知道直至1945年战争结束时，究竟有多少中国妇女曾在赵家园慰安所遭受奴役。② 同样的高更换率也出现在大城市中。据伪天津市警察局特务科1944年7月3日的文件记载，驻津日军防卫司令部慰安所"征集妓女"定期轮换，"每批二三十名，以三星期为期"。③ 这份文件没有写明这一轮换制度持续的时间，也未注明有多少慰安所实施了这种轮换制，但根据已知的轮换率可以估算出，仅这一个慰安所每年就残害了350名到520名中国女性。④

日军对中国妇女的肆意掳掠和性暴力，在大陆抗日力量活跃的地区表现得尤为残酷。反侵略战争期间，中国共产党在晋冀鲁豫边区建立了抗日根据地。根据1946年1月的"晋冀鲁豫边区抗日战争中人民遭受损失调查统计表"，在历时八年的日军侵华战争期间，这一地区有363000名妇女遭日军强奸，其中122000名感染性病。⑤ 保存在中国中央档案馆的一份

---

① Andrew Levinge 夫人提交远东国际军事法庭的证词，Ex. 1590, 5089B, 载吉见义明监修，内海愛子、宇田川幸大、高橋茂人、土野瑞穂編『東京裁判——性暴力関係資料』，现代资料出版社2011年版，183—186 页。

② 吴连生口述，林良材等整理：《楚馆悲歌 红颜血泪——日军那大慰安所亲睹记》，载符和积编《铁蹄下的腥风血雨——日军侵琼暴行实录》（续），海南出版社1996年版，第272—279页。

③ 李秦：《新发现的日军强征天津妇女充当"慰安妇"的史料剖析》，载苏智良等编《滔天罪孽：二战时期的日军"慰安妇"制度》，第639页。

④ 同上。

⑤ "晋冀鲁豫边区八年抗日战争人民遭受损失调查统计表"（1946年1月），河北档案馆存，全宗号576，目录号1，案卷号31，件号3。引自何天义《论日军在中国华北的性暴力》，载苏智良等编《滔天罪孽：二战时期的日军"慰安妇"制度》，第255页。

调查报告显示，在 1940 年底的一次大扫荡中，日本军队在河北省莱州强奸了 4274 名当地妇女。① 存于河北省档案馆的一份"八年来日本法西斯摧毁太行区人民的概述"（1946）提到，日军频繁地在当地强奸和掳掠妇女，并在驻地囚禁大量中国妇女作为性奴隶。② 以赞皇县王小峪日军炮楼为例，日军从附近民家抓来 20 多个青年妇女，其中有个女孩仅 13 岁。周围村民常常听到女孩日夜惨叫哭泣。③ 河北省社会科学院研究员何天义的调查表明，到 1943 年底，日军仅在河北省南部地区就建立了 1103 个据点。按这种密度推算，日军建在整个华北地区的据点至少超过 1 万个。这个数字虽然只是不完全的估计，却表明光是被囚禁在华北日军据点里的中国妇女，就可能达到 10 万至 20 万人。④

日韩学者的大量研究结果显示，日军大部队在占领区强征"慰安妇"是有组织地进行的，通常由派遣军指示军、师团、旅团或连队的后勤参谋或副官负责征集妇女并建立慰安所。接到命令后，兵站部、经理部及宪兵具体执行。⑤ 曾任河北宝庆宪兵队长的宪兵准尉山田定在日记中记载，1944 年秋日军侵入宝庆后，116 师团后勤参谋要求他征集中国妇女。山田定将此任务交给了一名军曹，该军曹随即征集了十几名妇女，并把她们交给了副官。⑥

中国档案馆保存的原日本军官的供词也提供了日军直接参与设立慰安所的铁证。中央档案馆所保存的一份 1954 年的审讯记录显示，1942 年至 1945 年，时任日军 59 师团高级副官的广濑三郎指挥部队在山东省新泰、泰安、临清、吐丝口镇、莱芜、济南、张店、博山、周村、德县、东河等地，设立了 127 个慰安所。从 1944 年到 1945 年，广濑三郎直接负责管理

---

① 《敌人在华北的暴行》，中央档案馆存文件 190 号，载中央档案馆、中国第二历史档案馆、河北省社会科学院合编《日本侵略华北罪行档案 9：性暴力》，田苏苏校，河北人民出版社 2005 年版，第 154—158 页。

② 全宗号 91，目录号 1，卷号 6，件号 1。引自何天义《论日军在中国华北的性暴力》，载苏智良等编《滔天罪孽：二战时期的日军"慰安妇"制度》，第 260—262 页。

③ 同上。

④ 何天义：《论日军在中国华北的性暴力》，载苏智良等编《滔天罪孽：二战时期的日军"慰安妇"制度》，第 262 页。另见谢忠厚、田苏苏、何天义编《日本侵略华北罪行史稿》，社会科学文献出版社 2005 年版，第 424 页。

⑤ 吉見義明：『従軍慰安婦』，113—115 頁。

⑥ 山田定：『憲兵日記』，駿河台書房，1985 年，273—276 頁。引自吉見義明『従軍慰安婦』，113—115 頁。

图 2 曾被日军霸占用来做慰安所的窑洞。幸存者万爱花 1943 年就被囚禁在这里（陈丽菲摄）

位于济南市的一个叫作"星俱乐部"的慰安所。这个慰安所里囚禁了 50 多名中国妇女，年龄从 16 岁到 23 岁不等。① 原日军 117 师团长铃木启久承认，1941 年到 1942 年他担任第 27 步兵团长时，下令驻扎在河北的各部队就地建立慰安所，并抓了 60 名当地妇女充当"慰安妇"。1945 年，他所属部队驻扎在河南时，铃木又命令在营房附近建立慰安所，囚禁 60 名中国"慰安妇"供日军奸淫。②

日军在占领区也经常利用汉奸强征妇女，并靠扶植当地傀儡政权及治安维持会来达到目的。每占领一个地区，日军便强迫当地居民登记领取"良民证"。乘登记之机，挑选青年妇女送入慰安所，或指使傀儡政权将她们送入慰安所。据报道，南京沦陷后数千名中国妇女在日军发放"良民证"的过程中被带走并沦为"慰安妇"，其中有些被送到遥远的东北，成为关东军的性奴隶。③

小股日军部队也常常胁迫驻地伪政权征抓"慰安妇"。据河北省社会

---

① 中央档案馆，文档 119-2-988-1-10，载中央档案馆等编《日本侵略华北罪行档案 9》，第 2—3 页。

② 铃木启久供词，现存中国中央档案馆，文档 119-2-1-1-4，载中央档案馆等编《日本侵略华北罪行档案 9》，第 6—7 页。

③ 陈丽菲：《日军慰安妇制度批判》，第 199 页。

科学院何天义调查报告，驻陉雨江据点的日军命令附近村庄的伪村长每晚送两名妇女到炮楼"陪宿"。村民宁死不从，伪村长迫于压力，只好要求先从村官自己的家属开始。村长的老婆听到这消息，当夜上吊自尽。① 诸如此类的威逼胁迫在日占区相当普遍。1939 年，山西省文水县公署也在日军胁迫下发布了类似训令。其文如下：

> 文水县公署训令，差字第一号令：南贤村长副，为训令事。查城内贺家巷妓院，原为维持全县良民而设，自成立以来，城乡善良之家，全体安全。惟查该院现有妓女，除有病者外，仅留四名，实不敷应付。顷奉皇军谕令，三日内务必增加人数。事非得已，兹规定除由城关选送外，凡三百户以上村庄，每村选送妓女一名，以年在二十岁左右确无病症、颇有姿色者为标准，务于最短期内送县，以凭验收。所有待遇，每名每月由维持会供给白面五十斤，小米五升，煤油二斤，墨②一百余斤，并一人一次给洋一元，此外游客赠与，均归妓女独享，并无限制，事关紧要。③

从上述文件可以看出，贺家巷妓院实际上是一个专供日军使用的军用慰安所。文水县当局受命于日本"皇军"，发文强征"慰安妇"。为说明强迫本地妇女卖淫事在必行，县公署文件着重强调妓院对整个文水县居民生命安全的重要性。这份文件暗示，倘若县民不遵从占领军的命令，驻扎当地的日军就会对他们采取暴力行动。文件的内容同时表明，贺家巷妓院并非商业性机构，其经营费用由当地治安维持会承担。类似的日军强迫地方政权设立并支付慰安所开支的例证，在天津、山东和华北等其他地区也有记录。④

地方伪政权受命于日军强征"慰安妇"时，通常使用的理由是为了保护当地居民的安全。日军独立山炮兵第 2 连的一位军医记录了下述发生在湖北董市附近长江边上一个村庄里的事。1940 年 8 月 11 日这天，他负

---

① 何天义：《论日军在中国华北的性暴力》，载苏智良等编《滔天罪孽：二战时期的日军"慰安妇"制度》，第 260—261 页。

② 原文用此字，可能是"煤"之笔误。

③ 《汶水汉奸"通令"强征妓女》，《文献》1939 年 2 月第 5 期。见苏智良《日军性奴隶》，人民出版社 2000 年版，第 87 页。

④ 见谢忠厚等编《日本侵略华北罪行史稿》，第 397—404 页。

责给从当地民家拉来的中国女子检查身体。他在日记里写道：

> 轮到这个年轻女子接受内检时，她越加害羞，不肯脱裤子。翻译官和维持会长斥责了她一顿，她才脱下裤子。我让她在床上躺下，开始盆腔检查时，她突然慌乱地抓我的手。我看到她哭了。之后听说，她离开房间后哭了很长时间。
>
> 接下来的另一个女子也是这样，搞得我也要掉泪。这可能是她们第一次接受这种让人尴尬的体检，再想到这个检查是为了那样一种目的，她们当然感到羞辱。虽然保长和维持会长告诉她们这是为了全村的安全，她们定是一路哭着来的。①

很明显，这些接受检查的青年女子是被当地傀儡政权逼迫去充当日军"慰安妇"的。这位军医在他的日记里说，大队长"跟当地保长和维持会长商量过，要求他们在本地征募'慰安妇'"，并说这"完全没有强迫，由他们自己决定"。② 然而在日军占领下，手无寸铁的平民显然无法违抗来自占领军的要求和指令。

事实上，占领军暴力胁迫地方政权合作的暴行不胜枚举。居住在海南岛抚黎乡的胡家仁曾目睹此类暴行。据他回忆，1943 年 3 月，日军占领了胡家仁的家乡抚黎村。占领军建了两个据点，一个据点的兵力有 25 人。占领部队命令附近村庄交出两名青年妇女做长期"慰安妇"，专为日军的一曹、二曹服务；另外要每天交出 5 到 6 名妇女作为短期"慰安妇"供士兵使用。占领军声称，如果哪个村胆敢违抗，就杀死全村老幼并烧光全村房屋。就这样，两名当地妇女郑阿丁和卓阿娘被送去给军曹当长期"慰安妇"，同时全乡各村每天轮流送 5 至 6 名妇女到日军据点供士兵蹂躏。③

在《广西妇女》1941 年刊登的一篇报道中，王璧珍记录了驻湖北通城的日军强迫当地居民送女子进慰安所的暴行。报道说，通城慰安所里既关有当地妇女，也有来自日本、朝鲜半岛和中国台湾的妇女。来自日本及

---

① 溝部一人：『独山二 もう一つの戦争』，私家版 1983 年，58 页；引自吉见义明『従軍慰安婦』，116—117 页。

② 溝部一人：『独山二』，55 页。

③ 胡家仁口述，卓石存、陈运宏整理《抚黎庙日军和自警团的据点情况及其暴行》，载符和积编《铁蹄下的腥风血雨——日军侵琼暴行实录》（续），第 308—309 页。

其殖民地的"慰安妇"的服务对象是军官,而当地的中国妇女则供士兵使用。

> 这些"慰安品"的供给者,大半是维持会向四乡强迫来的。在慰安所里践踏若干时日后,可以释放回家,但虽经五人以上的保证人勒令交出①,延限三日,则保证人及家属都全数活埋,维持会人员,亦会被惩。
>
> 在值班的那一天,是要承受六十名战兵践踏的,而在践踏时,尚领强作笑容,不能有不愿意的表现,否则,会赤裸裸的遭受鞭挞,三星期内不准回家。②

这篇报道写于中国国民党部队刚从日本人手里夺回通城之时,该地区仍有激战发生。文章清楚地描述了日本帝国军队如何明目张胆地逼迫占领区居民为日军的强奸设施提供女性;如此的猖狂施虐,只有在日军作为占领者掌有一切生杀大权的条件下才可能进行。值得注意的是,这篇报道记录的慰安所位于湖北省,与本章前面提到的日军军医在日记里记录中国"慰安妇"接受体检的事,发生在同一个省份。

上述中国人参与强征"慰安妇"的事例反映出,在日军占领下,地方伪政权在"慰安妇"制度的实施过程中扮演了助纣为虐的角色。但从这些事例中也可以看出,日占区居民对占领军的配合不能一概而论。③ 虽然有些汉奸像乔鸿年那样,积极协助日军设立慰安所并长期参与其经营,但在很多情况下,地方政权和乡绅显然是被日军逼迫参与征集"慰安妇"的。占领军当局所施加的压力固然不能为他们参与强迫妇女充当日军性奴隶开脱罪责,但是也应当看到,日军在占领地区普遍实施的大规模屠杀和性暴力使他们有理由认为,违抗占领军的命令会使所有居民的生命安全陷于危险之中。换句话说,助纣为虐者当然应该对自己的罪

---

① 这句话原文如此。句中的"虽"可能是误字。从上下文来看,"虽经"应为"须经"。
② 王璧珍:《慰安所里的女同胞》,《广西妇女》1941 年第 17—18 期。
③ 在占领地区出现的"协敌"现象是一个复杂问题。近年来国际上已经展开了对此类问题的研究。卜正民在他的分析中沿用了 Henrik Dethlefsen 的观点,将"协敌"定义为"在占领军权力构成的压力下不断地执行该权力"。见 Henrik Dethlefsen, "Denmark and the German Occupation: Cooperation, Negotiation, or Collaboration?" *Scandinavian Journal of History* 15, 3, 1990, pp. 193-206。引自 Timothy Brook, *Collaboration: Japanese Agents and Local Elites in Wartime China*, Cambridge, MA: Harvard University Press, 2005, p. 2。

行承担责任，但"慰安妇"制度这一残害女性的滔天罪孽，归根结底是由日本帝国军队造成的。

除武力掳掠和利用汉奸征集妇女外，日军在中国大陆也使用欺骗伎俩将女子骗进慰安所。日军时常直接派人或通过掮客，以招聘女佣、护士、保姆等为名，诱骗年轻女子。一旦不明真相的女子应聘，就把她们强行送进慰安所。本书采访的原"慰安妇"中，袁竹林就是被骗进慰安所的。1940年春天，她在武汉找工作，碰到一个女人对她说某地正在招清洁女工，袁竹林便和其他应聘者跟着这个女人来到长江下游的一个城市。没想到一上岸就被全副武装的日本士兵关进一个慰安所，成了"慰安妇"。另一位幸存者雷桂英，曾受雇于一对日本夫妇作女佣。可是当她刚满13岁月经来潮时，就被雇主关进他们经营的慰安所，遭到强奸。中国台湾战时是日本的殖民地，那里征集"慰安妇"的方式经常是欺骗与强迫并用。台湾妇女组织对48名台湾籍原"慰安妇"所做的调查显示，大多数受害者被征召时并不知情，以为是加入"青年团"或者当护士，结果却被强迫当了"慰安妇"。① 日军在中国大陆以欺骗的方式招募"慰安妇"往往规模惊人，并常常伴随着残暴的绑架。据海南调查者报告，1942年春天，日军以香港"合计公司"为名，在香港、广州等被占领的城市中大批招募青年女工。先后招了300多名青年女子，其中大部分是大中学生，年纪最小的只有17岁。这些女子随即被日军送到位于海南岛昌江的石碌慰安所。在不到四年的时间里，有200多人被毒打折磨致死。② 在海南，日军还下令成立"战地后勤服务队"，以需要女人洗衣、打扫、照顾伤员为名，诱骗、强虏妇女。战地后勤服务队不仅从当地强征妇女，还从中国其他城市和朝鲜半岛、菲律宾等国招募。被骗应招的妇女最后大多落入慰安所中，有的白天给日军做苦役，晚上被当作"慰安妇"蹂躏。③

事实上，日军在占领区的欺骗式征用常常无异于暴力绑架。《申报》1938年3月6日的一篇报道说，驻上海的日本军人时常驾车巡行各马路让女子搭车，上车后便拉往军营，强迫她们充当性奴隶。文章中还报道了

---

① Shao Minghuang, "Taiwan in Wartime", in MacKinnon et al., *China at War*, p. 101.
② 何十里：《三百"慰安妇"惨死泰半——石碌铁矿"慰安所"调查实录》，载符和积编《铁蹄下的腥风血雨——日军侵琼暴行实录》（下），第748—750页。
③ 符和积：《侵琼日军"慰安妇"实录》，载苏智良等编《滔天罪孽：二战时期的日军"慰安妇"制度》，第191—196页。

有三个女学生在电影散场时因下雨,遂搭乘日军的"野鸡车"回家。"不料这部汽车恰是敌兵的陷阱,被驶过苏州河以后,这三位女生从此便没有了消息"。①

在一些较大的城市,如上海、南京、武汉、广州和天津,日军也胁迫相当数量的妓女充当"慰安妇"。一份由天津地方法院1946年5月填报的《敌人罪行调查表》,记载了天津日本防卫司令部强征80名中国妓女充当"慰安妇"的经过。调查记录称,1944年4月到5月,日本防卫司令部命令天津市伪警察局征集150名妓女赴河南慰劳日军。警察局保安科长随即命令天津市"乐户同业公会"征召妓女。时任乐户公会文书的周谦央求警察科长体恤免征,言妓女须养家糊口,一经被征,全家生计无着。但警察科长对他严词训斥,并下令于次日上午缴纳妓女,送至警察医院集中检验。当周将此令传出时,"妓女闻耗避匿,乐户只得闭门,全城乐户顿成罢业状态"。日本防卫司令部和警察局随后派出警力强掳妓女,抓了52名妓女。但因人数不到半数,为了满足日军所需,警察又抓来28名私娼。这些妓女先被送到日本防卫司令部,后用火车运往河南,在那里被关押两个月后才得以返还。②

据原日本军人回忆,当战火遍及全中国时,中国女战俘也成为日军慰安所的受害者。日军第14师团老兵田口新吉1942年至1944年在华北战场。他说:

> 当时没有任何女战俘监狱。那么她们都被送到哪里去了呢?我听说她们都被送去做"慰安妇"了。不过把这些有间谍嫌疑或曾经在八路军中受过训练的女战犯送到普通的慰安所去不行,因为一旦她们逃走或者跟八路军取得联系,③ 就会给日军带来危险。把她们送到哪里了呢?听说她们全被送到华东、华中前线分遣队驻扎的两三千个据点去了。这些地区环境极其恶劣,所以没有日本和朝鲜"慰安妇"。这些据点四周有围墙和炮楼。每个炮楼有一个小队守着。女战犯就被

---

① 《申报》(香港版)1938年3月6日。

② 北京市档案馆:《日军强征"慰安妇"史料一件》,载苏智良等编《滔天罪孽:二战时期的日军"慰安妇"制度》,第623—626页。这份调查如实抄录了周谦和一名受害者向法庭提交的证言。关于日军在天津强征妓女充当"慰安妇"的调查,亦见林伯耀《天津日军"慰安妇"之供给系统》,载苏智良等编《滔天罪孽:二战时期的日军"慰安妇"制度》,第269—307页。

③ 八路军是1937年至1945年抗战期间中国共产党领导的两大部队之一。

关押在这些据点中。因为怕她们住在炮楼里造成危险，就在土坯盖的仓库里隔出一间当慰安室……

前线部队的避孕套供给不足，所以士兵们强奸这些女战犯都不戴避孕套，不少人怀了孕。怀孕的女战俘继续遭到强奸，直到不能使用为止。不能再使用的女人就被带到据点外，绑在木桩上当新兵练刺杀的道具。她们与腹中的胎儿一起被刺死、埋掉。没人知道到底哪个士兵是孩子父亲。

在长达十五年的战争期间，不知有多少中国女性就这样被秘密地埋葬在那两三千个据点里。我看不少于几万几十万，真是不计其数。[①]

田口的证言是基于传闻，难以查证。然而这种传闻在士兵中广为流传的事实本身显示出日军对中国"慰安妇"和女战犯的普遍看法和态度。事实上，田口所描述的怀了孕的中国"慰安妇"和女战犯的遭遇与其他许多调查报告相符。[②] 日本士兵杀害怀了孕的中国"慰安妇"的事例在其他地区也有报道。[③] 而本书第二部分记载的万爱花就是女战俘遭性奴役的一例。万爱花因参加抗日活动，被日军抓住后因为性奴隶，饱受折磨。

日军在中国战场的无数慰安所里对"慰安妇"的残酷蹂躏，直接导致大批妇女死亡。有报道称，战争期间日军军官公然纵容士兵强奸并杀害中国妇女。原日本军官冈本健三是南京大屠杀的当事人。他回忆道，上级军官指示他们，强奸之后杀人灭口不要用刺刀或枪击，而是要把受害者打死，以避免留下罪证。[④] 在上层的这种认可和纵容下，残虐、杀戮女性成了日军的家常便饭，尤其是对日本敌国的国民。据海南省文史资料委员会研究员符和积的调查报告，1941年农历六月十六日那天，日军在海南博鳌的塔洋桥附近，一次就杀害了50名中国"慰安妇"，只因她们反抗强奸。[⑤] 另据在华北的调查，1941年初冬，日军在河北省平山县冷泉村奸污

[①] 田口新吉：「中国河北省の陆军从军慰安妇」，载日朝协会埼玉县连合会编『証言「従軍慰安婦」——ダイヤル110番の記録』，日朝协会埼玉县连合会，1995年，45页。

[②] 见江浩《昭示》，第53—97页。

[③] 见由林帕公口述、张应勇记录的怀孕"慰安妇"李亚茜遇害事件，《日军"战地后勤服务队"中的黎族妇女》，载符和积编《铁蹄下的腥风血雨——日军侵琼暴行实录》（下），第547—549页。

[④] 洞富雄：『南京大虐殺：決定版』，现代史出版会，1982年，72页。

[⑤] 符和积：《侵琼日军"慰安妇"实录》，载苏智良等编《滔天罪孽：二战时期的日军"慰安妇"制度》，第198页。

了40名妇女，然后全部破膛杀死。① 日军首脑曾声称，慰安系统的目的是防止强奸和性病传播，然而它的实质与上述日本军官教士兵杀人灭迹的罪恶毫无二致——两者都是通过精心策划的手段来掩盖大规模残害女性的性暴力罪行。

---

① 谢忠厚、田苏苏、何天义编：《日本侵略华北罪行史稿》，社会科学文献出版社2005年版，第419页。

第三章　建在中国大陆的日军慰安所实况

自1930年代初到第二次世界大战末，日军建立的慰安所覆盖了亚洲的广大地区，包括中国大陆、台湾、香港、澳门、菲律宾、英属马来亚、荷属东印度、新加坡、泰国、法属印度支那、缅甸、新不列颠岛、新几内亚、萨哈林岛、特鲁克群岛和日本。① 日军大部队驻地几乎都附设正式或半正式的慰安所，小部队也大多建有临时慰安设施。前者一般运作时间较长，有的长达十余年，后者常常只存在数周或几天。这些慰安所大部分建在中国大陆，因为这里是日本侵略战争的主战场，受日军侵占近十五年之久。各类日军慰安所中都有中国受害者，尤其是那些临时搭建的慰安设施，关押的几乎都是就地掳来的中国女子。这些设在前线附近的临时慰安所，环境极为恶劣，且没有任何管制。它们的大量存在，极大地增加了"慰安妇"制度的加害范围和"慰安妇"受害的程度。

近二十年来，研究者们已经在中国大陆找到了数千慰安所遗址。从东北边疆黑龙江，到大陆南端的云南、海南岛，它们几乎无处不在（见图3）。如果算上设在日军据点、炮楼里的临时慰安设施，设在中国大陆的慰安所的总数可高达数万个。② 仅在偏远省份黑龙江，调查人员已在十七个城市、县镇查到了慰安所遗址，其中包括哈尔滨、齐齐哈尔、牡丹江、佳木斯、东宁、虎头、东安、温春、富锦、孙吴、阿城、富子沟、勃利、绥芬河、满洲里、鸡西、密山等地。单在东宁县，日军就设立了四十多个慰安所，配有逾千名"慰安妇"。③

---

① 苏智良，《慰安妇研究》，上海书店出版社1999年版，第275—276页；Miki Y. Ishikida, *Toward Peace: War Responsibility, Postwar Compensation, and Peace Movements and Education in Japan*, New York: iUniverse, 2005, p. 61; C. Sarah Soh, *The Comfort Women: Sexual Violence and Postcolonial Memory in Korea and Japan*, Chicago: University of Chicago Press, 2008, pp. 137-138.

② 苏智良：《慰安妇研究》，第275—276页。

③ 陈丽菲：《日军慰安妇制度批判》，中华书局2006年版，第123—128页。

图 3 幸存者黄有良（右）带来访者参观海南岛藤桥日军慰安所遗址。她 1941 年曾在这个慰安所里遭受性奴役（陈丽菲摄）

毫无疑问，"慰安妇"制度的大规模实施，只有在日本军方和政府的直接参与下才可能达成。然而，日本方面至今仍未完全公开相关文件资料，致使调查慰安所的组建和运作机制困难重重。① 但日本研究者已根据现有的日本官方文件认定："日本政府和军方全面、系统地参与了慰安妇制度的筹划、建立和运营。参与者中有内务省官员，包括县长和各级警察官长，外交部官员，及朝鲜、台湾总督。"② 田中利幸对军方的参与做出如下概述：建立慰安所通常由日本帝国军队高层的参谋、副官发出指令，下属部队的参谋、副官制订具体计划，予以实施。在一般情况下，各部队参谋及后勤部门直接负责慰安所的相关事宜。③

---

① 田中利幸指出，仍有大量的日军文件，包括军事计划、行动记录、战地日志等，尚未解禁。亚太战争时期的日本警察文件也未公开。由于看不到日本政府部门的有关文件记录，研究者亦无法查清慰安所征集、贩运妇女的相关责任者。见 Yuki Tanaka, *Japan's Comfort Women: Sexual Slavery and Prostitution during World War II and the US Occupation*, New York: Routledge, 2002, pp. 19-20。

② Hirofumi Hayashi, "Disputes in Japan over the Japanese Military 'Comfort Women' System and Its Perception in History", *Annals of the American Academy of Political and Social Science* 617, 2008, p. 127.

③ Tanaka, *Japan's Comfort Women*, pp. 19-28.

第三章 建在中国大陆的日军慰安所实况

日军建在中国大陆的慰安设施名目五花八门。除了通常使用的名称"慰安所"外，还有"皇军招待所"（山东省济南）、"芙蓉队"（河南省朱仙）、"行乐所"（上海市虹口）、"慰安营"（山西省）、"军中乐园"（海南岛黄流机场）、"关东武妓馆"（江苏省镇江）、"军之友社"（上海）、"快乐房"（海南省保亭县）、"日支亲善馆"（南京市孔夫子庙）、"慰安丽"（海南岛）、"日支馆"（安徽省安庆）、"军人俱乐部"（广东省中山）、"慰安团"（河南省邓县）等。① 这些名称与"慰安所"这个称谓一样，清楚地暴露出慰安所建立者的心态：他们想的只是日军官兵的享乐，全然不顾受害女性的死活。

慰安所通常建在日军霸占的民房中。1938年10月，驻汉口日军兵站司令部下令找一处可容纳300名"慰安妇"的场所建慰安所。兵站负责筹建慰安所的人员四出寻找，最后选中吉庆里一个有68栋双层小楼的地区。此地四周有围墙且交通便利，于是就在这里设了一个大型慰安所。② 日军如此大规模强占民房设立慰安所的现象并不罕见。1942年2月20日，日军占领中国香港后建立了军政府，由矶谷廉介中将任总督。军政府派副总督平野茂负责筹建慰安所，最终选定位于湾仔北部的一块长达800米的地方，限令那里的居民在三天之内全部迁出。很多居民找不到去处，无法搬迁，军政府便派荷枪实弹的士兵来驱赶居民。许多人连行李都来不及搬就被赶走。很快，一个庞大的慰安所在湾仔建成，几百个房间鳞次栉比，供日军日夜淫乐。③

除了强占民房，有些慰安所是由日军建造的。前面提到过的杨家宅慰安所就是其中之一。这个慰安所曾在日本陆军卫生部见习士官、兵站医院妇产科医生麻生彻男的书中提到，从而广为人知。麻生当时还拍下了杨家宅慰安所的照片。④ 虽然这个慰安所常被称作"杨家宅娱乐所"，它的实际地点却不在杨家宅。根据苏智良1994年的实地考察，杨家宅慰安所的确切位置是杨家宅北100米左右的东沈家宅村。⑤ 据当地居民史留留、顾

---

① 援引自陈丽菲《日军慰安妇制度批判》，第180页。

② 长泽健一：『漢口慰安所』，图书出版社，1983年，44页。引自吉见義明『從軍慰安婦』，岩波书店1995年，第131页。

③ 黎显衡：《日军设置慰安所的暴行》，载李秉新、徐俊元、石玉新编《侵华日军暴行总录》，河北人民出版社1995年版，第1275页。

④ 麻生徹男：『上海より上海へ——兵站病院の產婦人科医』，石風社，1993年，214—230页。

⑤ 苏智良：《慰安妇研究》，第57—71页。

张福、沈福根、沈月仙、徐小妹和沈小妹的回忆，东沈家宅于 1937 年 8 月上海抗战爆发后被日军占领。占领之前，村里的很多房子已被日军空袭炸毁，村民能逃的都逃走了。日军把无法逃走的村民赶到了西边，在村北建了个规模很大的兵营。同年冬，日本兵又把村东边的残屋全部拆除，建了十来栋木屋。每栋有十个房间，每个房间有十来平方米大小。不久，日军就用这些房子开办了慰安所，当地人则称为"东洋堂子"。当史留留和其他目击者看到麻生拍摄的杨家宅娱乐所照片时，他们确认照片里的房屋就是当年建在东沈家宅的木屋。当时日军修筑了一条从杨家宅到东沈家宅的道路。他们很可能将东沈家宅误认为杨家宅了。①

就这样，日本帝国军队在中国大陆肆意强占民房楼舍，把慰安所设在学校、民宅、公共浴室、旅馆、仓库、银行、村屋、窑洞，甚至庙宇和教堂里（见图 4）。日军也常常在炮楼、兵营中辟出一间房来做慰安室。本书采访的幸存者中，有好几位曾被关在此类慰安设施中。日军在中国大陆为数众多的慰安所可以按其设立者和管理者大致分为以下四类。②

图 4　这座旧庙战时曾被日军用来做慰安所。照片中的袁竹林 1941 年就被日军关押在这里做"慰安妇"（陈丽菲摄）

---

① 苏智良：《慰安妇研究》，第 59 页。
② 关于此前研究者对慰安所种类的讨论，见吉見義明『従軍慰安婦』，74 页；Tanaka, *Japan's Comfort Women*, pp. 18–19; Soh, *Comfort Women*, pp. 117–132。

第一类慰安所由日军直接设立经营。此类慰安所又有不同的规模和样式，可以进一步分为：①大部队经管的正式慰安所；②为大战役或军事行动而设立的流动（或临时）慰安所；③小部队在驻地临时搭建的慰安所。那些由军或师团等大部队设立的正式慰安所通常设在城镇，附属于部队的供给基地，配有几十上百个"慰安妇"，其中既有从当地强征的中国妇女，也有从日本、朝鲜半岛和中国台湾运来的"慰安妇"。杨家宅慰安所即是此类慰安所之一。该所1938年1月2日开业前夕，日本军医麻生彻男曾在那里给80名朝鲜妇女和20名日本妇女检查身体。①

有些由军队经管的慰安所利用火车、汽车，甚至马车等交通工具来运作，在不同的驻军地点之间流动。这些流动慰安所主要用于"慰安妇"供应不足或难以设置固定慰安所的地区。有调查显示，关东军于1933年至1940年曾定期开设慰安列车。② 一些有固定地址的慰安所也会定期将"慰安妇"运往靠近前线的据点和炮楼去。譬如设在海南岛那大市的日军慰安所每个月把十几个"慰安妇"送到边远地区"慰问"部队。这些"慰安妇"每天遭到50多个士兵蹂躏，月经期间也不例外。很多妇女染上性病，或被折磨而死。③

在日军直接管理的慰安所中，由小部队设立的临时慰安所占大多数。日军把这些临时慰安所设在军营、据点、占领地民居、寺庙或任何驻守日军认为方便的地方。此类慰安所内的状况常常不堪入目，关的大多是士兵从当地掳掠来的妇女。日军有时候甚至用帐篷或临时搭起的棚屋当慰安设施。如本书第二部分所示，有些简易慰安所的房间甚至没有门或墙壁间隔，士兵施暴时就挂个帘子隔出一块地方来。有的连床都没有，"慰安妇"就被按在泥土地上强奸。在这种慰安所里，很多妇女被折磨而死，有的自杀抗暴，还有许多人遭受百般蹂躏后被杀害。据在浙江省的调查，1937年12月24日，日军占领浙江省富阳县城后，在城中心的城隍庙设立了慰安所，抓来众多妇女供日军淫乐。不久其中九人就被强奸致死。在日军占领期间，县城里90%的房屋被烧毁，1200多个县民被杀害。④ 江苏

---

① 麻生彻男：『上海より上海へ』，214—230页。
② 陈丽菲：《日军慰安妇制度批判》，第182页。
③ 吴连生口述证词《楚馆悲歌　红颜血泪——日军那大慰安所亲睹记》，载符和积编《铁蹄下的腥风血雨——日军侵琼暴行实录》（续），海南出版社1996年版，第272—279页。
④ 李师：《日军在富阳县的暴行》，载李秉新、徐俊元、石玉新编《侵华日军暴行总录》，河北人民出版社1995年版，第768页。

省溧阳市公安局局长1939年撰写的报告记载,日军占领溧阳后,不时四处掳掠当地妇女。1938年2月25日,日本兵将姜吴氏和赵姓女子等抓到军营,裸体禁闭在一间空房内作为性奴隶。不到一个月,军营里囚禁的女性增至50余名。她们惨遭轮奸,稍一反抗则遭残杀。没有被杀的妇女后来被日军赶进一个水塘,大多溺水而死。①

第二类慰安所一般由来自日本、朝鲜半岛和中国台湾的妓院老板在日军监管下经营,专供日军人员使用。日本军方对此类妓院的开业、设备供给、卫生监督、管理规定等各个方面握有重要的决定权。妓院老板与军官们关系密切,通过经营军用妓院获利。此类慰安所通常设在军营附近。据旅日韩国人金一勉的研究记载,1940年秋日军占领宜昌后,驻地附近很快开设了三家妓院,分别由日本和朝鲜业主经营,专为驻军服务。② 从本书收载的雷桂英和袁竹林的口述史中也可以看到,私人业主经营的慰安所都在军方严格的管控之下,与普通的妓院有明显的区别。

第三类慰安所是利用战前的妓院和娱乐设施建立的,经军方认可后供军人使用。这些设施一经指定为军用慰安所,军方便派军官或宪兵来检查监督妓院的管理。军方还供应避孕套,派人对"慰安妇"进行体检。虽然此类慰安所也对非军人开放,但军队拥有绝对的优先使用权。此类慰安所大部分建立在大城市,如上海、武汉和北平等地。上海的"大一沙龙"就属于此类慰安所。"大一沙龙"原是一对日本夫妇为在华日本人开的妓院,1931年以后这里被指定为日本海军军用慰安所。这个慰安所在巅峰时期曾据有三栋楼房。今天在东宝兴路125弄还可以看到这些建筑(见图5)。

第四类慰安所是由地方傀儡政权或汉奸遵照日本占领军的命令设立的,多见于城镇。如前所述,日本侵华战争全面爆发后,日军常利用在占领区建立的伪政权来设立慰安所。以安徽省为例,日军于1938年2月占领蚌埠后,立刻命令伪政权和维持会在当地设立慰安所,抓了120多名妇女,关在强占的旅馆酒店中开设慰安所。③ 同年,驻扎在凤阳县的日军成立了警备司令部,强制当地维持会修建慰安所,抓去30余名当地妇女充

---

① 方志源:《一个羞辱的报告》,载陈斯白编《野兽在江南》,前线日报社1939年版,第89—92页。
② 金一勉:『天皇の軍隊と朝鮮人慰安婦』,三一書房,1976年,124頁。
③ 陈黎明:《安徽蚌埠最后一处侵华日军慰安所旧址将被拆迁》,《新安晚报》,2005年9月19日,取自http://china.com.cn。

图5　"大一沙龙"慰安所的楼房还存留在上海东宝兴路上（苏智良摄）

当"慰安妇"，连修道院中的一位中国修女也被抓进慰安所；三名被掳女子自杀以死抗争。① 虽然有些地方有汉奸死心塌地协助日军，但在很多情况下，所谓"协助"设立慰安所是占领军威逼使然，因为如果不按照命令交出女人供士兵奴役，日军就会残忍地大规模屠杀当地居民。

在日军大部队总部所在的城市里，慰安所常按使用者的军阶分级。军官专用慰安所的内部设施及所配"慰安妇"的国籍与士兵用慰安所有所不同。前者内部陈设考究，特选来自日本或朝鲜半岛的"慰安妇"。有些军官专用的慰安所甚至装修豪华。② 士兵用慰安所则很简陋，通常房间里只有一张床和一张小桌子。

无论是军队直辖还是私人经营的慰安所，都在日军的严格控制之下。在不同地区，主管慰安所的军官和部门有所不同，但一般是由各大部队司令部的管理部、后勤参谋、兵站慰安设施部部长、各师团连队的主计官和副官或宪兵队负责。③ 举例来说，驻扎在广东省中山的独立步兵第13旅团中山警备部队建立了一整套"军人俱乐部"（慰安所）使用规定，相关责任规定如下：

---

① 文言：《凤阳慰安所》，载李秉新等编《侵华日军暴行总录》，第734页。
② Tanaka, *Japan's Comfort Women*, pp. 51–52.
③ 吉見義明：『従軍慰安婦』，130頁。

……

第三条：部队副官统辖监督指导"军人俱乐部"之业务，确保正常、顺利运营。

第四条：部队军医官对军人俱乐部的卫生设施及卫生措施的实施状况负责，并负责俱乐部使用者、家属及工作人员的医疗保健、膳食等与卫生相关的工作。

第五条：部队主计官负责军人俱乐部的经营管理。①

很明显，除了安排房屋设施和征集"慰安妇"外，军方人员也直接参与了慰安所的经营管理、安全监督、规章制定和卫生调控。日军采取的安全措施之一是对"慰安妇"进行登记。根据日军驻华派遣军慰安设施部部长山田清吉的手记，每当一个日本"慰安妇"到达汉口，必须到慰安设施部由一名军官检查她的照片、户籍誊本、誓约书、父母同意书、警方许可证明、家乡市町村长开具的身份证明及其他相关文件。检查结果填记入一份记录"慰安妇"个人经历和家庭状况的身份查验表，并将查验表的抄件送交宪兵队。②但日军只对来自日本本土及其殖民地的妇女实行这种登记，对从占领地抓来的中国妇女则不做什么登记。从本书12名幸存者的口述中可以看到，中国妇女一被抓进慰安所，就被剥夺了身份人格。她们的名字被改掉或换成编号，甚至根本就没有任何称号，像监狱里的囚犯一样受到严格的军事管制。军用慰安所一般都有哨兵站岗，而中国"慰安妇"则受到更为严格的看守，因为日军把她们视为日本国的敌人，同时也怕她们与当地人有联系可能逃跑。海南岛的石碌慰安所由日本士兵昼夜把守，试图逃跑的"慰安妇"或被开枪打死，或在抓到后惨遭酷刑。③目击者宋福海战时在海南岛新盈镇慰安所做杂役。据他回忆，当时负责管理慰安所的是一个名叫川冈的日军派遣队长。他所制定的慰安所制度大意如下：

慰安妇不得随便走出慰安所，不准逃跑，否则连同家属立斩；

---

① 吉见义明编：『従軍慰安婦資料集』，大月书店，1992年，285—286页。

② 山田清吉：『武漢兵站——支那派遣軍慰安係長の手記』，図書出版社，1978年，引自吉见义明『従軍慰安婦』，135页。

③ 何十里：《三百"慰安妇"惨死泰半——石碌铁矿"慰安所"调查实录》，载符和积编《铁蹄下腥风血雨——日军侵琼暴行实录》（下），海南出版社1995年版，第748—750页。

必须无条件听从日军的使唤与摆布，对日军不得无礼；

必须绝对服从两个管理员的管制，否则处以重罚；

派遣队员无论何时需要，都须无条件服从。①

在这种严格监控下，逃跑几乎是不可能的。

从现存资料来看，日军为慰安所的使用和经营所制定的条例十分详细。以"华月楼"军用慰安所为例，它是日军占领南京期间建立的，设在商埠街惠安巷13号一幢三层木结构的楼房里。根据当地居民回忆，这里经常配备25名"慰安妇"，大多数来自扬州。每个"慰安妇"都被编上号码，慰安所入口处挂着她们的照片，供士兵们选择。② 曾居惠安巷14号的居民顾翔存有一张该慰安所所规的照片。从照片中看到，规定的条文刻在一块木板上，一共12条，标注日期为1939年3月6日。其内容如下：

1. 每个兵站慰安所内的特殊妇女每隔五日必须接受宪兵分队兵站支部医官的检查。

2. 检查结果不合格者需到特殊治疗所接受诊治，未经许可严禁接客。

3. 每名慰安妇的检查结果均应有记录，全部检查结果应汇编成册以便随时检阅。

4. 慰安所开放时间规定如下：

兵：上午10时到下午6时

官：上午10时到下午9时

5. 慰安所使用价格规定如下：

兵：1元（1次30分钟）（每延长30分钟追加50钱）

校：3元（1次1小时）（每延长1小时追加2元）

高等官：3元（1次1小时）

官：判任官以下，1日元50钱（每次30分钟）（每延长30分钟再追加价钱）

---

① 宋福海口述，陈子明、王吉整理：《我亲睹的新盈日军"慰安所"》，载符和积编《铁蹄下的腥风血雨——日军侵琼暴行实录》（续），第188—190页。

② 张连红、李广廉：《南京下关区侵华日军慰安所的调查报告》，载苏智良、荣维木、陈丽菲编《滔天罪孽：二战时期的日军"慰安妇"制度》，学林出版社2000年版，第146页。

6. 使用指定慰安所的人员必须付费，领取和使用避孕套，而且事后必须到洗涤室清洗。

7. 除军人和辅助军人外任何人不得进入特定慰安所。

8. 严禁携带酒类进入指定慰安所。

9. 严禁酗酒者入内。

10. 不得进入所认定购买号码以外的慰安室。

11. 不按规定使用避孕套者严禁与慰安妇接触。

12. 不遵守本规定及违反军纪者勒令退出。

昭和14年3月6日①

这个规定的内容和麻生彻男所记录的杨家宅慰安所规定（1938）② 大致相同，也与《独立步兵第13旅团中山警备部队军人俱乐部使用规定》（1944）③ 相似。这些规定都对卫生措施、慰安所使用时间与收费，以及军队的专用权等做出了说明。

虽然上述慰安所规定中写明要使用避孕套④，但大多数情况下，这些规定没有得到贯彻执行，尤其是在前线的临时慰安所，那里没有严格监管且缺乏避孕套供应。避孕套不够用时，有些慰安所便让"慰安妇"或清洁工清洗用过的避孕套来重复使用。有些日军作战部队公开拒绝使用避孕套，认为不舒服。⑤ 于是性病在士兵与"慰安妇"中间广泛传播，"慰安妇"怀孕的案例也十分常见。日本"慰安妇"产下孩子可以被带回日本抚养。据报道，在杨家宅慰安所有一名日本"慰安妇"生下一个男婴，她在当地雇了一个中国农妇代为喂奶，后来将孩子送回了日本。⑥ 可是对于中国慰安妇来说，怀孕常常带来杀身之祸。1944年在日军慰安所"快乐房"做过清洁工的林帕公回忆说，保亭县的黎族姑娘李亚茜被驻扎在南林的日军抓去做"慰安妇"之后，因为长得年轻漂亮，每天遭到很多

---

① 《滔天罪孽：二战时期的日军"慰安妇"制度》，学林出版社2000年版，第147—148页。1954年以前日元的计算单位是1日元等于100钱。士兵和军官收费不同的原因不明，可能由于军官可以使用的时间更长且时间段较好。

② 麻生彻男：『上海より上海へ』，42頁。

③ 吉見義明編：『従軍慰安婦資料集』，大月書店，1992年，285—287頁。

④ 根据吉见义明的研究，战时由陆军省经理局建筑科和陆军军需品总厂合作将避孕套送往前线部队。见吉見義明『従軍慰安婦』，71頁。

⑤ 苏智良：《慰安妇研究》，第231页。

⑥ 同上。

士兵强暴，很快怀了孕。士兵们发现她怀孕后，将她绑到庆训村的山坡上，剖开她的肚子，将她连同未出世的胎儿一同杀死。① 即使士兵能够得到并使用避孕套，这并不意味着"慰安妇"遭受的苦难会有所减轻。事实上，粗糙的避孕套加重了她们遭受反复蹂躏时的痛苦，并造成永久性的身体损伤。

尽管慰安所规章明文规定要对"慰安妇"进行体检，并禁止患上性病的"慰安妇"继续工作，但前线往往缺乏医务人员，再加上"慰安妇"人数不足，许多慰安所为满足士兵的性欲，强迫已经染上性病的"慰安妇"继续工作。有些慰安所，如海南岛赵家园慰安所，不但不给病重的"慰安妇"医疗救助，反而残忍地将她们杀害。② 设在大城市的慰安所有的设有洗浴间或洗涤处，提供高锰酸钾一类的消毒剂，让"慰安妇"事后清洗。但设在小镇和农村的慰安所卫生状况不堪入目。那里既无自来水，也无下水道。"慰安妇"不准出门，只能用小盆盛水清洗身体，大小便也只能在屋内使用便盆。这些慰安所的房间里常常弥漫着恶臭。即使像芜湖那样的中等城市，慰安所的卫生条件也相当恶劣。据调查，芜湖的仪仪楼慰安所于1938年1月开张，规定"慰安妇"每月只能洗三次澡。每次她们到公共澡堂去洗澡的时候，都有日军士兵荷枪押解，犹如犯人。③ 在这种卫生条件下，许多健康女子感染了性病。在很多地方，包括上海这样的大城市，日军为了预防梅毒，强迫给"慰安妇"注射砷凡纳明（别名606）。砷凡纳明是一种毒性极大的含砷物质，注射时非常疼痛，且有严重的副作用，甚至可以致命。许多被注射了砷凡纳明的妇女证实，该药物严重的副作用给她们造成极大的痛苦，有的甚至患上不孕症。④

慰安所规章中禁止酗酒的条文也同样没有得到执行，以致日军官兵酒后施暴的事件屡见不鲜。前面提到的华月楼慰安所虽有禁止酗酒者入内的规定，还是常有醉酒的军人强行闯入楼中。当地居民樊桂英曾为华月楼做

---

① 林帕公口述、张应勇记录：《日军"战地后勤服务队"中的黎族妇女》，载符和积编《铁蹄下的腥风血雨——日军侵琼暴行实录》，海南出版社1995年版，第547—549页。

② 吴连生口述：《楚馆悲歌 红颜血泪》，载符和积编《铁蹄下的腥风血雨——日军侵琼暴行实录》（续），第272—279页。

③ 汪业新：《凤宜楼慰安所始末》，载苏智良等编《滔天罪孽：二战时期的日军慰安妇制度》，第182页。

④ 相关的受害者证言，见 Tanaka, *Japan's Comfort Women*, 53; George Hicks, *The Comfort Women: Japan's Brutal Regime of Enforced Prostitution in the Second World War*, New York: W. W. Norton, 1994, pp. 93-96.

裁缝活。她回忆说，经常有喝醉酒的士兵来华月楼。一次一个醉酒日本兵冲到楼上的一个房间，里面的姑娘怕他进入赶紧关门，挣扎中日本兵抽出刀往门缝中砍去，结果把姑娘的胳膊砍断了。① 酗酒军人的暴力事件在侵华日军华中派遣军宪兵司令总部的报告中也多有记载。其中一例发生在1941年11月，一个军曹不购票闯进慰安所，还殴打了一名拒绝接待他的"慰安妇"。另一例事件发生在1942年2月，醉酒的日军伍长冲入配有中国"慰安妇"的慰安所，执刀乱砍。② 这些事件被记录在案，是因为它们过于显眼，遭到了报检，而那些每天发生在慰安所内不为人知的性暴力，却很少被报检。即使是报了检，违纪者受到的处罚也极其轻微，一般仅受严重警告，最多也只是短期禁闭。③

从前面摘引的慰安所规定可以看出，正式的大型慰安所通常收费，金额因使用者的军阶不同而异。不同地区的慰安所收费也不尽相同，各慰安所还按"慰安妇"的国籍（日本、朝鲜、中国等）定出不同的收费价格。表2列举了设在中国大陆的一些慰安所的收费标准。④

表2　　　　　　　　　　日军慰安所收费举例　　　　　　　单位：日元

地名	慰安妇			备注
	日本人	朝鲜人	中国人	
上海租界	2	1.5	1	俄、德、法女子2元
安徽安庆	1.7	1.7	1.5	
广东省海南岛	免费	免费	免费	
河北易县	5—8	2.5	2	
内蒙古	—	2	1.5	
湖北汉口	—	1.6	0.6	
中苏边境阿尔山	5	1	0.5	
广东	1	0.8	0.5—0.6	

---

① 张连红、李广廉：《南京下关区侵华日军慰安所的调查报告》，载苏智良等编《滔天罪孽：二战时期的日军"慰安妇"制度》，第151页。

② 两起事件记录均载于中支那派遣宪兵队司令部『陸軍々人軍屬非行表』，1941年11月，1942年2月，『陸支普大日记』，防衛庁防衛研究所圖書館藏。见吉见义明『従軍慰安婦』，143页。上述案件及诸多类似案件记录亦载于『政府調査「従軍慰安婦」関係資料集成2』，龍溪書舍，1997年，119—169页。

③ 吉见义明：『従軍慰安婦』，144页。

④ 慰安所收费标准引自陈丽菲《日军慰安妇制度批判》，第132页。

慰安所对不同国籍"慰安妇"定价的差异，也见于马尼拉南区军用妓院的收费标准。这家军用妓院为不同级别的军人设定了不同的计时收费额，而每个军阶的收费价格里面，中国"慰安妇"都比日本或朝鲜"慰安妇"低0.5日元。① 慰安所对不同国籍的"慰安妇"实行的这种差别收费，实际上是日本战时严格区分敌国国民与本国臣民的帝国主义政策的具体表现。

一些较大的慰安所向使用者收费造成了一种假象，让人容易误将"慰安妇"与妓女混为一谈。但事实上，军人付给慰安所的费用与妓女得到的报酬，性质完全不同。其区别首先在于，绝大部分"慰安妇"是被迫进入慰安所的，而且一旦进去就丧失了人身自由。其次，慰安所的收费大部分归经营者所有，绝大多数"慰安妇"得不到任何报酬，少数有薪酬的也只得到收费中的一小部分。马来军政监颁布的"慰安设施及旅馆营业遵守规则"透露了该军用慰安所营业收入的分配详情。根据这一规定，每个"慰安妇"应按本人入所前领到的预付金额度分得收费的40%到60%。② 但该规则又规定，"慰安妇"每得到100日元收入，必须将3日元存入指定的储蓄账户，并将三分之二以上的收入用来偿还受雇时领取的预付金。规则还明文规定，如果"慰安妇"因"工作"怀孕或生病，本人须支付医疗费用的一半。患其他疾病者则须自行负担全部医疗费用。③

发放预付金是慰安所在日本本土及其殖民地征集妇女时常用的手段。许多贫困家庭的女子为养家糊口，便接受了一笔额度为几百至1500日元的预付款，之后被带到军用慰安所。她们进去后才发现，还清债务实在难之又难，因为衣物、化妆品和其他日常开销不断地加在她们的欠债额上，越滚越高。上述马来军政监为来自日本及其殖民地的"慰安妇"制定的规则所描述的，应属"慰安妇"当中最好的境况。但即使这些规定的条件能够兑现，使一些"慰安妇"能够还清欠款，她们所得收入中相当大的一部分还要被强制储蓄或捐出作为"国防献金"。④ 而她们好不容易存

---

① USNA collection, Allied Translation and Interpreter Section Research Report No. 120, *Amenities in the Japanese Armed Forces*, November 1945, p. 12; 引自 Tanaka, *Japan's Comfort Women*, p. 54。

② 馬來軍政監:「慰安施設及旅館營業遵守規則」,『軍政規定集』第三號, 1943年11月11日, 載『政府調查「從軍慰安婦」関係資料集成』3, 龍溪書舍, 1997年, 25—38頁。亦見吉見義明『從軍慰安婦』, 145頁。

③ 吉見義明:『從軍慰安婦』, 145頁。

④ 同上。

下的几个钱，在战后的通货膨胀和币制转换中也都损失殆尽。① 据报道，有的朝鲜"慰安妇"把积蓄存入指定的邮政账户中，战后却无法取出。此外，由于慰安所一般使用军队发行的军票付费，日本战败后，军票变得一钱不值，原"慰安妇"手里的军票变成了废纸。② 即使有一小部分"慰安妇"得到过些许经济报酬，她们在慰安所中的处境也是被迫卖淫。③ 这一点甚至在日本右翼网站发表的老兵证词中也可以得到证实。日本"自由主义史观研究会"的网站曾经登过一名原日本帝国陆军第6师团工兵的战时见闻。据他回忆，1938年他在中国汉口遇到一个朝鲜"慰安妇"。她说她的父母以380日元的价格把她卖给了一个人贩子，随后她被带到设在中国大陆的一个朝鲜人经营的慰安所。"她说在那些慰安所里，每个女人每天必须不停歇地接25至30个士兵，吃得也很差。很多'慰安妇'得了性病，时有自杀事件发生。"④ 这个网站把原日军工兵的见闻刊登出来，似乎是要证明"慰安妇"如这个朝鲜女子一样，是战时在私人慰安所里赚钱的妓女。然而具有讽刺意味的是，这个工兵的话恰恰暴露出在"慰安妇"制度下被迫卖淫的妇女奴隶般的悲惨生活。

"慰安妇"制度的强迫性与剥削性在考察中国"慰安妇"的处境时可以看得尤为清晰。如前所述，中国"慰安妇"绝大多数被拘押在前线或农村地区的简易慰安所里，那里没有任何规章，军人在使用临时慰安设施时也不支付任何费用。本书记载的12名"慰安妇"的经历显示，她们当中不仅没有一个人从日军那里得到过薪酬，有的还必须额外做工以换取日用所需。即使在那些有购票规定的慰安所，中国"慰安妇"也很少能得到报酬。王璧珍1941年写的关于湖北通城慰安所的报道说：

---

① 吉見義明：『従軍慰安婦』，148頁。

② 同上书，146—148页。

③ 关于慰安所对从日本本土及其殖民地征召的"慰安妇"所进行的残酷盘剥，已有很多调查报告。见金一勉『天皇の軍隊と朝鮮人慰安婦』；従軍慰安婦110番編集委員會，『従軍慰安婦110番——電話の向こうから歴史の声が』，明石書店，1992年；千田夏光：『従軍慰安婦』；吉見義明：『従軍慰安婦』；Hicks, *Comfort Women*；Tanaka, *Japan's Comfort Women*；Keith Howard, ed., *True Stories of the Korean Comfort Women: Testimonies Compiled by the Korean Council for Women Drafted for Military Sexual Slavery by Japan and the Research Association on the Women Drafted for Military Sexual Slavery by Japan*, London: Cassell, 1995; Dai Sil Kim-Gibson, *Silence Broken: Korean Comfort Women*, Parkersburg: Mid-Prairie Books, 2000。

④ The Association of Advancement of Unbiased View of History, "Comfort Women", ABC of Modern Japanese History, http://www.jiyuushikan.org/, accessed October 13, 2010.

那些来泄欲的战兵,事先须到购票的地方纳一定的代价(分三种:上等一元四角,中等八角,下等四角),换取一条纸片,然后依照号码找到"慰安品",不得任意选择,也不得超过规定的时间,超过五分钟就得加倍纳价,而且停止其一次慰安权利。

在值班之先和退班的事后,都得受卫生队人员的检查和洗涤,若当月事或感染到花柳时,由医生发给停止值班证明书,而有病的则住在卫生队的特设病院里,听候疗治,在痊愈后仍得照常值班。

战兵们所购买的慰安券的代价,虽然是全数发给充任"慰安品"的女同胞们,而层层剥削,"慰安品"所得已寥寥无几,而且遇着疾病,则医药费全由"慰安品"自己负担,因是女同胞们忍受践踏的收入,尚不够一次疾病的支出,我们的女同胞,就这样惨痛地呻吟于铁蹄下。①

这篇报道颇为详细地记载了来自不同国家的"慰安妇"在一个所谓"正式"的日军慰安所里遭受的残酷剥削。这家慰安所收费标准的等级划分与马尼拉南区军用妓院的收费等级以及马来军政监所颁布的规则非常相似。值得注意的是,这份写于日军慰安所系统还在运营期间的报道,在记述慰安所收费标准时,用"慰安品"一词来形容那些关在慰安所里的妇女,可见当时已将军用慰安所与商业性妓院清楚地区分开来了。

必须指出的是,在那些数量惊人的临时慰安所中受奴役的中国"慰安妇"不仅连微乎其微的薪酬都得不到,她们的家属为解救自己的亲人还常常被迫向日军交付大笔赎金。本书前言中提到的山西省盂县受害者刘面换的父母,就曾被迫倾家荡产交付赎金。实际上,如果不是刘面换病得严重,日军认为无法继续"使用",她的父母即使交了赎金也不可能把她从慰安所赎出来。与刘面换同县有一位李姓幸存者,她的父母虽然花了大笔赎金,还是没能把她救出来。李被日本兵抓走时只有15岁。她每天遭到日军强奸毒打,逾五个月之久。为了救她出来,她的父母借贷典当凑够了600银圆赎金,但赎金交完之后,还是没有放人。李的母亲在绝望中上吊自尽。她的父亲在妻子死亡和女儿被抓的打击下,精神失常。② 类似的案例,在盂县和中国其他地区还有许多。

---

① 王璧珍:《慰安所里的女同胞》,《广西妇女》1941年第17—18期,第36页。
② 陈丽菲:《日军慰安妇制度批判》,第239—240页。另见 Tanaka, *Japan's Comfort Women*, pp. 46–47。

日军对中国"慰安妇"明目张胆的敲诈、奴役和摧残,是在战争中占领军极权统治的条件下才得以进行的。中国"慰安妇"的悲惨遭遇清楚地证明了"慰安妇"制度是无可抵赖的战争罪行。C. Sarah Soh 曾在她研究"慰安妇"问题的专著中强调,针对女性的性暴力植根于父权社会结构与"男权至上的性文化",而这种社会文化不仅存在于日本,也存在于受害者自己的国度。① 这种分析固然不错,但一个必须指出的重要事实是,日军"慰安妇"制度是战争的直接产物,是直接为日本帝国的侵略战争服务的。下一章我们会看到更多中国"慰安妇"的受害事实,而这些事实进一步展示了日军"慰安妇"制度的罪恶本质。

---

① Soh, *Comfort Women*, p. 3.

第四章 "慰安妇"制度下的性犯罪

如前所述，慰安所的大量建立非但没有防止性犯罪，反而给日军的性暴行提供了方便和保护伞。在整个侵华战争期间，发生在日军慰安所内的系统性性奴役与士兵在慰安所外肆无忌惮的奸淫暴虐始终并存，构成了一系列骇人听闻的以性侵犯为特征的战争罪行。生活在日本侵略战争主战场的中国女性成为日军性暴力首当其冲的受害者。

日军性暴力的残忍程度令人发指。唐华元的调查显示，日军第11军于1939年10月在湖南省岳阳县建立了军用慰安所，但士兵们并未就此停止在慰安所外奸淫残害当地妇女。1941年9月，14名妇女在金沙镇被日军掳获，因反抗强奸而惨遭杀害。[①] 1941年9月20日，五个日本兵在金沙镇轮奸了一名少女，然后又强迫她的60岁邻居吴葵清当着士兵的面与她性交。吴葵清愤然挥拳猛击日军士兵，遭日本兵棍棒群殴打死。日军随即将吴的尸体倒插入粪坑。[②] 一个月之后，日军部队开到欧阳庙（今新墙乡河沿村市场），将躲避在里面的数十名妇女儿童赶出来，强迫两名年过60的老婆婆脱光衣服绕天井爬行，又用皮鞭把她们的阴部抽肿，插入刺刀；并将其他所有青壮年妇女奸污，还逼迫父与女、母与子性交，违抗者皆被处死。[③]

日军此类大规模的性犯罪，在中国大陆并不罕见。据安徽省凤阳县的调查报告，日军于1938年2月1日占领凤阳县城时，城内居民已逃遁一空，但是2月2日日军当局贴出了"安民"告示，使很多人以为安全有保障，便陆续回城。谁知日军在2月5日突然关闭城门，开始疯狂屠杀城内居民。仅五天时间就杀害无辜平民5000多人，烧毁房屋4000多间。许

---

① 唐华元：《日军在岳阳奸杀妇女的暴行》，载李秉新、徐俊元、石玉新编《侵华日军暴行总录》，河北人民出版社1995年版，第1010页。

② 同上。

③ 同上。

多妇女，少至十来岁，老至六七十岁，遭到日军奸污蹂躏，连孕妇也不能幸免。有个怀孕妇女遭强奸后被杀害，作恶者还用刺刀挑出她腹中的胎儿寻欢作乐。日军强奸大批妇女后，扣留了一批受害者在慰安所继续蹂躏。① 大屠杀之后的5月3日夜里，抗日的新四军战士潜入城内，收缴日军部分枪支弹药，并抓了两个汉奸，救出被关押的慰安妇。次日，日军疯狂报复，将未及逃离凤阳的124名居民全部杀光。5月8日，日军又借口城里居民在5月3日的营救事件中"勾结山贼造反"，血洗了四眼井和三眼井地区，杀死无辜群众80多人，并用机枪在西城门内墙下扫射，打死50多人。日本兵发现有中国人逃进一座天主教堂避难，便点火烧毁教堂，将避难平民闭门屠杀。士兵们在大屠杀中找到妇女便强奸，还逼迫受害者的家人跪在一旁观看，如若露出一丝憎恨或怒容，就将被强奸的女子和她的家人全部杀死。很多女子为避免侮辱，跳沟或投井自杀。在四眼井，一口十余丈深的大井被女人的尸体填满。② 这些大规模的强奸和屠杀，都发生在设有军用慰安所的地区。这些案例十分清楚地表明，"慰安妇"制度并非如日军宣称的那样防止性暴力，而是将性暴力合法化，进一步助长了犯罪行为的普遍发生。

同样残忍的暴行在日军慰安设施内部也非常普遍。以湖南省岳阳县吴胡驿慰安所为例，该所由日本陆军第11军属下的一个大队直接控制，其经费开销向当地居民摊派。③ 吴胡驿慰安所1939年10月开张时，里面关有14名"慰安妇"。这家慰安所的存在不但没有防止强奸发生，反而为性虐杀提供了场所。据调查，该所"慰安妇"中有一个李姓女子。一个日军班长和一个中队长来到吴胡驿慰安所，为了谁先使用李而发生争执。日军班长迁怒于李，于是剥掉她的衣服，将她按倒在地，把一桶冷水灌入她的口鼻，再用皮靴重重地踩踏，最后放出军犬将她咬死。④

许多从日本殖民地强征来的"慰安妇"，也同样受到野蛮的摧残。据海南岛的目击者回忆，建在那大的赵家园慰安所开业时有21名女子被押送到这里，年龄在16岁到18岁。她们大部分是从附近抓来的本地人，但是也有几个来自台湾。在开张的头十天，赵家园慰安所接待日军3000多人次。16岁的台湾妹阿娇被接踵而至的日本兵连续摧残，血流如注昏死过去。她被

---

① 张淮清：《凤阳大惨案》，载李秉新等编《侵华日军暴行总录》，第710页。
② 同上书，第710—711页。
③ 唐华元：《日军在岳阳奸杀妇女的暴行》，载李秉新等编《侵华日军暴行总录》，第1010页。
④ 同上。

打了一针止血剂，苏醒过来后仅过半小时，又被强迫去接待士兵。①

对绝大多数"慰安妇"来说，在慰安所里度过的每一天都要忍受极度的折磨——囚禁、饥寒、蹂躏、毒打、时刻受到监视，还要目睹其他"慰安妇"的死亡。这一切造成无法摆脱的绝望，迫使一些"慰安妇"靠吸毒或自杀来寻求解脱。本书第二部分收载的12篇幸存者口述史提供了"慰安妇"受害状况的如实写照。为便于读者了解慰安所的概况，这里将广泛调查的结果概述如下。

拘　　所

"慰安妇"通常被关在一个大小仅能容下一张床的狭小房间内。原日军野战炮兵第110连的一名勤务兵曾这样描述他于1941年2月在石家庄看到的慰安所："打开房门，我看到一个泥土地面的小房间。慰安妇就住在这种房间里，她们的杂物都堆在里头。狭小的房间里弥漫着一股难闻的气味。"② 这个老兵所描述的慰安所状况颇具代表性。一些设在前线的临时慰安所条件更为恶劣，房间里甚至没有床，"慰安妇"被迫睡在泥土地上，每日被日军按在地上蹂躏。

食　　物

慰安所通常只提供极少量的食物，以维持"慰安妇"不死，方便为日军服务。比如设在黑龙江省的石门子慰安所，冬天"慰安妇"吃的是高粱米饭和盐水煮冻萝卜，夏天只有高粱米饭和盐水加大葱。③ 在海南岛石录慰安所，每人每天只供给三两米饭，有时只有几块番薯。④ 本书收载

---

① 吴连生口述，林良材等整理：《楚馆悲歌　红颜血泪——日军那大慰安所亲睹记》，载符和积编《铁蹄下的腥风血雨——日军侵琼暴行实录》（续），海南出版社1996年版，第272—279页。
② 佐藤寛二：『赤いチューリップの兵隊——ある兵士の足跡』，千秋社，1978年，77—78页，转引自吉見義明『従軍慰安婦』，134—135页。
③ 陈丽菲：《日军慰安妇制度批判》，中华书局2006年版，第291页。
④ 何十里：《三百"慰安妇"惨死泰半——石碌铁矿"慰安所"调查实录》，载符和积编《铁蹄下的腥风血雨——日军侵琼暴行实录》（下），海南出版社1995年版，第748—750页。

的幸存者证言也谈到,"慰安妇"经常饿着肚子遭受日军蹂躏。在日军人数较多的地方,"慰安妇"甚至经常连吃饭的时间都没有。

衣 着

慰安所对"慰安妇"着装的要求反映出明显的国别歧视。幸存者的证言显示,日本"慰安妇"通常穿和服,并可以购买衣物和化妆品,当然这些购物的开销常常使她们的欠债越积越高。① 来自朝鲜半岛的"慰安妇"被看作日本帝国的臣民,所以日军也经常要求朝鲜"慰安妇"穿和服或军队发放的衣服。遇到重大的日本节日,她们必须穿着这些衣服打扮起来,供士兵娱乐。中国"慰安妇"只有极少数被要求穿和服,绝大部分没有从慰安所得到过任何衣物。她们中的大多数在慰安所里始终只有被掳掠时穿在身上的衣服,穿到破烂不堪也无法更换。更惨的是那些日军来往人数众多的慰安所,那里的"慰安妇"因为连续不断地遭到日军强暴,整日整夜不许穿衣服。

伤 病

非人的性虐待摧残了"慰安妇"的身体,性病更是在慰安所中大肆流行。据中国幸存者回忆,她们被抓进慰安所后不需多久,纵使没有染上性病,也被接连不断的强奸折磨得下体红肿,疼痛难忍,却得不到医疗救治。虽然日军上层要求"慰安妇"定期接受体检以预防性病,这个规定的目的完全是为了保护日本军人。前线的日军慰安设施一般不具备医疗体检的条件,很多病重的"慰安妇"得不到治疗,患病者被丢弃不管或被杀害的不在少数。在海南赵家园慰安所,1942 年开业后不到一个月的时间里,就有三个染上性病的中国"慰安妇"被活活埋掉。②

---

① 吉見義明:『従軍慰安婦』,岩波書店,1995 年,145—146 頁。
② 吴连生口述、林良材等整理:《楚馆悲歌 红颜血泪——日军那大慰安所亲睹记》,载符和积《铁蹄下的腥风血雨——日军侵琼暴行实录》(续),海南出版社 1996 年版,第 272—279 页。

奴役与酷刑

被剥夺了人身自由的"慰安妇"被迫对日本军人无条件地服从。"慰安妇"如不能满足日军人员的欲求,便会遭到严厉惩罚。据幸存者阿燕婆控诉,她不愿忍受连续强奸而进行了反抗,一名日本兵便残忍地将她的大腿扎穿,她痛得昏了过去。① 有一名被抓进赵家园慰安所的新盈女子,因不堪淫辱而拒绝了一个士兵的无理要求,就被慰安所的管理人绑在砖柱子上,用辣椒粉和盐往她的阴部狠狠地抹擦。② 此外,日军还无缘无故地以折磨"慰安妇"取乐。据幸存者回忆,在云南省龙陵慰安所,几个日本兵把一根萝卜插入一名叫王换弟的"慰安妇"的阴道中,当天她就被折磨死了。③

监禁与逃跑

为了防止"慰安妇"逃跑,日军慰安所对她们施以严格的军事监控。从占领区抓来的中国妇女是监视的重点,因为日军害怕她们与抗日武装或当地群众有联系,可能对日军的安全造成威胁。日军监管之严酷,从前面提到的海南岛新盈慰安所所规可见一斑:"慰安妇"不许离开慰安所一步,如果胆敢逃跑,逃跑者及其全家都处以斩首。④ 日军通常在慰安所周围布哨岗,而中国"慰安妇"常常连上厕所都不许出门。当她们从一个地方转移到另一个地方时,总有全副武装的日本士兵押送。尽管有严格的监控和酷刑威胁,还是有中国妇女决意冒死逃出魔掌。"慰安妇"在逃跑的过程中被抓并被残忍杀害者众多,但也有少数人在家人和当地乡亲的帮

---

① 阿燕婆的证词,黎蔚林记录,载符和积编《铁蹄下的腥风血雨——日军侵琼暴行实录》(下),第649—650页。
② 吴连生口述,林良材等整理:《楚馆悲歌 红颜血泪》,载符和积编《铁蹄下的腥风血雨——日军侵琼暴行实录》(续),第275页。
③ 陈祖梁:《侵华日军滇西慰安所与"慰安妇"》,载苏智良、荣维木、陈丽菲编《滔天罪孽:二战时期的日军"慰安妇"制度》,第315页。
④ 宋福海口述,陈子明、王吉整理:《我亲睹的新盈日军"慰安所"》,载符和积编《铁蹄下的腥风血雨——日军侵琼暴行实录》(续),第188—190页。

助下，得以成功逃脱。本书第二部分介绍的李连春和黄有良两位，就是成功逃离慰安所的幸存者。她们的逃跑展现出惊人的意志力和勇气，其成功也体现了当地民众对受害者的深切同情与无私帮助。无法逃脱的"慰安妇"不堪忍受日复一日的身心折磨，有的借助鸦片或吗啡来暂时摆脱痛苦。在管控严格的慰安所中，"慰安妇"不可能轻易得到任何药品，鸦片或吗啡只能是由军方人员或慰安所管理者提供，而这一点已为现存的战时日军文件材料证实。①

死亡与自杀

如上所述，日军残酷的虐待和肆意杀戮，导致中国"慰安妇"极高的死亡率。以海南石录铁矿慰安所为例，从1942年到1945年不满四年的时间里，被抓到这个慰安所的300多名中国"慰安妇"中已有200多人被摧残而死。② 如此高的死亡率在关押中国"慰安妇"的慰安所中相当普遍。黄慧荣等21名妇女是被日军从广州掳至海南黄流军用机场慰安所的。到1945年冬日军缴械投降时，她们当中只剩4人还活着。③ 除了被残害而死者，许多"慰安妇"不堪忍受非人的折磨而自杀身亡。受害人黄玉霞新婚后不到一周就被日军押入慰安所。她的丈夫梁信去慰安所找自己的妻子，被日本人毒打至死。悲愤绝望的黄玉霞上吊自尽。④ 据海南岛的调查报道，一名关押在海南岛藤桥市日军营地的黎族少女，不堪忍受多名日军同时淫辱，咬断自己的舌头自尽身亡。⑤

日本军队对中国妇女肆无忌惮的摧残在战时日军的文件中也有记载。日军国府台陆军医院军医中尉早尾乕雄1939年6月在《战地特殊现象及其对策》中写道：

---

① 吉見義明在『従軍慰安婦』一书中提供了相关的战时日军文件记录。见第154页。

② 何十里：《三百"慰安妇"惨死泰半》，载符和积编《铁蹄下的腥风血雨——日军侵琼暴行实录》（下），第748—750页。

③ 钟强：《我所知道的日军黄流机场的"慰安所"》，载符和积编《铁蹄下的腥风血雨——日军侵琼暴行实录》（下），第646—647页。

④ 符和积：《侵琼日军"慰安妇"实录》，载苏智良、荣维木、陈丽菲编《滔天罪孽：二战时期的日军"慰安妇"制度》，第198页。

⑤ 同上书，第199页。

官兵们普遍地认为他们可以对敌国妇女为所欲为，包括干那些在日本本土不容许的事情。所以他们一见支那女子便异常疯狂。可以说，被检举上报者属运气不好者，还不知道有多少案例发生过却未被上报。

军队当局认为控制士兵的性欲是不可能的，便建立了慰安所以防军人强奸支那妇女。但是强奸仍然到处发生，以至支那良民见到日本军人就满心恐惧。

于是将校军官率先光顾慰安所，并且要求士兵们都去，慰安所成了军方正式认可的官办机构。一些有良知的士兵得知慰安所里发生的一切之后，嘲笑当局的做法，但军官们却斥责那些不去慰安所的士兵，骂他们有毛病。①

很明显，虽然日军首脑一再宣称慰安所的建立是为了防止强奸和性病在日本军队中大规模发生，但"慰安妇"制度带来的结果却截然相反。连慰安所计划的始作俑者日军将领冈村宁次自己也承认："虽然目前各部都与第6师团一样，配有慰安妇团同行，但强奸罪并未绝迹。"② 与强奸罪大肆泛滥的同时，日军各部队上报的性病案例数量也不断上升：1942年有11983个新病例上报；1943年有12557例；1944年则有12587例。③ 这些数字并不包括未上报的案例，所以实际数字要远大于此。

"慰安妇"制度随着日本于1945年战败而土崩瓦解，但是当战争接近尾声时，穷凶极恶的侵略者将对"慰安妇"的残害走向了极端。日本军队要求士兵宁可自决，也不能投降。穷途末路之际，有很多日本兵逼迫来自日本本土或殖民地的"慰安妇"与他们一起赴死。④ 为了销毁"慰安

---

① 原文较长，引文只摘译了相关片段。全文见吉見義明『従軍慰安婦資料集』，大月书店，1992年，229—232頁。"支那"原为古代佛教经典中对中国的称呼，但在甲午战争之后，特别是侵华战争期间，日本人称中国为"支那"，带有愚昧、劣等之类的负面含义。

② 稲葉正夫編集：『岡村寧次大将資料（上）戦場回想編』，原書房，1970年，302—303頁。见吉見義明『従軍慰安婦』，44頁。

③ 陸上自衛隊衛生学校編：『大東亜戦争陸軍衛生史』，陸上自衛衛生学校，第一卷，605—607頁；转引自吉見義明『従軍慰安婦』，51頁。

④ 诸多研究报告和战争亲历者回忆录记载了战争末期日军大规模屠杀"慰安妇"的惨案。见金一勉『天皇の軍隊と朝鮮人慰安婦』，三一书房，1976年；George Hicks, *The Comfort Women: Japan's Brutal Regime of Enforced Prostitution in the Second World War*, New York: W. W. Norton, 1994；西野瑠美子『戦場の慰安婦』，明石书店，2003年。

妇"制度的人证，日军还杀害了大批"慰安妇"。一位名叫许国均的中国远征军老兵记述了发生在中缅边界小城腾冲慰安所的大屠杀：

> 1944年9月14日早晨，我们攻进腾冲县城时，只见到处是日军的尸体，在日军慰安所里，我亲眼看到有17个中国"慰安妇"和几个婴儿被日军刺死在那里，有一个"慰安妇"死了还紧紧地抱着一个血肉模糊的婴儿，真是惨不忍睹！①

战地记者潘世征在另一篇报道中记载了中国远征军于1944年9月14日在腾冲拿下最后一个日军据点的情形。中国士兵们在一个防空洞中找到了一个10岁左右的小女孩。她说她是被日军抓来给关在这里的十几名"慰安妇"送水的。这些"慰安妇"都躲在一个大防空洞内。一天黎明时分，突然进来了一个日本军官，用枪逐一结束了"慰安妇"的性命。小女孩吓得昏了过去，日本人误以为她已经死了，她才逃过杀戮。② 潘世征在这篇文章中还报道，远征军也在另外一处发现了十几具女尸，死者都被蒙住眼睛，摆在城墙边。

日本侵华战争期间究竟有多少中国"慰安妇"被残酷杀害？至今无法确切统计。从本书记述的资料可以看出，幸存者是极少数。存活下来的人，大部分是被家人赎出、被当地乡亲解救，或在战争结束前冒死逃出慰安所的。此前有调查报告，来自朝鲜半岛的"慰安妇"有75%到90%死于那场战争。③ 中国"慰安妇"的死亡率据估计更高。以海南岛为例，日军占领海南的六年里，修建了360多个据点，并设立了至少300个慰安所。④ 每个慰安所一般配有10至20名"慰安妇"，但一些规模较大的慰安所，如八所港慰安所和石录铁矿慰安所，

---

① 陈祖梁：《侵华日军滇西慰安所与"慰安妇"》，载苏智良、荣维木、陈丽菲编《滔天罪孽：二战时期的日军"慰安妇"制度》，第322页。

② 《敌随军营妓调查——腾冲城内一群可怜虫》，《扫荡报》1944年9月26日，转引自陈祖梁《侵华日军滇西慰安所与"慰安妇"》，载苏智良、荣维木、陈丽菲编《滔天罪孽：二战时期的日军"慰安妇"制度》，第322页。

③ Alice Yun Chai, "Korean Feminist and Human Rights Politics: The Chongshindae/Jugunianfu Movement", in *Korean American Women: From Tradition to Modern Feminism*, ed. Young I. Song and Ailee Moon, Westport: Praeger, 1998, p. 240.

④ 苏智良、侯桂芳、胡海英：《日本对海南的侵略及其暴行》，上海辞书出版社2005年版，第184—186页。

则关押着 200 至 300 名"慰安妇"。① 研究者据此推断，整个日本占领期间，仅海南岛一地就有一万多女性惨遭日军性奴役，② 她们当中有一部分来自朝鲜半岛、中国台湾、日本、菲律宾和新加坡，但主要是从海南岛当地及中国大陆南部省份抓来的妇女。然而调查者迄今在海南岛只找到 42 位幸存者。从已接受采访的 20 名幸存者的证言来看，③ 其中的 11 人因逃离慰安所得以存活，2 人被家人救出，3 人得到当地乡绅保释，只有 4 人是在日军战败遗弃了慰安所时一息尚存，重获自由的。④ 由此可见，未能逃离慰安所者，只有极少数幸存。

综上所述，日军"慰安妇"制度在 1930 年代初日本入侵中国东北并攻袭上海时已经开始建立，在 1937 年南京大屠杀发生前后迅速扩展，一直延续到 1945 年日本投降。这一过程显示出，慰安所系统的扩展与日本侵华战争的进程是紧密地联系在一起的。上述各章关于慰安所受害者悲惨遭遇的概述，仅仅是几十万"慰安妇"深重苦难的一瞥。正如戴安娜·拉里和斯蒂芬·麦金农在研究战争对中国社会所造成的伤害时指出，日本侵华战争给中国及中国人民带来的苦难是如此巨大，以至于对它的任何分析与描述都显得苍白无力。⑤ 要真正了解"慰安妇"的深重苦难和日军慰安所的残暴罪恶，最好的途径是直接倾听幸存者讲述她们的亲身经历。本书第二部分为读者提供了 12 位原"慰安妇"的亲口叙事。她们的口述史活生生地再现了中国妇女在日军慰安所中的悲惨遭遇，以及日军性奴役给她们带来的终生痛苦。

---

① 苏智良、侯桂芳、胡海英：《日本对海南的侵略及其暴行》，上海辞书出版社 2005 年版，第 185—189 页。

② 苏智良、陈丽菲：《侵华日军慰安妇制度略论》，载苏智良、荣维木、陈丽菲编《滔天罪孽：二战时期的日军"慰安妇"制度》，第 29 页。

③ 调查采访由苏智良、陈丽菲、侯桂芳、胡海英在 2000 年至 2004 年完成。当时在海南地区查证的 42 名幸存者中，14 名已经逝世，8 名未接受采访。

④ 苏智良等：《日本对海南的侵略及其暴行》，第 284—285 页。

⑤ Diana Lary and Stephen MacKinnon, eds., *Scars of War: The Impact of Warfare on Modern China*, Vancouver: UBC Press, 2001, p. 5.

第二部分
幸存者证言

本书第二部分记载了 12 位日军慰安所幸存者的亲身遭遇，她们是雷桂英、周粉英、朱巧妹、陆秀珍、袁竹林、谭玉华、尹玉林、万爱花、黄有良、陈亚扁、林亚金和李连春。① 中国"慰安妇"研究中心主任苏智良及该中心研究员陈丽菲于 1998 年至 2008 年在长达十年的时间里对她们进行了调查采访，这里记载的故事，是根据她们的口述记录整理而成的。本书中文版简体字出版时，她们 12 位都已去世。

记叙那段历史，对幸存者和调查人都是非常艰苦的过程。对幸存者而言，战时慰安所的非人折磨以及战后社会政治环境的压抑，使她们在回忆过去时极其痛苦。加之中国大陆已知的幸存者大多生活在农村，那里传统的贞操观根深蒂固，更加深了她们讲述过程中的羞耻感与痛苦。以云南省为例，虽然那里战时设有大量慰安所，却鲜有幸存者愿意站出来讲述自己的经历，连知情人也因为害怕影响自己与幸存者家庭之间的关系而对此讳莫如深。第十一章中记载的李连春，是云南省极少数讲出自己经历的幸存者之一，但倘若没有子女的支持，她也不会向我们倾诉埋藏心底的往事。即使在打破沉默之后，心理创伤和对社会歧视的恐惧仍然困扰着每一位幸存者。袁竹林站出来做证就经历了这样痛苦的过程。由于她被迫充当日军"慰安妇"的经历在战后不慎暴露，袁竹林曾被迫从武汉流落到远在黑龙江省的偏远农场劳动，长达十几年之久。多年以后，当她应邀作为中国原告代表之一，出席 2000 年 12 月在东京举行的"女性审判日军性奴役战争罪行国际法庭"② 时，开庭前夜她又陷入极度痛苦，感到无法在次日当庭控诉日军的残忍暴行。在陈丽菲陪伴下，经过数小时倾诉交谈和安慰，她才克服了内心的痛苦和恐惧，勇敢地站上讲台，并发表了强而有力的证词。可是，当法律专家和学者 2001 年到她家对她战时的遭遇进行法律公证时，她再度被恐惧与痛苦所笼罩。经过专业人员的心理疏导，才完成了口述的公证过程。为了减少受害者回忆慰安所的经历所引起的恐惧感，苏智良和陈丽菲在调查中，尽量选择便利幸存者且能使她们放松的场所进行访谈。为此他们经常奔走于全国各地，翻山越岭到位于偏远村庄的幸存者

---

① 这 12 位幸存者曾接受中外研究者及媒体多次采访，中文报刊对她们的战时经历也有多次报道。石田米子、内田知行编辑的『黄土の村の性暴力——大娘（ダーニャン）たちの戦争は終わらない』（創土社，2004 年）收载了日本学者访谈尹玉林、万爱花的记录。本书英文版是首部把她们的口述史介绍给英文读者的专著。

② 该法庭于 2000 年 12 月 8 日至 12 日开庭。这是一个由亚洲妇女和人权团体组织在国际民间组织支持下举行的人民法庭，旨在审判日军的性暴力及其对"慰安妇"的性奴役罪行。详见"Violence against Women in War-Network Japan"网站。

家中探访。

本书对幸存者的调查访谈,不仅限于她们在日军侵华战争中的经历,也包括她们战前及战后的生活状况。所有访谈围绕下述三组问题进行:

(1) 战前:受害人的身份及家庭背景。

(2) 战时:受害人沦为"慰安妇"始末;有无目击者;慰安所实况;受害人在慰安所中的境遇及最终解脱方式。

(3) 战后:受害人的婚姻状况;有无子女;与亲属邻里之间的关系;有无因慰安所经历而遭受歧视或政治迫害;有无心理后遗症;本人生活现状。

考虑到幸存者的身体及心理状态,调查根据每位幸存者的不同情况,尽量在时间和提问的次序上灵活调整,避免恪守死板的访谈模式和采访时间。对有些幸存者,譬如朱巧妹,调查历时数年。在朱去世前的五年中,苏智良和陈丽菲曾先后七次到她家中访问探望。但由于幸存者大多年迈多病,这样的多次访谈并不适用于每位幸存者。苏智良表示,"只要可以通过一次采访确认受害事实,我就不会去反复打搅她们,因为她们每次讲述这段经历,就好像又进了一次地狱"。回忆那段历史确实非常痛苦。调查者自己每次完成采访之后也常常多日难以入眠。由于上述原因,本部分幸存者的口述材料在长短与格式上不尽相同,但所有访谈都是以上述三组问题为纲进行的,从而保证了调查方法的一致性。

从这些年迈幸存者的身体状况出发,调查者在访谈中对她们记不清楚的地方尽量不去反复追问,而是通过其他方法核实口述材料,譬如实地确认幸存者被关押的慰安所位置,从当地目击者处收集证言,将幸存者的口述材料与当地历史记录对比考证等。

以万爱花为例,她由于被囚期间惨遭拷打,头部受伤,无法记起被绑架时的某些细节。在对她的采访中,调查者根据她提供的信息,比如她当时看到的植物和人们的食物,来推断她被绑架并受日军折磨的月份。在记录下她口述的经历后,调查者又长途驱车赶到羊泉村,找到了她受害过程的知情人侯大兔。侯家的棉被曾被日军掠去,放在万爱花被囚禁的慰安所中使用。侯大兔提供了万爱花受害经历的有力证词。调查者还通过当地志愿者张双兵的帮助,确定了万爱花被囚禁的窑洞位置,以及她第一次在村边河畔被捕的地点。本书 12 个口述材料都经过这样的实地调查认证。

丘培培对访谈记录的整理以忠实于幸存者的口述为准则。为保证行文流畅和可读性,笔者对访谈记录进行翻译、编辑时省去了调查者的提问。事实上,幸存者朴实无华的语言本身具有极大的震撼力。以下各章将 12

图 6 调查人将李连春 1943 年逃离松山日军慰安所后的藏身之地拍照取证（苏智良摄）

位幸存者的口述根据她们受害的地理位置分为三组，再按历史时间顺序排列。第一组记载了全面战争的始发地东部沿海地区四位受害者的口述。第二组收录了日本侵略战争于 1939 年至 1944 年在华中、华北战区陷入僵局时期的四位受害者的口述。第三组为战争末期（1941—1945 年）华南沿海前线四位受害者的口述。为将幸存者的个人遭遇置于战争历史的大背景之中来考察，笔者在每段口述之前提供了简要的战史介绍，并在必要处加入说明及目击者证言，作为对幸存者回忆的补充。

第五章　中国东部沿海地区

雷桂英

　　1937年12月，南京沦陷。九岁的雷桂英在家乡南京江宁区目睹了日军的大屠杀。几年后，13岁的她刚开始月经来潮就被强迫当了"慰安妇"，在日军慰安所中饱受摧残。

图7　幸存者雷桂英于2006年在上海为来自加拿大的教师与学生做报告（苏智良摄）

我出生的地方叫关塘堰。在我七岁的那年，我老子（指"父亲"）死了，所以我已经不记得我爸爸的名字了。我妈妈姓李，她娘家在尚鹤村（音）。旁边是我们汤山那条河，关塘堰在那条河的上边。

　　那年冬天，妈妈给人做活，在路上被李岗头村里的人抢走了。那时穷啊，没有钱就抢亲。我有个五岁的弟弟，叫个小灶生（音）。因为他是男孩，李岗头的人就让妈妈带走了。我是个女的，他们不要，只好留下。爷爷奶奶早已去世。我还有个叔叔，也就是爸爸的弟弟，但不住在一起。他也很小，不能带我。家没有了，我就成一个人了。

　　妈妈临走时把我托给了一个同村的老奶奶，给了她一些钱，希望她养活我。可是那个老奶奶对我讲："丫头啊，我家小孩多，吃饭要抢的。你抢不过他们的。我养不活你，把你给人家做童养媳吧。"[①] 我那时也不懂什么叫童养媳，就被送到了土桥的王家边，给了一家人家。那个"丈夫"比我大。

　　在我大概九岁的时候（1937年），日本人过来了。我记得那是作山芋（指入冬时节将收过的山芋地再翻一遍，将漏收的山芋捡回来）的时候，塘里结了冰。我老婆婆给我一把锄头叫我去捣山芋。捣完山芋回家的时候，看到有不得了的人往南边跑。日本鬼子打过来了。人都往南边跑，是因为南边有水塘，以为日本鬼子不敢追过水。大家都躲到地洞里。我婆婆带着她的两个女儿，一个大的二十多岁，一个小的十八九岁。她们裹了脚，一扭一扭的走不动。我是裹过的，不过又放了，所以不像她们。家里人在水塘边挖了个套洞，上面一个小的，下面一个大的。两个姐姐躲在下面，婆婆躲在上面。带一大锅饭在里面吃。我婆婆不准我去，说："你去了给日本人看到了，我们不得活，你也不得活。"她给了我点炒熟的葵花籽和黄豆，饿了就抓点吃。

　　我躲在家里，看到日本人经常到村子里来，"嘭、嘭"地开枪。主要是打鸡吃，但他们鸡翅膀、鸡头和鸡脚什么都不要。他们还打牛。第一枪牛不死，他们就"嘭嘭嘭嘭嘭"地一直打，打得牛最后睡下来，死了。他们只要牛的腿，肚子、内脏什么都不要。日本人看到我们这些小孩子，会把糖拿出来往地上一扔。有个小娃子胆子大，拿起来就吃了，我们才敢吃。日本兵就抢岁数大点的，十四五岁的姑娘，那些来不及躲的大姑娘便

[①] "童养媳"是1949年前中国存在的一种包办婚姻。当时贫困家庭常将无力抚养的女孩送给或卖给较富裕的家庭。女孩在领养人家中长大成人后，嫁给该家庭的某个男性成员。童养媳常常被婆家当作免费的劳动力。

遭了殃。他们抓到女孩子，就把她们带到空的房子里"睡觉"。

离王家边五里路的地方是一个镇子，叫土桥。土桥有卖布的店啊什么的，都因为打仗逃难，许多商店和房子都没得人了。我的老婆婆就叫我跟一些姑娘一起去镇上空的店里拿东西回来。我很害怕，那些店要爬高，跌下来要跌断腿哎，东西也拿不动。不去，婆婆要打。我们前前后后去了大概有十几次吧，看到日本鬼子驻扎在土桥，住在那些好的民房里。有几次在土桥看到日本鬼子骑着马，"唧哼唧哼"地来了，都吓死了。大姑娘都是逃也来不及的。我们一起去拿东西的姑娘们，有高有矮，有大有小。在土桥会碰到日本兵，他们拍拍我们的头，问我们年龄。我那时九岁，有的就说15岁。那些十四五岁的姑娘，就被他们带走了，后来也不知到哪里去了。这样的事总有五六次吧。我年纪小，一开始我也不懂是干什么。可是后来看到有一个姑娘死掉了。就是被日本兵搞死掉了！那是我们以后去找空店铺、空房间拿东西的时候。不知道怎么样就看见这些姑娘了，有的死了，有的没有死，走不动路了。她们也不是跟我们一起去的姑娘，我不认识的。有一次，看到一个姑娘肚子胀得老大，小姑娘的老子，穿着草鞋，给她在肚子上慢慢摩，就是按摩，她下身血糊沥拉的，直淌血和水。我们再也不敢去了。

大概在我做童养媳不到三年的时候，我的那个"丈夫"忽然死了。我那时才10岁，也不知道他是被日本人打死了还是病死了。他的名字好像叫陈鱼（音）。我那个婆婆很厉害，快把我打死了。老婆婆家养蚕，我怕那个虫虫样的蚕。把叶子给它吃就会爬到手上，我吓得甩手，可是虫虫甩掉在地上，婆婆就会打我。

那一次，我妈妈来看我。她做了一双用被单面做的花鞋给我穿。我就求她把我带走。可是妈妈对我说："我不能带你走，你是人家的人了，我在那边也养了娃娃。"没得办法。后来我害病了，老婆婆就叫我弄点草，在草上晒晒太阳。有一个老爷爷，他和李岗头村有一点关系，心很好。他看了我不吃不喝的可怜，就弄点汤给我喝喝，劝我老公公给我看病。我老公公就叫老婆婆带我看病，弄点药吃吃。慢慢地也就好了。我就求好心的老爷爷带我去找我妈妈，老爷爷悄悄地带我去了李岗头，住到妈妈家里了。妈妈生了个小弟弟，蛮好玩的，我就抱着他玩。一天因为抱不动，一举一举地，不小心用力过猛把他从肩上给摔下去了。妈妈那个婆婆抓住我的头发往死里打我啊！妈妈哭着对我讲："我不能养你了。我再给你找另一家人家去做童养媳吧？"就这样，在妈妈家住了大概不到十天，我没得办法，只好从妈妈家出来了，又去做童养媳。这一年我12岁（1941年）。

这家的老公公开一个染布作坊，住在离李岗头村不远的寺后村。"丈夫"染布，我给他烧小锅。布要放到锅里染，再拿出来晒干。他跑到街上收布，还要放牛、割草。我帮家里做各种活，可是老婆婆还是经常打骂我。

这段日子过了没多久，实在不行，我就跑了出来，是逃出来的。我夹着一个碗，一双筷子，一个村庄一个村庄地讨饭。天很冷。遇到一对老夫妇，人很好，问我饿不饿，炕锅巴给我吃。我听见老爷爷对人说："走啊，到汤山去！"我就求他也把我带去。这样，我就到了汤山街上。

我在汤山讨饭，没有活做。一个老奶奶告诉我："丫头，我告诉你一个地方，有饭吃，你给他做事就行。"她告诉我那里有个地方叫高台坡，有一个日本人叫山本，夫妻两个开一个店。那个时候我并不知道它是日军妓院，是"慰安所"，也不知道什么是"慰安所"。

（雷桂英讲到这里停了下来，告诉我们除了那个叫作"高台坡"的慰安所，汤山还有另一个慰安所叫"戴笠楼"，也叫"大楼"。高台坡慰安所的建筑现在已被拆除，它的旧址处建了一座新楼。）

到了山本家，要我帮着带小孩，也做做家务。有两个小娃子是我带的，一个大的男孩大概六岁的样子，叫"Hatsuro"，还有个小女孩子，叫"Nobuchan"（雷桂英不知道这两个孩子的名字怎么写，此处按她的发音记录）。这个妈妈蛮好的，给我些钱，要我带他们出去，去看戏啊什么的，就叫"katsudô"。那个日本话啊，我一开始什么都不懂。一次他妈妈把钱给我说要买"nankinmame"，我不知道她说的是什么。她就回去从袋子里拿给我看，我一看，啊呀，就是花生米嘛！①

那个山本是做生意的。那个女的，山本夫人，我也不知道是做什么的，平时总是不在家，好像是在"天福鬼子"那里做事，卖菜（这是当地的另一个慰安所。该所名称中有"天福"两字，因专供日军使用，被当地百姓叫作"天福鬼子"。雷桂英有一个远房姐姐是那里的"慰安妇"）。隔一段时间山本就会乘军队的车到上海，买回糖、酱油等生活用品，再来卖出去，主要供给日本军队。要去军队的话，他有个牌牌挂着的，就可以进去。

山本家房子前面是公路，后来才知道这里是日军的妓院。进去是大门，有伙房间，东边的一间放东西，做大仓库。伙房再进去是个小库房，

---

① "katsudô"和"nankinmame"是根据雷桂英的语音记录。这两个词可能分别是日文词"活動"（电影）和"南京豆"（花生）。

我就住在这里。他们从上海运回来的东西就放在这里。还有中堂，还有厢房。旁边一个大房间里有个大通铺，住着13个姑娘，都是中国人，不过平时都穿日本人的衣服。大的应该有十七八岁，十五六岁的也有。我经常看到日本人来，带一个两个的，就进去了。她们穿的衣服袖子很宽，背后有一个小包。头发梳起来，上面还戴花。不过她们都不会说日本话。日本人来的时候，就"姑娘！""姑娘！"那样地叫。

大概是到了1942年，我13岁了，初次来了月经。山本夫人笑着对我说："恭喜，你是大姑娘了。"我记得那是夏天，穿着单衣。那天很多日本鬼子来了。我看到他们要挑，挑好看的姑娘，那个样子，咕噜咕噜，也不知道说什么。山本夫人要我出去，还要穿那个有包包的日本衣服。我也是糊里糊涂地就被拉过去了。后来看到日本兵了，那个样子吓人啊。一个日本兵把我拖出去，把我的裤子脱掉后扔在大通铺上，我反抗，和他打，把手腕磕伤了，现在还能看得到这个伤口。可是日本兵用两个膝盖顶在我的肚子上，把我压在下面，同时还用军刀的刀把猛砸我的脑袋，就这样把我强奸了。

我记得，日本人周一到周五是不太来的，我还是帮着带小孩。到了周末晚上，日本人就来得多了。多的时候，一下来五六个。不过，有的时候，他们白天也来。但好像都不在高台坡过夜。我记得刚进高台坡的时候，姑娘多，日本兵也多，每次来十几个。后来少了，每次一般来就来五六个了。来的人中有军官，因为我看到门口站岗的给这些人敬礼，而且他们都是穿着皮靴，挎着长刀，很威风的样子。也有普通的兵，这些人有拿着长枪来的，上面还有刺刀。

大通铺的房间大约有25平方米差不多大，地面是用水泥铺的。大通铺是沿着墙根砌出床来，高度大概到人的小腿这里，是铺着灯草编的大通铺。日本兵进入房间也不用脱鞋，上大通铺再脱。平时就一个大通铺，但是上面拉着一条一条的铁丝，上面都挂布帘，日本人来了，就把那个绳子一拉，布帘就拉开来把姑娘隔开，每个姑娘就等于睡在一个个小房间一样。在房间的另一边，放着一排洗脸架。还有吃饭的小桌子。吃饭也是送进来，不能随便走的。

日本人是用那个橡皮避孕套子的。以前我打扫卫生时就看到过，那个时候我不懂是什么东西。每次日本人来后是要洗下身的。那个水里头要放东西，有点绿绿的颜色。毛巾、草纸这些，是山本发的。日本人的衣服也是给的。背后有一个小包包的。除了这些外，没有其他的了。

在高台坡里，这些姑娘一天三顿饭，有饭，用酱油泡的，有时有鱼，用罐头装的。但吃饭有时候也吃不饱哎。我因为以前是带孩子的，还能上厨房。他们有时看我可怜，给我吃一点东西，我就悄悄地拿来给她们吃。她们就是在房间大通铺上坐着躺着，也不能出去，有时候就打牌。大点的姑娘，有日本人喜欢的，就给点首饰啊什么的，给钱好像是没有的，我也没有听说过。大的姑娘有时会把首饰拿出来玩，我也看到的。我小，没有人给。

慰安所里面的姑娘基本上都学会了抽烟，有些姑娘还偷偷抽起了鸦片，也不知道哪里来的。反正她们都是偷偷的，躲在厕所里。我后来也会抽大烟了，是很久之后才戒掉的。

我记得，在我进到大通铺的时候，连我姑娘就只有四个人了。那些姑娘苦呕。我看到的，有一次，日本兵一个接一个对一个姑娘弄，把肚子弄得胀得不得了。他们走后，年龄大点的姑娘就帮她揉，血还有水一块流了出来，淌了一地。我还看到过他们把死掉的姑娘放在柴堆上烧；这姑娘被折磨死了。后来听我丈夫讲，他在看护山林的时候，也看到的，日本人把煤油，那个时候叫洋油，浇在死掉的女孩子身上烧。那火烧得高高的。

我到了里面，也是吃了不知道多少苦。有一次，那是在下午，我被日本鬼子拿刺刀刺了。他拿两条腿搁在你小肚子上头，痛啊，把你搞得出血了，我不肯，跟他两个磨，我掀他，他就打我，拿刺刀狠戳我的腿。我拼命爬，爬到门口，有人看到了，有一个人，他是我本家，当时是他救了我（他与雷桂英同姓，有点亲戚关系）。我的脚就因为这件事成了残疾。

被日本鬼子这样打，我想在高台坡早晚会被折磨死，不如想办法逃出去。我是这家的保姆，知道里面的路。我等着腿好一点，可以走路了，就打定了主意。

那是 1943 年底的一个凌晨，天气已经很冷了。趁人还在熟睡的时候，我悄悄地从高台坡的后门逃了出来。一路着急着逃，不敢回头。直奔到李岗头，那里是我妈妈的家。我躲在那里，慢慢在那里安顿了下来。

解放以后，我努力劳动，做过妇女队长。我 17 岁跟姓唐的男人结了婚，但是我不能生孩子了，就抱养了我现在的孩子唐家国。他那个时候生重病，被人丢了。我抱在手里，看了可怜，就从派出所的人手里接下来了。

我以后就再也没有回到高台坡那个地方。我在那里前后有一年半的样子，被日本鬼子欺负，大概有半年。我再也不想看到这个地方了。我逃跑时，曾带出来几样东西，一个日本人用的饭盒和一些当时的衣物。但是看到它们心里就不好过，就来气，后来都丢掉了。现在只剩下一瓶东西了。

我在慰安所里的时候，看到过姑娘们用过这个。我觉得它肯定有用，所以我把它拿了出来，但是我不知道它叫什么，派什么用场（雷桂英给调查者看了一个盛着暗黑色结晶粒的小瓶。经测验这是高锰酸钾。估计当时慰安所是用它洗涤消毒的）。

现在我儿子大了，重孙也有了。我也活不了几年了。那些苦憋在心里难受啊！我儿子经常劝我说出来。他说："你没有做坏事，你也是被迫成了'慰安妇'。不能让这段历史就这么过去。"我觉得他说得对，我要把真相说出来，讨个公道。

＊＊＊

2007年春，雷桂英突发中风，被送到了江苏省中医院急诊室抢救。随着20世纪90年代"慰安妇"追索正义运动的兴起，中国大陆对慰安所幸存者的支持也日益增加，各行各业的人来到医院探望她，在她的病房摆满了鲜花和水果。一些从未谋面的年轻人也从北方赶来探望，并捐款资助她的医疗费用。但不幸的是，雷桂英当晚陷入了休克状态，再也没有醒来。2007年4月26日，这位饱受折磨的老人与世长辞，享年79岁。她的遗体被安葬在汤山教堂公墓。

（根据苏智良、陈丽菲2006年访谈调查，陈克涛协助记录稿整理。）

周粉英

南京沦陷后，日军向南京城周边地域推进。1938年3月，日军占领了南京东面280公里的如皋县。当地妇女不分老幼，下至八九岁的少女，上至70多岁的老妇，皆惨遭日军强奸。与此同时，日军在县城内外设立了慰安所。周粉英就是在此期间被日军掳走关进当地一个慰安所的。

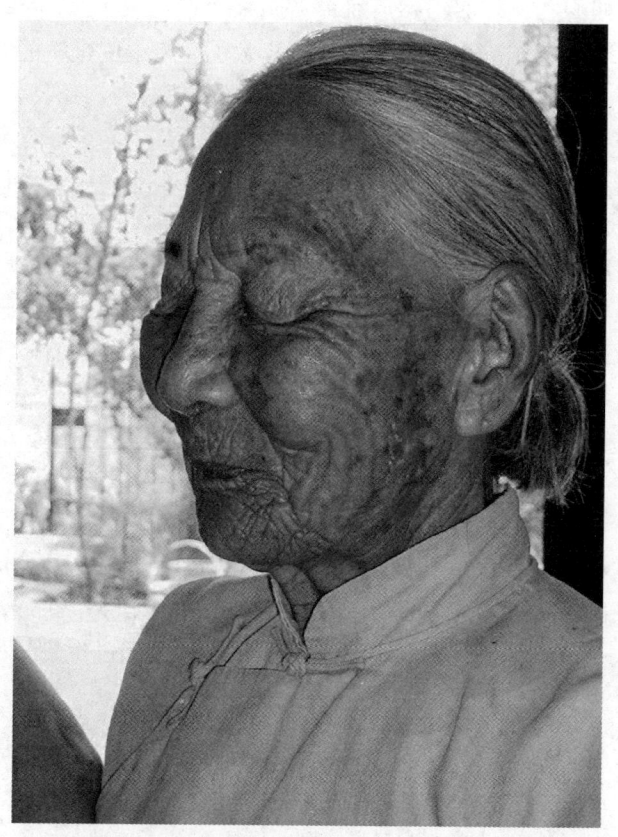

图8　幸存者周粉英于2007年向调查者讲述她战时的遭遇（苏智良摄）

我娘家是汶池村人，在杨家园村对面。父亲名叫周福生，母亲没有自己的名字，人家叫她"六姑娘"。我父母没有自己的土地，给人打短工。我农历五月出生（1917年）。父母生活穷困，却接连生了四个男孩，经常吃了上顿没有下顿。父母觉得实在没有粮食来喂养这第五个孩子了，想把我送人，这也是一条活路，可是找不到人家要我。在农村男孩有人要，长大了能干农活。女孩被当作"赔钱货"，长大嫁到别人家，出嫁还要为她准备嫁妆。他们没有办法，在一个早晨悄悄地把我放到了远离村庄的大路上，希望有人能看到，把我捡走。没有想到，本村一个邻居大妈看到认了出来，又把我抱回了家。我父母抱着我抱头大哭。

这种难堪的境况又挨了几年，到了5岁我被送到对面杨家园村一家姓倪的人家当了"童养媳"。我那时还小，离家时只记得四个哥哥的小名，其他不记得了。

我公公叫倪二，婆婆结婚后村里人叫她"倪二家的"。倪家有两个儿子。大儿子叫倪金城，小儿子叫倪贵。我做了大儿子倪金城的童养媳，当时他10岁，比我大五岁。我婆婆是个能干又泼辣的人。我公公不太回家，他和另外的女子相好了，在外面有了孩子。两个儿子靠她一人养活，自然也是非常困难。金城和我结婚并不早，直到1936年，金城24岁，我19岁，才成了家。人家说我长得好，皮肤白，腰身细（当地老乡告诉我们，周粉英的美貌当时在周围村庄是有名的。在我们调查访谈时她已经92岁的高龄，双目失明，但仍然可以感觉到她周正细致的眉眼，轮廓分明的面部曲线。她的穿着平整干净，非常合身。尽管已经什么都看不见了，出去还是细心地戴上一顶草帽遮阳）。金城和我从小在一起长大，感情很好。他对我很爱护，像兄妹一样。我们结婚后就与婆婆分了家单过。说是"分家"，并没有自己的房子。其实就是在原来的茅草屋边再搭出一个斜斜的披顶，泥墙糊了，另外砌一个锅灶。那个房间啊就算新房。

我们结婚两年后日本兵就打进了如皋（如皋位于长江三角洲。周粉英婆家杨家园村在如皋白蒲镇）。那天我记得非常清楚。那是1938年春天。我娘家一个妹妹，名叫吴群，正好在我家，那天过生日。她和我年龄差不多大，也长得好看。我丈夫金城在地里干活不在家。当时听到汉奸带鬼子来抓女孩子，村里女孩都逃，我们两个人也赶紧从家里往外拼命地逃，一直逃过了小河，躲在一户人家的大磨盘下面。可是，鬼子跟在后面追，我们俩被搜出来了。原来日本兵抓捕女人入慰安所主要就是要漂亮的，我俩早就在他们的抓捕计划之内了。日本兵把我们的脚用绳子先绑起来，防止逃走，再让农民把我们抬上独轮车，一边一个，再用绳子横七竖八地捆住，推到白蒲镇。浑身被捆绑，颠簸得生疼。

我们被送到了白蒲镇上的中兴旅社。那个时候旅社的老板早已逃难走了，旅社被日本鬼子改为慰安所。进去以后吓得哭也哭不出来了。这座旅社的房间已经住了有 20 来个女孩子。后来才知道，当时军营里大概有 50 多个日本官兵，他们从附近村子抓来几十个女孩做"慰安妇"。这个慰安所的女孩都被编了号，每个人的胸前给别上一个布做的牌子，白布底，红色的数字，有个 3 寸长、2 寸宽的样子。这个数字是按照长相来定，我被定为一号。

我们不能走出这个大院子。慰安所里有两三个白蒲镇的年长女人负责打扫、送饭、送水。还有一个是管我们的、也管收费的妈妈，也是中国人，她每个月给我们一两块钱，让我们自己根据需要买点东西，但是常常钱不够用。因为我们一天吃两顿饭，常常挨饿，实在饿的时候，就把买日用品的钱请人买东西送来吃。吃饭时大家到一个大房间去，有六张或者八张桌子，一桌可以坐八个人。一个人一个小房间，一张床，有小凳子和小台子，还有一个洗脸洗脚的盆子。洗澡都是几个人用一个大盆子合起来洗，洗脸布、洗脚布也是大家通用。衣服穿的就是我们自己的，后来是让家里送过去的。

我被迫接待日本兵的时候实在害怕。当时在中国人眼里，日本兵都是逮着男人就一刺刀，逮着女人就强奸的。第一次被迫接待日本兵的时候，我不停地哭，而且心里恍恍惚惚，人都是木木的，是负责送水的妈妈一直陪我到日本人进来。那个日本兵看到我哭就生了气，把一把刺刀抵在我的胸口，低声吼，好像要杀人的样子，我几乎被吓昏了。日本兵就这样强奸了我。

日本兵是七天来一次，不来的时候我们就做活。我记得好像来的很多都是当官的样子，因为那些人肩头都有杠杠，两道三道的。日本人来了会先买票，五角军票，交给妈妈，交了票来挑人。总有好几个日本鬼子会点名挑我，也有一些是固定来的。我天天哭，想着自己的丈夫早一日能来救我。可是，院门紧闭，日本鬼子这样凶悍，金城他怎么进得来呢。

鬼子叫我要听话。听话了，鬼子就从口袋里拿东西出来给我，可是我如果脸上露出不高兴，鬼子就要凶起脸来吼。我战战兢兢，只有尽着鬼子的要求。我记得有穿白大褂的日本医生来给我们检查过身体，连小便的地方也检查了。当时并不懂是为什么，只害怕得瑟瑟发抖。我在慰安所生过几次病，日本医生也来看过。管我们的妈妈还发给我们那种皮套套（指避孕套），教我们在鬼子来的时候，给他们戴上去。

我在这个慰安所里关了三个多月。挨到了七月份，当时白蒲镇上有一个姓杨的人，在伪政府里做书记员，帮了我出来。听说他因为我长得漂亮，早就在心里对我有意。杨书记疏通关系，又交了一笔赎金，终于把我保释出来了。杨书记希望我做他的小妾,可是我拒绝了。我说我有自己丈夫,我要回家。

我被放回来了,可是我的婆婆却受不了村里邻居的议论——他们说我是一个被日本鬼子弄脏的女人——所以她不让我回家。金城接纳了我。他说:"粉英是日本人把她抓去的,这怎么能怪粉英呢?"金城不顾别人的眼色和家里的压力,把我带回家。可是,周围人看不起我,也让他感到抬不起头来。我看得出金城的心里充满了对日本鬼子的愤怒和仇恨。那时,中国军队在当地补充兵源与日本人打仗,他就想去当兵,可是我不让他走。我说:"你实在要走,就带我一起去。你到哪里,我到哪里。"我就跟着他。镇里曾经有几次征兵,因了我的请求,金城没有应征参军。可是他决心要参军。一天早上,我醒来一看,金城不见了。那是1940年底,我记得是阴历十一月。我明白,他是去打日本鬼子报仇去了。金城一去,从此再也没有回来。几年后得到政府通知我才知道,金城加入了新四军老一团,1941年在太兴县古溪战斗中牺牲了。

我丈夫不在了,村里有一个姜姓男人,心肠很好,常帮助我。他比我大13岁,因为穷,没有结过婚。1943年他提出和我结婚。一年以后我们有了一个儿子,取名姜伟勋。

中华人民共和国成立后,我的第一个丈夫被授予烈士称号。我第二个丈夫过世时,我把儿孙们叫到一起,把我过去的苦从头到尾说了一遍。我告诉他们我有两个丈夫,也告诉他们第一个丈夫为什么去当兵打鬼子战死的原因。我要让孩子们知道,究竟是谁对我、对中国人做了对不起天地良心的事情。

我现在随儿子、孙子、孙媳、曾孙女一起生活。2007年,我儿子在报上看到雷桂英去世的消息(即前文所记载的慰安所幸存者雷桂英)。他又听说日本高等法院驳回了中国劳工和"慰安妇"两个诉讼。听到这些我流泪了。我敬佩雷桂英,敢站出来控诉,为自己的姐妹洗清不白之冤,对全世界公开自己的经历。日本不承认强迫中国妇女做"慰安妇"的事实,我不就是个事实吗?我就让我儿子写信,公开了我被迫做"慰安妇"的经历(周粉英的儿子姜伟勋分别给如皋市妇联、南京大屠杀史研究会、江苏省社会科学院等部门写了信)。我儿子告诉我日本右翼想掩盖日本兵犯的罪,他们是永远做不到的!雷妈妈虽然走了,还有我们接着她的遗愿来做!

***

继雷桂英之后,周粉英勇敢地公开了她在日军慰安所中的经历。一年之后,2008年7月6日,周粉英在如皋县杨家园村的家中去世。

(根据苏智良、陈丽菲2007年10月访谈记录整理。)

朱巧妹

1938年3月18日，南京大屠杀发生后约三个月，日军在上海附近的长江入海口处崇明岛登陆。崇明岛地处军事战略要地，日军派两艘军舰和五架战斗机掩护登陆，并在岛上四个主要城镇驻军。一个月后，又从上海、宁波增调300名士兵会集崇明。1943年后汪精卫傀儡政府也从上海派来保安部队。1942年太平洋战争爆发，日军部分驻岛部队被派往缅甸、新加坡及其他战区，但直至1945年日本投降，崇明岛上仍有大量日军驻守。日军占领期间，当地众多妇女遭到肆意蹂躏或被掳入慰安所。朱巧妹和下节记载的陆秀珍都是在崇明岛遭日军强迫沦为"慰安妇"的。①

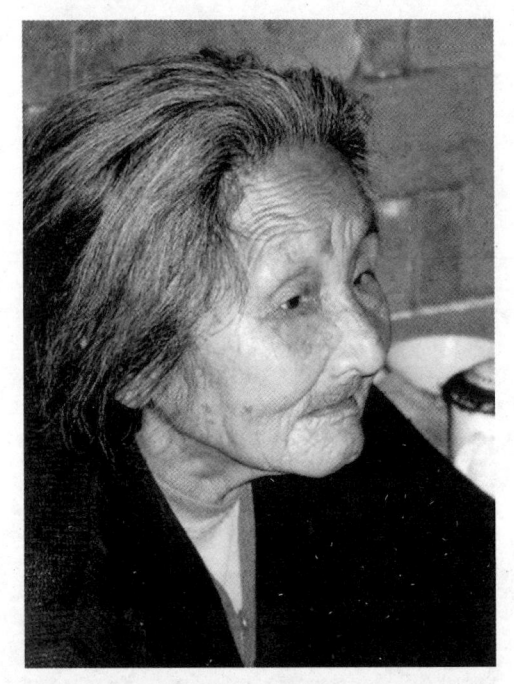

图9 幸存者朱巧妹2001年在家里接受对她战时受害事实的公证（苏智良摄）

---

① 引自苏智良、陈丽菲的调查记录。

我叫朱巧妹。丈夫姓周,因此也曾被叫作周巧妹,或周阿巧。我出生于上海市松江县小昆山西门,属狗,今年91岁。

我年轻时曾在上海的商务印书馆里做装订工。1928年我与周守文结婚,住在上海城里。1932年日本人炸了商务印书馆,我没有了工作,我们就逃难来到了崇明,从此以后没有离开过。我们在庙镇安家并开了一间名为"永兴馆"的小饭店来维持生计。"永兴馆"规模不大,主要是做点心,但当时生意蛮好。我们夫妻感情非常好,过着安静和睦的小康生活。1933年7月我生了第二个儿子周燮。

1938年春天,日本人占领了崇明。日军在崇明庙镇建造了炮楼,驻扎有一个中队的鬼子兵。那些房子前些年都拆掉了。日本兵经常出来骚扰村民。我们也没有地方可逃,就在小饭店里。有一天,几个穿黄军装的日本兵手拿长枪冲了进来。他们把客人全部赶走,把我关进房间强奸了。我当时已怀孕两三个月,怀着第三个儿子周鑫。

日军的中队好像名叫"松井中队"(据当地史料,这个中队大约有六七十人),住在一个二三层的楼房里(这间楼房位于今庙镇镇政府,已拆除)。我还记得中队长叫"森格"(音),小队长叫"黑联"(音)(这两个名字根据朱巧妹口述记录,不是日文发音,可能是当时村民对这两个军官的讹称),还有一名专职翻译。他们到各处来搜寻,强令有姿容的女子为日军军官"慰安"。为满足日本军官的兽欲,日军和翻译威逼镇上七名女子组成"慰安组"。这"七个姐"是周海梅(梅姐)、陆凤郎(凤姐)、杨七姐(七姐)、周大郎(大姐)、金玉(玉姐)、郭亚英(英姐)和我。人家叫我巧姐。我们都成为鬼子的性奴隶。我们都是被日本军官凌辱。一般的日本兵不能强暴我们,他们便糟踏镇上其他的小女孩。

我们七位女子平时住家,由翻译官临时指派,或被叫去据点,或由日本军官闯入家中施暴。如果我们有不从,日本兵立即砸家砸店,拔出刺刀威胁:"死啦!""死啦!"我们真是苦透了。

刚被抓去时我已怀孕,日本军官根本就不管你肚子里有小囡。生孩子仅两个月后,又经常被日本兵拉去。当时,我奶水很足,森格和黑联每次都要先吸干我的奶水,然后再强奸。我怕死,都一直忍受日军的暴行。日军炮楼里有间房屋,不大,是专门为强奸我们而设立的,里面有一个浴缸,一张床。我们进去后要先洗澡,洗了澡日本兵就在浴缸边的小床上强奸我们。除此之外,日本军队的官兵从未采取过任何卫生措施。我们连命也差一点丢掉,哪里还有什么报酬。

这种情况持续到1939年底。每周至少有五次,有时更多。现在已过去这么多年了，具体我已记不清楚了。记得有时被抓进去后要关上一天一夜，才被放回来。我告诉你一个秘密，我上面讲的"七个姐"里，梅姐是我的婆婆，那时已经50岁了，日本鬼子真是罪孽啊！凤姐是我婆婆的妹妹，也有40来岁了，而大姐周大郎也是我的亲戚，是我的远房姐姐。我们一家四个人遭难，真是苦啊！

我的丈夫周守文因看我遭受日军的折磨，愤而参加了当地的抗日游击队，但后来不幸被日军抓住，活活打死。因为解放后只找到一个证明人，不符合政府规定，所以没有得到烈士称号，这是非常遗憾的事情。

至1939年日军撤出庙镇，我才得解脱，但已患了严重的妇女病，至今遭受头痛、肾病困扰，并在精神上留下深重创伤。我的精神压力很大，虽然我一直是规规矩矩做人的。我最痛恨的是，我的丈夫被日本兵打死。丈夫死后，我守了一辈子寡。过去我从来不提起自己被日本兵糟蹋的事，太难为情了。现在我只有二儿子周燮、三儿子周鑫。我与周燮同住，他作为我的委托代理人，向日本政府提出控告。日本兵真坏，我要争回名誉。郭亚英，我们叫她英姐，就住在我们小饭店的隔壁，也是开饭店的。我也能作为郭亚英受害的证人。我坚决要求日本政府谢罪赔偿。

***

朱巧妹的丈夫死后，她家的餐馆被毁，全家陷入赤贫，多年来生活在一个破烂的泥屋中。2005年2月20日，朱巧妹不抵病痛折磨，在家中去世，享年95岁。中国"慰安妇"研究中心为纪念她的一生，出资修建了她的墓碑。

（根据苏智良、陈丽菲2000年5月、2000年9月、2001年2月、2001年3月调查记录整理。）

陆秀珍

　　日军占领崇明岛期间在庙镇设立了一个名叫"惠安所"的慰安所。这个占据当地民居而建的慰安所如今已经荡然无存。战时庙镇与陆秀珍居住的村庄之间不通公路，道路崎岖难行。村民们以为日军不会到村里来，就没有及时躲藏。陆秀珍和村里其他妇女就这样被日军轻易掳走，投入慰安所中。①

图 10　幸存者陆秀珍于 2000 年在上海师范大学中国"慰安妇"问题国际研讨会上讲话（苏智良摄）

　　我叫陆秀珍，属马，生在崇明岛上庙镇河北。小时候家里太穷，被亲生父母送给姓朱的一家人家做养女。但是后来养父母又要我配给他家大儿子当童养媳。我愿意做朱家的女儿，不愿做他们的童养媳。我一直不肯，

---

① 苏智良、陈丽菲的调查记录。

还曾为此逃出过家门。所以一直到 21 岁时还没有结婚（按当时中国农村习俗，女孩一般在 18 岁前后出嫁，所以 21 岁被认为是很晚的）。那年（1938 年）日本人占领了崇明岛。日本军人要放假，听说当军官的可以放假一个星期，士兵可以放三天假。每次到放假的时候，日本兵就从他们住的地方跑到乡下来，见鸡抓鸡，见粮抢粮，别人的牲畜也要抢去吃，牛啊猪啊，拿枪打。"花姑娘"更是见一个捉一个。小姑娘、女人都吓死了啊，看到那些日本人都来不及地逃，逃不掉的就被捉去。我就是这样被金翻译和日本兵捉去的。后来我娘知道我被捉了，就去求日本兵不要捉我去。她拖住我跪下来求。日本兵拿支枪横过来比画，对我娘说："不去就烧房子！"日本占领的那个时候中国人苦啊。碰到日本人，他们动不动就拿枪打死人的啊，我娘是一点办法也没有啊。那些日本兵，不像是人啊，就像是野兽一模一样的。

我记得被捉那天大概是阴历二月，天很冷，刚过完年。我被日本人捉到崇明庙镇的日本兵的房子里。那房子是两层楼房，关了大概一共有十几个女的，都是本地的女小囡。名字我都不晓得的。这些人中，我只记得一个叫讨饭××，一个叫×××（此处名字隐去以保护受害者隐私）。

我住在下层。每人一个房间，但很小，里面只有一张床，没有其他东西。我们所住的房子离日军部队的营房很近。有小兵站岗，但是不严格，我们也可以出门，在附近看看走走，做洗洗衣服这样的事。不过队长命令小兵看着我们，不能走远了，不能去兵营。

刚到慰安所我就被强奸了，一开始哪个兵都可以来坏我。下面痛得不能走路，有时坐都坐不住。那个队长总是到我房间来坏我，身上带着军刀，有 30 多岁。他隔两三天来一次，总是白天来，有时带几个罐头来。日本兵在崇明岛吃罐头的很多，大概他们怕中国人下毒，现烧的菜总是先要中国人尝过之后才肯吃。日本人从来不给钱，有时带点好吃的来，给点吃的东西。我从来没有敢向这个队长要过钱。

这个队长后来好像规定其他日本兵不准来弄我，自己经常来。所以一般的日本兵不好进来，就非常恨我。队长出去不在的时候，日本兵就把我的替换衣服都挑到房顶上去，叫我拿不到。我没有办法换洗衣服，只好晚上洗，白天穿。后来，我没有衣服穿的事情被这个队长晓得了，就叫那些兵集合训话。后来他们就不敢再这样欺负我了。不过，这个队长他照样自己欺负我，也是凶得很的。

在这个大房子里，吃饭专门有人烧的，吃米饭，盛一盆菜。有时是一只大盒子里面，放一碟碟小菜。在大房子里做工的都是中国人，有一个叫徐其枸（音），是个汉奸，平时也管我们。他的娘子管为我们做饭，也要为日本兵洗衣、端饭。这个女人很坏，态度老凶，会得骂我们，有时给我只吃一点点饭。在里面一直是吃不饱的，经常饿肚皮。

当时，日本兵来，就这样坏我们，没有戴什么避孕套的。有时有医生来检查身体，这个医生是中国人。都是检查我们的下部，拿了个东西来伸进去检查的，大概检查过两三次，记不太清楚了。吃没吃过药也记不清楚了。

就这样到了大概是阴历五月份（1938年）吧，一个白天，是上午，我偷偷地从大房子里逃了出去。我记得是收麦子的季节了，田里麦子都黄黄的一大片了。我想逃，念头存了老长时间了。那天正好没有小兵看我们，我悄悄地溜出来。看看没有人叫，就一直逃了出去。当时房子边有一条公路，我晓得庙镇在公路的南边方向。我不敢回庙镇，我也不走大路，怕日本人顺大路追我，我是从小路逃走的。先是乱逃，后来想，还是逃去上海吧，上海有我一个过房娘蛮喜欢我的。

我求人搭船，渡过了长江，千辛万苦地逃到了上海，找到了我在上海的过房娘。过房娘可怜我，让我躲在她那里住了些日子。过房娘也托人把我在她那里的消息悄悄地告诉我家里了。后来家乡来人说，这一支日本兵已经调防了，我才回去了。

我被日本兵坏掉以后，村子里人说我是跟日本兵睡过觉的，闲话不断。我在这种环境下无法再找对象，直到33岁，经人家介绍了一个在上海淮海中学做校工的姓王的男人。他死了妻子，还留了两个孩子，要寻一个人帮着过日子。我跟他结了婚，但是结婚以后也一直没有生养孩子。被我们乡下人说起来，我这个人，因为被日本人坏了，没有风水了，不要说生小人，是连种田地都种不好啊。是不是因为日本兵把我身体搞坏了，我不识字，也讲不清。

本来这种事情，难为情的，不好讲，不好讲的啊。但是我的这个继子、媳妇是很孝顺的，是他们支持我讲出来，向日本人讨说法。现在老了，这口气咽不下去的。我双腿不太能走路了，头晕，记性也不好。我恨日本人，因为他们坏了我的名誉，我这一生没有过过好日子。这些事都是日本人的错，这侵略我们的事情，不管他们承认还是不承认都是要承认的。有些日本人不承认日本兵做过这样的坏事，我们现在还活着，可以跟他们辩。正义冤屈一天得不到伸张，官司就一天不能停！

* * *

  2001年2月14日，上海市静安区公证处、上海天宏律师事务所和中国"慰安妇"研究中心共同为陆秀珍、朱巧妹和郭亚英被迫充当日军"慰安妇"的事实进行了公证。陆秀珍于次年11月24日去世。中国"慰安妇"研究中心派陈丽菲和张婷婷参加了她的葬礼，并资助修建了她的墓碑。

  （根据苏智良、陈丽菲2000年3月、5月，及2001年2月访谈记录整理。）

第六章　华中与华北战区

袁竹林

日军攻袭南京时，国民党领导人将指挥中心迁至当时华中地区人口最密集的交通枢纽城市湖北省武汉市。1938年4月，日军空袭武汉①，并在同年夏季向武汉发起大规模攻击。中国方面也投入大量军队保卫武汉。这场血战共卷入30万日军和100万中国军队，持续数月之久，交战双方伤亡惨重。1938年10月底，武汉沦陷。② 日军占领武汉后，继续向西、南方面推进，但始终无法完全控制湖北和周边省份，战争陷入僵持状态。在这个地区长达七年的战争中，日军在湖北占领区建立了一整套慰安所系统。众多当地妇女被关进慰安所成为性奴隶，袁竹林就是其中之一。

我1922年农历五月十六日生于湖北省武汉市。父亲袁胜阶，母亲张香之，我家三个女儿。由于家中生活贫困，我的父母无法养活女儿，我幼时不但没有上过学，还被送人做了童养媳，两个妹妹也先后送人做了童养媳。从此天各一方，再也没有见过面。我15岁结婚，丈夫是个汽车司机，叫汪国栋。生活虽谈不上小康，但粗茶淡饭，还算过得去，特别是夫妇感情很好，恩爱生活。

---

① Hans van de Ven and Edward J. Drea, "Chronology of the Sino-Japanese War", in *The Battle for China: Essays on the Military History of the Sino-Japanese War of 1937–1945*, ed., Mark Peattie, Edward J. Drea and Hans van de Ven, Stanford: Stanford University Press, 2011, p. 9.

② Edward J. Drea and Hans van de Ven, "An Overview of Major Military Campaigns", in *Peattie et al.*, The Battle for China: Essays on the Military History of the Sino-Japanese War of 1937–1945, pp. 34–35.

图 11　1998 年袁竹林在多伦多控诉日军在亚太战争中的罪行（苏智良摄）

不料，安定的生活没有过多久。结婚第二年，1938 年 6 月，日本侵略者就开始进攻武汉。这时我的丈夫到大后方去了，我无处可逃，只得留下。岂料我丈夫去四川没有多长时间，婆婆就看我不顺眼了。她认为我在家是吃白饭的，反正儿子也不会回来，便强迫我嫁出去。这样我屈辱地与刘望海结了婚。次年我生下一个女儿，取名荣仙。这是我一生中唯一的亲骨肉（袁竹林在访谈中没有多谈她唯一的女儿。后来得知，这孩子因袁竹林被囚为"慰安妇"，无人照管而夭折）。刘望海的工作也不稳定，为了活命，我也出去帮人做佣工。由于日军侵略，兵荒马乱，经济萧条，常常找不到工作。

1940 年春，有个武汉当地的女子叫张秀英到处招工，说是到湖北其他地方的旅社去做清洁工。原来我并不认识这个张秀英，但找工作实在不易，听张说有活做，我报了名。报名时，有好几个小姑娘。我当时 18 岁，长得比较清秀，在同去的女青年中，我是最显眼的。

后来才知道，这个张秀英不是个好东西。她的丈夫是个日本人，会说些中国话，当时正根据日军的命令，准备弄些中国妇女组织慰安所。记得这个人中等的个头，平时不穿军服，着西装，黑皮肤，眼睛鼓起，人称"金鱼眼"，当时的年纪约 40 岁。

我离开了第二个丈夫刘望海和女儿，从江边坐轮船往长江的下游开。一开始，我的心情是很愉快的，想到终于找到了工作，吃点苦，将来总会好的。大约开了一天，船到了鄂州。一上岸，就有日军士兵过来，将我们带到一个庙里。原来日军把这个庙做了军队的慰安所。门口有日本兵站岗。我到了门前，看到凶神恶煞般的日本兵，吓得不敢进去。这个时候，我和同来的小姐妹多少猜到有点不对头，大家便要求回家，我边哭边叫道："这里不是旅社，我要回家。"但日本兵们端着刺刀不容分说就把我们赶了进去。

刚进了慰安所，老板就命令立即将衣服脱光，以便检查身体。我们当然不肯。张秀英的丈夫就带人用皮鞭抽打。张秀英还指着我，凶狠狠地训斥道："你是游击队员的老婆，老实点。"（张大概是指袁竹林的第一个丈夫，他去了国民党治下的抗日后方。）身体检查很快，因为我们都是良家妇女，根本没有什么性病的。检查后，老板给每个人取了个日本名字，我被叫作"Masako"（音）。我们每个人分到一间房间，大小大约七八个平方，里面只有一张床，一个痰盂。

第二天早晨，房门口挂上了一块木牌，上面写着我的日本名字。在慰安所的入门处也挂着很多这样的牌子。这天上午，门外就来了大批的日本兵。每个房间门口都排起了长队。我……（袁竹林哭了）足足遭受了10名身强力壮的日本兵的蹂躏。一天下来，连坐也坐不稳，下身疼痛得像刀割一般。

此后，每天的生活就是做日本兵的性奴隶。我听说日本兵要买票进入，但要多少钱，我从来没有看到过，更不用说，也从来没有得到过一元钱。每日三餐由老板雇来的一个中国男人烧，但质量差，数量少。遭受蹂躏的妇女要洗澡，只能在厨房的木桶里轮流洗。这个慰安所的中国"慰安妇"总有好几十人，洗澡水到后来已脏得不行了。

一个日本兵进入房间，在里面总要30分钟。晚上我们也不得安宁，常常有军官要求陪夜，一小时、两小时，甚至整夜的都有。来了月经，老板也不准休息，日本兵照样拥入房间。老板让我们吃一种白色的药，说吃下去就永远不会有痛苦了。我们不知道这是什么，常常将这种药片扔掉。日军规定，士兵必须要用避孕套，但很多士兵知道我是新来的良家妇女，不会患梅毒的，便欺负我而有意不用避孕套。经过一段时间后，我就怀孕了。老板发现我们都不吃那白色的药，就看着我们吃下去。①

怀孕后日子更苦了。我心想这样下去，早晚要被日本人弄死了，但我

---

① 袁竹林似乎怀疑那白色的药片是避孕药，但当时是否有避孕药是个疑问。在调查中亦有其他幸存者提到在慰安所中被迫服药，但药的性质和作用不明。

不能死，我还有父母亲需要我照顾。便暗中与一个被日本人起名叫作"Rumiko"的湖北女子商量，决心要逃出去。但刚逃跑马上就被日本人抓了回来。日本人将我的头死命地往墙上撞，一时鲜血直流，从此就落下了头痛病（袁竹林遭毒打后流产，从此不能生育）。

从一关进慰安所里，有个日本军官藤村就看中了我。藤村大约是鄂州日军的司令官。最初他和其他日本兵一样来买票玩弄。后来，便要老板将我送到他的住所，从此独占了我。看起来，我比起其他那些慰安所里的姐妹要轻松了些。但我同样是没有自由的日军的性奴隶。后来，藤村玩腻了我。正在这时有个下级军官叫西山的，对我好像很同情，便请求藤村把我让给他。于是，我被西山领到了他的住地。这是一种非常奇特的经历。我一直认为西山是个好人。

1941年左右，我得到西山的允许，回到家中去探望，才知道父亲已经离开了人世。原来，我父亲长得矮，加之年迈，去做临时工，常常被工头开除，结果找不到工作，竟致饿死。我去找刘望海，也不知在何处。这时我没有地方去了，只能回到鄂州，仍与西山住在一起。

1945年8月，抗日战争结束时，西山要我要么跟他回日本去，要么一起去石灰窑（今黄石市）投奔新四军。对这两条道路我都拒绝了，我要去找妈妈（说到这里，袁竹林长叹了一口气）。西山是个好人。他当日本的兵，没有什么钱，衬衫也是破的。他曾对我讲，一次，他把日军的给养船打了个洞，沉了。西山看到中国人因为贩卖私盐而被日军电死，十分同情，便把一包包的盐送给中国人（战时日军对物资流通实施严格控制，盐在某些占领区不得自由买卖）。不久，西山果然走了，从此杳无音讯（袁竹林不知道西山是回日本了还是去了石灰窑。多年以来袁竹林都在打听西山的下落，但没有任何消息。然而在战后中国的政治动乱中，袁竹林与日本军官的这段关系给她带来诸多苦难）。

日本人投降后，我回到了母亲的家乡——武汉附近的一个山村，靠做临时工与母亲一起维持生活。1946年，从朋友那儿抱养了一个生下来只有两个多月的女孩做养女，起名程菲。

1949年武汉解放后，我回到了武汉，住在吉祥里二号。一天我曾看到把我与其他姐妹骗入火坑的张秀英。张当时与一个老头在开商货行。我马上去找户籍警察报告。至今我还记得这个户籍警姓罗。但罗警察说："这种事算了，没办法查。"他的话给我浇了一盆凉水。现在这个张秀英肯定死掉了。

尽管内心常常因回忆起耻辱的遭遇而彻夜不眠，我与母亲的生活已经十分平静了。但是，善良单纯的母亲一次在里弄的忆苦思甜大会上，情不自禁讲出了女儿被日本人强迫为"慰安妇"的悲惨经历，从此给我们的生活带来了新的祸害。小孩常追在我后面骂："日本婊子！日本婊子！"

1958 年，居委会的干部指责我是"日本婊子"，勒令去黑龙江北大荒。我不肯去，居委会主任就骗我说要查核户口簿和购粮证，结果就被吊销了。户籍警察勒令我下放，我被迫去了黑龙江，房子也被没收了。[1]

在密山的农场待了十几年，种苞米、割大豆。天寒地冻，没有柴取暖。而且一个月只有六斤豆饼，养女饿得抓泥巴吃。真是尝遍人间的千辛万苦。有个股长叫王万楼，他看我实在太可怜，便帮助我办理了返回手续。我终于回到了武汉，这时已经是 1975 年了。我永远记得他的好心。

现在，政府每月给我生活费 120 元。养女每月给 150 元，但是，现在养女和我一样，也退休了。我的身体早就被彻底给毁了。由于日军的毒打，几乎每日都要头痛，头痛时不能入睡。安眠药一把一把地吃，每晚也只能睡两小时。大半夜就这么坐着，等待天明。

（在访谈快结束时，袁竹林又哭了。）

我这一生，全毁在了日本鬼子的手里了。如果没有日本侵略的话，我与丈夫也不会分离。我晚上经常做噩梦，梦中我又回到了那个地方，那真是人间少有的苦难啊！

我已经 79 岁了，没有几年活了。日本政府应该尽快赔偿，我等不及了！

※ ※ ※

由于年龄和健康原因，袁竹林于 2006 年 1 月移居广东省湛江市与她的养女一起生活。两个月后，她突发中风，病逝于当地医院，享年 84 岁。中国"慰安妇"研究中心派陈丽菲和姚霏前往武汉，参加了她的骨灰安葬仪式。

（根据苏智良、陈丽菲 1998 年、2000 年、2001 年访谈记录整理。）

---

[1] 关于袁竹林下放北大荒的经历，此处根据苏智良、陈丽菲 1998 年访谈记录。后来在陈丽菲进一步访问袁竹林老人和她的养女时，她们谈起袁竹林战后曾与廖奎结婚重组家庭，但廖奎 1953 年被人诬陷贪污，判刑劳改，后来转到黑龙江密山县的青山农场。袁竹林曾携养女前往东北找廖奎，其后一度因病返回武汉，但到了城市疏散人口时又被赶回东北。

谭玉华

1939年9月29日至10月6日，日军在毗邻湖北省的湖南境内遭受重创。① 从这时起到1944年期间，中国国民党部队将士奋勇阻止日军的攻势，先后展开四场重大战役与日军顽强对抗，誓死保卫湖南省省会长沙。为彻底控制湖南，日军在1944年的战役中投入了10个师团，约25万至28万兵力。② 谭玉华的家乡湖南省益阳县不幸于1944年6月被日军第40师团占领，省会长沙数日后陷落。在长达五年的战争中，日军在该地区建立了大量慰安所，其中包括曾经囚禁谭玉华的"翠星楼"。

我原名姚春秀，民国十七年（1928年）出生于湖南省益阳县侍郎乡姚家湾（现益阳市赫山区欧江岔镇高平村姚家湾组）。我的爷（爷，音ya，当地方言，指"父亲"）叫姚梅生，是个农民，但是他病了脚，不能下地做农活，后来帮人做篾匠。我的娘没名字，就喊作姚妈娭（当地方言，意为"姚家妈妈"）。

我家就我一个女孩子，父母要我和堂兄弟们一起去读书，像玩一样咯。前后读过几年私塾，有个老师姓袁，后来老师不教了，日本鬼子也来了。我读过《增广贤文》和《幼学琼林》，不过认几个字，也记不得多少了。

我16岁时，大约是民国三十三年（1944年），这里来了日本鬼子啦，跑兵啦。我正在那里吃饭，只听见河那里这个吼，驴嘶马叫噻。我亲眼看

---

① Hans van de Ven and Edward J. Drea, "Chronology of the Sino-Japanese War", in Peattie et al., *The Battle for China: Essays on the Military History of the Sino-Japanese War of 1937—1945*, p. 12.

② Stephen MacKinnon, "The Defense of Central Yangtze", in Peattie et al., *The Battle for China: Essays on the Military History of the Sino-Japanese War of 1937—1945*, pp. 201—204；Tobe Ryōichi, "The Japanese Eleventh Army in Central China, 1938—1941", in Peattie, et al., *The Battle for China: Essays on the Military History of the Sino-Japanese War of 1937—1945*, pp. 217—218, 226—227；Wang Qisheng, "The Battle of Hunan and the Chinese Military's Response to Operation Ichigo", in Peattie et al., *The Battle for China: Essays on the Military History of the Sino-Japanese War of 1937—1945*, pp. 403—418. 另参考张宪文编《中国抗日战争史》，南京大学出版社2001年版，第608—628、815—835、954—966、1069—1082页。

图 12　幸存者谭玉华 2008 年在自家门前留影（苏智良摄）

到日本鬼子从大闸河的对岸过来，他们来了就威武唏。我们就怕唏，就尽数跑掉了，只有我的爷没跑得。他脚痛，走不得，我就和娘、舅爷、老表朝一处地方跑掉了，一直到离这有 60 里路的福门山，那里就没有日本鬼子唏。我屋里（指家里人）都是跑到那姑家里去了，大概在那里待了半年。日本鬼子来了，受了难，别的人家就给饭吃，有房子住，出于关心，帮忙。

记得跑鬼子的那时是穿单罩衣的时候。古历八月左右，我们回家了。听说乡里成立了维持会，就不乱了啦，就安全了啦，我们就都回来了啦。我当时是没在屋里，只听见是这样讲，日本兵到朱良桥（今宁乡县朱良桥镇）就开枪，乱开乱开，放火烧屋啊。他一烧屋是烧玩火，这个屋点起就点那个屋，那时候是瓦屋少，茅屋多，点起就烧。

我屋里是瓦屋咯。我屋里跟朱良桥之间是一条路，在那朱良桥日本鬼子常时开枪。我屋里就一张大桌子，放在堂屋里，面上就放床细被。听见枪一响，就拱在那个桌子脚下，看见日本鬼子枪啊兵啊在这个屋面前过身（指路过）。

那时日本兵住在朱良桥，附近隔里把路（一里左右）有一座狮子山，也有日本鬼子驻扎在那里了。狮子山上有个看台，有三棵樟树，在上面搭几块板子。那个鬼子就站在这个板子上面，似乎是站岗一样，专门一个人站在这个上面，看得到朱良桥。日本鬼子到朱良桥就在脚下打洞，打条路到朱良桥，走脚下，地道一样的。打通了，他到朱良桥，就不走上面走下面。

一天我亲眼看到过，日本兵抓了农民邱寺夷，把他捆在那木窗上，被狗咬死了。那狗很高很大，日本狼狗。还有一个女子被抓去，我也不晓得姓，不晓得名。她在庄子里就逃跑了，逃跑了被日本鬼子抓回来以后，被活埋了。还有一个妹子，不晓得是十几岁，把她活埋了。日本兵把那泥巴铲，他又不铲了，他只望着埋，看着望着埋，他就笑，埋死了。不晓得那个妹子姓什么，我也搞不清。

我堂姐古历八月跑兵回来后结的婚，不好久我也结了。打仗乱啊，家里要我们快结婚啊。才结婚十天二十天，就被日本兵抓了。总是到了古历九月份了，那时还不冷。那时候人就懵掉了，那魂魄都没有了，也不记得是哪一天了，上午还是下午就搞不清了，反正穿的单罩衣。他们从河那边过来，没有从朱良桥这边上来，我们就不晓得咘，搞得就没跑得脱咘。

日本兵就抓了我的爷，他一个跛子噻，就抓着他一把跪着，日本兵那个刀有这么高，底下有个弯的，就像那个镰刀上的把一样，就刺啦刺啦就要杀了他啊。我就哭咘，哭就给看见抓了我去了咘。那一路就抓了三个，我，还有姚白莲、姚翠莲。她们俩是我的堂姐妹，也是同学，比我大一两岁。我还有一个婶子就死介了（被害死了）咯。后来我爷仍被日本兵抓去了，要他做事，他脚不好，做事不能做，日本兵就把他给杀了，我就没有爷了。

我们被抓到朱良桥镇的"翠星楼"，一看被抓的女子关了一屋，那有十九二十个咘。头前抓过来是关在一起啊，以后还是分散了噻。被抓进去后哪里吃得进啊！我有两天没吃饭，又害怕。

那个时候的朱良桥啦，这里是开杂货铺，那里又开布铺，那还有开绸缎铺的，这里又开么子铺子，那个街上热闹嘞。反正他那日本鬼子来，这些人家什么东西都不管了，跑鬼子去了，只要这人不死就好，屋里什么东西都不要了，丢掉了。都是空屋子了，日本兵就住在那里了，抓去的女子也分在里面。这个翠星楼嚜，像个宾馆一样的，有这个吊姑娘（指嫖妓）到那里去。日本兵一去，就和其他的铺子一样，把这个楼也占了。楼有两层，是木造的，壁是木皮子夹的。我被抓来后，就关在底下一层，这一层大概有两三间房。他抓你过去，就是要做堂客样的，我年纪又细，时不时又要做介大人了啊……（“堂客”是方言，意为老婆。“年纪又细”是“年纪小”的意思。这句话的意思是谭玉华小小年纪就被迫给日军提供性服务）他谈闲，你又不懂他的，一个是话不懂，搞不蛮清；再一个也没有心听他的。不听话他就会要打你咘。

我这个屋子里，房间也不大，没有什么家具摆设，就一个床。这个日本人晚上来睡觉，白天出去。有时白天也会来，带几个日本人来，谈事啦什么，我也不懂。没有很多的日本鬼子来。我就分在他屋子里了。我也记不得他长什么样了，就是穿军装的，不太高也不太胖。

肯定是抓了的时候咯，日本鬼子用枪杆子戳了这个软腰子咯，我就只腰痛。戳的，那当时嘞还是不蛮狠，这是慢后嘞又发痛，没伤疤嘞。这腰碰到痛起来痛得穿心骨的，可以痛到这边来的。我们没有医生来检查，也没有记得吃过什么药。

我被日本兵抓去有个把月。来翠星楼里的日本鬼子的官大些，人数不多。我们不知道他们名字，只能叫他们“太君”。日本兵的大据点在狮子山，那里有很多人，带着长枪。我们平时吃的是食堂烧的，这个食堂是在狮子山上，饭菜是运下来的。包括日本兵在一起吃。

在那个屋子里出不去。楼门有个站岗的嘞，他总是眼睛望着你，你要是有那个逃跑的心思的话，他就要打你咘。我那时人啊是个痗的（痗，音 mei，“忧伤成病”的意思），好像是没有一点脑筋了，作声也不晓得作。人就只想回去咘，那站岗的也不准你出去咘。楼里是还有些女子，碰到廊里面洗碗的，也还谈下子闲咘（指“聊天”）。她那里人还不是和我的心一样咘，也是槑起槑起（槑，音 mei，形容失神发呆的样子）。不好怎么搞咘，那还不死？就只想出去，回去啊，思想这个家乡咘，你在那里也不能够哭，也不能够喊。只自己闷在那里，积在这心里。你会到我，我会到你，都只叹气，眼泪汲汲的，总是哭咘。反正是急咘，反正自己总是薷的，心里不知道明天自己怎么搞。你这个心思就没在这里，在自己家乡咘，也不敢跑啊。我只听见讲，有一个就跑掉了啦，抓着回来，就活埋了啦。我们没得自由，不得跑啊。

我是保起出来的，那个维持会长，叫姚菊风。他是自己屋里的，等于是一个老兄一样的，总是家里人求他，他就想办法，把我保释了出来。姚菊风骗日本人说，家里出事，就回去看看，只说回来了以后，还是到他日本人那里去咘。我从翠星楼回来的时候，那日本人拿了一条这样的小手巾把（方言，给的意思）我。没看见过他的钱。就是他送我一条花手巾。（谭玉华离开慰安所后，躲在亲戚家里没有再回去。姚菊风的妻子后来被日军捉去了。）

我出来后，姚菊风没有骗好还是怎么咯，他那个堂客也被日本人抓了。这姚菊风的堂客嘞，叫蒋玉兰，那人很高很大的。她被抓哒，拖到那里去，把她那衣一脱介，落雪，倒一拖，顺一拖。那个冷天，在雪里面拖的。那个身上，这么一身的血泡，回去又发烂，至少有个把月。那就是民国三十三年（1944年）的冬天，古历十一月以后的事情了吧。我不敢住在家里，总是躲起在亲戚家，有时候跑回去一会。还好那日本兵也没有再抓到我。我一直躲起在外面，也不晓得来没来过。直到日本鬼子投降了，他们都走了，我才得回家。

我第一个丈夫叫高凤生，我20岁才生第一个儿子，叫高巧梁，1998年病死。我在前夫去世后，1965年改嫁谭贵福，来到长沙市望城县新康区目轮村。第二个丈夫比我还小一岁，在52岁时死了，是1978年。谭贵福原来的老婆也是叫春秀，他就说要不同号，我就改成一个谭玉华。这一改掉，连姓都改掉了。

讲起这日本鬼子，我现在做梦都吓得哭，常常都吓得醒来，我夜晚做梦都哭醒。我梦见日本鬼子走兵嚯，走兵的时候就吓人咘，就跑啊，吓啊，吓得哭噻。

我心里边对原来的这一段历史恨噻，只不过是恨他噻。现在又没有能力，有能力就把他打个官司咯，要他还我清白噻。这时候如果他对面来了，我打得他下啊。

＊＊＊

2008年7月，谭玉华受中国"慰安妇"研究中心之邀，到上海给来自加拿大的历史教师讲述了她战时的遭遇。2013年12月1日，谭玉华在湖南家中因病去世，享年85岁。

（根据苏智良2001年，陈丽菲、苏圣捷2008年访谈记录整理。尹楚茗担任湖南话翻译。）

尹玉林

　　日本侵华全面战争爆发不久，日军于 1937 年 9 月侵入中国北部的山西省，并于同年 11 月 9 日占领省会太原。① 为清除中国共产党在山西及周边省份领导的抗日活动，日军于 1937 年到 1944 年对该地区进行了多次"大扫荡"，日军士兵的性暴力亦在一次次扫荡中不断加剧。他们大规模强征当地妇女，把她们投入随处设置的慰安所，并将反抗士兵暴行的女性残酷杀害。② 据一篇 1938 年的新闻报道，日军退离垣曲县城后，抗日部队在日军盘踞过的县政府内发现了 60 余套染满血迹的女人衣裤。③ 1940 年 8 月，共产党领导的部队发动了一场大规模的军事行动，称为"百团大战"，成功削弱了日军在该地区的战略优势。④ 日军则通过屠杀抗日部队和当地百姓予以报复。⑤ 位于日占区和抗日根据地边界的盂县处在双方激战的中心。驻扎在当地的日军强掳众多农村妇女充当"慰安妇"，尹玉林便是其中之一。

　　我老家在盂县西烟镇乌耳庄村。家中有父母、哥哥、大姐和二姐，都是农民，家里比较穷。我属蛇，15 岁时，我与后河东村的杨玉栋结婚。杨玉栋是二婚，比我大 16 岁。他人长得难看，但家中有些财产，生活还算过得去。到 19 岁时，我有了一个男孩，但可惜在周岁时病死了。

　　那年的阴历十月（1941 年），那时天冷了，已经穿上了棉袄。日本兵冲进了河东村。那天正是我的丈夫去世的日子，所以我清楚地记得。我的丈夫是患了伤寒死的，当时孩子未满周岁。日本兵冲进家的时候，一看有口棺材，在大殓。我们告诉他们死人是患伤寒的，他们便害怕感染，走

---

① Hans van de Ven and Edward J. Drea, "Chronology of the Sino-Japanese War", in Peattie et al., *The Battle for China: Essays on the Military History of the Sino-Japanese War of 1937–1945*, p. 8.
② 谢忠厚、田苏苏、何天义编：《日本侵略华北罪行史稿》，社会科学文献出版社 2005 年版，第 41—143 页。
③ 《晋冀女同胞惨遭敌人蹂躏》，《新华日报》，1938 年 4 月 9 日。
④ Edward J. Drea and Hans van de Ven, "An Overview of Major Military Campaigns during the Sino-Japanese War, 1937–1945," in Peattie et al., *The Battle for China: Essays on the Military History of the Sino-Japanese War of 1937–1945*, p. 39.
⑤ 张宪文编：《中国抗日战争史》，第 733—751 页。

图 13　幸存者尹玉林 2001 年在自家窑洞中祈祷（苏智良摄）

了。但到棺材抬走后，日本兵还是冲了进来。当时我哭自己的丈夫，伤心得很，人也没有力气，反抗不了，结果被那几个日本兵强奸了。

　　此后，在河东村羊马山顶碉堡里的日本兵们经常下山来，有的就到我家来强暴我。我的父母亲听到我惨叫，看不下去，冲出来保护我，便被日军拉到院子里摔打，打得满脸是血，有时还被打得吐血。打过好多次啊，这种状况一直持续很久。那时，几乎每天都有两三个日本兵下山来欺负我，我天天等在那里怕他们来。鬼子队里有个高个子长着大胡子的，他大概是个军官，很威风的样子。不过他不太穿军装，常常穿着便衣来，而且每次只要他下山来我家后，其他的日本兵便不再来了。还有一个穿着黑衣黄裤的日本人，大概也是军官，也不带枪，时常来欺负我。我怕他们来，又不知道可以躲到哪里去，害怕得发抖。这种日子真是苦啊！

　　日本兵什么避孕措施都没有。要我洗了才做那事。完事之后，他们坏啊，坏到什么程度啊，你都想不出来，他们坏得用我家的饭盆子洗下身。我们那里水贵，要从很远的地方挑来，他们根本就不管啊！被他们强暴后，我总感觉到自己很脏，每次都要舀水缸里的水拼命地洗身子。因为家里没有男人帮忙挑水，洗完后还得将没用完的水，或者是还干净的水留着再用。

有时日本兵还强迫我到羊马山据点去受欺负。我记得日本兵第一次强迫我到山上去时,是一个傍晚,我晚饭都未吃。汉奸村自卫团团长刘二蛋牵着毛驴押着我。开始还驮我,上了山就叫我自己走。我的小脚走那上山的路,痛得很啊。

进了山上据点里,日本兵便将我押入一个小碉堡内。天黑了,里面更是黑得很。我只看到炕上似乎有白色的褥子。日本兵把我的衣服全部扒光,然后一个日本军官拿了一支蜡烛来察看我的身体,特别仔细地看我的下身,现在想起来,是看我有没有性病吧,当时我可是吓坏了,吓坏了!我清楚地记得,那张脸是黑黑的,满脸是胡子,只有两只眼睛放着光,就好像是狼!那蜡烛油,一滴,一滴,一滴,一滴,全落在我的身上,皮肤被烫起了很多的水泡,我一声也不敢吭。烫着了抖一下,不烫着,我还是发抖。我不敢看他,只数着那蜡烛油,只盼它快点滴完。

然后这个日本军官就糟蹋我,起来睡下,睡下起来,几乎折腾了我一夜。黑暗中,我吓得不断地颤抖,从此落下了颤抖的病根。我稍微一紧张,就会抖起来,止也止不住的。你看我的手,说抖它就抖起来了,唉!我就不能说起这个事,一说,我就紧张,那个心里难受啊。

第二天,到了天明时分,我又被刘二蛋用毛驴送回了村。不久,我被第二次押往山顶据点。那次是一个日本兵和刘二蛋共同押送的。这次没有毛驴,他们逼着我自己走,还不停地骂我走得太慢。到了山顶又被押入小碉堡,那次是好多日本兵进来糟蹋我,痛得我呀哭也哭不出啊,什么力气也没有了。到了天明,日本兵才将我放回村里。然后又有第三次、第四次,我都记不清有多少次了。除此之外,白天也照样有日本兵拖着木拖鞋到我家中来欺负我。他们还要汉奸威胁我说:"不敢跑啊,跑了就没有脑袋!"

这种状况一直持续到我21岁,整整有两年啊!这时,我已经患病。整日里头脑发昏,全身酸痛,月经不调。我的姐姐也被日本鬼子侮辱,被抬到炮楼里去很长一段时间。我们两姐妹命苦啊,不知为什么这样的事都落到我们的身上。我想再嫁人,躲开这种处境,可是谁都知道我是被鬼子糟蹋过的人,周围人家的男人都不娶我。我知道盂县人不会要我了,我远嫁到了阳曲县的郑家寨村,丈夫叫杨二泉,终于离开了这个环境。

我第二个丈夫与我同岁,做人老实,以放羊为生。家里是非常的贫困,可是我不嫌他贫,他也不嫌我的人。他是个好人呐。我们互相帮着过日子。在日本兵的强暴下,我落下了很多病根。为了治疗我的妇科病,丈夫杨二泉十几年一直干各种各样的活挣钱,常为人淘毛厕,挣点小米,然后再换成钱。他对我说:"会治好的。"我为了报答他,想为他生孩子,也就坚持医治。30岁上,终于是怀上了他的孩子,咳,我高兴啊。后来又生了大女儿。

后来,抗战终于胜利了,鬼子也滚回老家去了。可是,我还是我。尽管生了孩子,我的妇科病并没有完全好。生妇科病,几乎生了五十多年,还是好好坏坏,没有根治。过去常常流很臭的水液。我的丈夫杨二泉劳累过度,他太辛苦了,自己也有病,在1991年死去了。我很难过。

我姐姐也是苦命人,她可比我还要苦。因为不能生孩子,遭到丈夫遗弃,曾改嫁两次。我与姐姐都患有严重的妇女病,下部疼痛,行动不便。近年来,我的身子一年不如一年。腰痛加剧,手脚颤抖。尤其内心害怕的感觉也相当严重,经常做梦,回到从前。即使是现在,回想起过去的苦难,仍然声音发抖,手脚颤动。这种那么难听的事,照理是说不出口的,但是我没法不说。不说,你们不知道日本鬼子有多么的坏!他们太欺侮人了!

现在我与儿子媳妇住在一起。我死后,儿子媳妇帮我申冤。我要一代一代地和不肯认罪的日本鬼子打这个理,一定要他们认罪!

※ ※ ※

2001年,上海电视台和中国"慰安妇"研究中心联合制作了纪录片《最后的幸存者》,片中记录了尹玉林一生的经历。2012年10月6日,饱受折磨和苦难的尹玉林在她的窑洞中去世。

(根据苏智良、陈丽菲2000年、2001年访谈记录整理。)

万爱花

"百团大战"后,日军将盂县的据点增至21个①,并继续以残酷的军事围剿清扫抗日力量。与此同时,中方部队不断反击并调动当地村民参与抗战。当时参加了抗日运动的万爱花便是在日军的反复扫荡中被俘投入慰安所的。

图14 幸存者万爱花在山西太原自己家中讲述她遭受日军拷打的情形(苏智良摄)

我1929年农历十二月十二日出生在绥远(今内蒙古)和林格尔县韭菜沟村。我原名刘春莲(音),父亲叫刘台孩(音),母亲张板妮(音)。家中还有哥哥、弟弟和两个妹妹。我家很穷,父亲是抽鸦片的,所以钱都买了鸦片。记得我四岁那年,添了小弟弟。家中实在养不活我们,父亲只好将我卖出。卖出以前,母亲大哭,将我的生日、父母的名字、家住哪里,都说了一次又一次,让我记住。我从小长得比同龄儿童高,父亲将我以八岁年龄的价钱卖给了人贩子。此后,我不停地被卖出,卖一次,钱就

---

① 苏智良、陈丽菲的调查记录。

被卖家加一次，一直被辗转卖到了山西盂县羊泉村，成了李五小家的童养媳。当时一起卖到羊泉村的有三个女孩子，后来仅剩下我一人。当时的生活苦啊，人不能活。到了羊泉村后，我被改名叫灵玉。做童养媳要干很多活，我都学会了，在这么苦的生活中，我不怕苦，慢慢长大了，很结实，长得很高。

这时日本侵略军进入了盂县，那是1938年。日军接着扶持汉奸，成立维持会和县政府。到第二年春，日本鬼子在盂县县城、东会里、上社和西烟等村镇设立了据点，建起了炮楼。我恨那些杀人放火的日本鬼子欺负我们中国人，我听共产党的话，成了对敌斗争的积极分子。我带头加入了儿童团，并被选为儿童团团长。虽然年纪小，我长得大，一直和大人工作。不久，我记得是在李园林、张兵武的介绍下加入了共产党。小小年纪的我，却遭受了很多的灾难，所以那时一起工作的人都同情我。八路军第19团团长刘桂华还专门给我改名叫"克灾"，希望我从此以后克服灾难，一切顺利。我积极工作，先后担任羊泉村的（中共）村支部委员，那时叫小区委员、副村长和妇救会主任。当时都是秘密的党员，秘密的工作，不能让人，让汉奸、鬼子知道。

日本军队侵入盂县后，在上社、进圭社等村镇设立了据点。1943年春，记得院子里的扫帚草长嫩苗时，驻扎在进圭社的日军扫荡羊泉村。我的老公公当时有70多岁了，患伤寒症。我虽是童养媳，可是公公却对我好得很，我舍不得扔下他自己走，没来得及躲避而被捕。

鬼子把我们集中在河漕里，说我是共产党。一个鬼子军官要杀我，村里的老爷爷就跪下来求情，说她还是个孩子娃娃，孝顺老人得很，不是共产党。这时，那个翻译就赶快挡住日本鬼子队长的刀，把老爷爷的话翻译给鬼子队长听。那个队长可是坏极了，我们都很恨他，他长着那种獠牙，我们叫他"毛驴队长"。他听了翻译的话，就把刀又放回去了。我一辈子都感谢那个老爷爷和翻译。我不知道那个翻译是不是日本人，但我相信日本人里也有好人，现在帮助我们申冤的也有很多日本人。

日本鬼子抓了我，将我和另外四个姑娘作为战利品带回进圭据点。进圭社是个依着山坡而建的小山村。日军占领这里后，便在山顶上修筑了炮楼，并且将炮楼周边窑洞里居住的村民们赶走，强占了这些窑洞。我们就被关在这些窑洞里。洞里铺着高粱秆子席，有被子、毡毯子、枕头。我上厕所都不能出去。一开始，我还能自己拎着黑不溜秋的桶倒屎尿，后来就没了力气没心思做了。

由于叛徒的告密，我的抗日身份还是暴露了，他们对我和对其他的姑娘就不一样。日本鬼子白天将我吊在窑洞外的槐树下，并不停地拷打我，逼问我是不是党员，和村里其他共产党员的名单。我就咬紧牙关不承认。晚上则将我关在窑洞里，野蛮地轮流强奸我。我自己被鬼子欺负得糊里糊涂，记不得那么多。我只记得是被关押了好几天，或者更长一点时间。我想再下去我要送命在鬼子手里了，我心里一直想着逃跑。一天深夜，我乘看守我的汉奸不注意，拼着命从窗户跳了出来，然后逃回了羊泉村。我被关押的时候，我们所吃的饭是由日本兵命令当地人送入的。其中有个张孟孩，他看到了当时我在里面的样子（万爱花遭日军毒打受伤，自己记不清那窗棂的样子了）。张孟孩告诉我说，我当时是扳断了窗棂逃走的，那窗棂不太牢。

我记得在窑洞里看到我所盖的被子。那被子是侯大兔的，侯大兔当年是基干民兵，一块工作的干部。侯大兔今年已经70多岁了，还住在山后面的香草梁村。李贵明知道他（李贵明是孟县农民，协助调查"慰安妇"问题的志愿者），年轻人都叫他"大兔大爷"。这床被子我过去到侯大兔家串门时曾见过，所以我想一定是日本鬼子扫荡时，将他家中的被子抢走了。被子很好，花形条我都记得的。我逃跑时，便将这床被子用草绳捆起来，还有枕头，我把荞麦皮给倒空，连毯子一齐给他带了出来。当我逃到大转地山棱坡时，正巧遇见几个村干部去准备营救我。当我与他们照面时，把这些抗日分子给惊呆了。哎呀，你怎么自己给跑出来了！被子什么的后来由村干部们转送到了侯大兔家（2000年8月11日苏智良和陈丽菲向侯大兔本人确认了万爱花的回忆情节。侯当时74岁，还清楚地记得日军对万爱花实施的暴行。当时他是万爱花遭受日军性奴役经历唯一健在的见证人）。

回到村子，我原来的男人李五小因为我被日本兵糟蹋了，就不要我了。有一个也是做抗日工作比我大很多的李季贵愿意帮我，但是李五小要钱。是当时的村长和大家帮忙付了几十大洋给李五小，我才和李季贵结的婚，是李季贵给我治的伤。

1943年夏天，我又第二次被日本鬼子给抓了。那正是吃西瓜的时候，我记得人都来卖瓜。我正在池塘边洗衣服，就听得大叫"日本鬼子来啦！"刚要回头看，可是我的头发不知怎么的就被鬼子抓住了。那次是驻守西烟和进圭的日军兵分两路，从南北两个方向包围了羊泉村，来的人不少。我再次被日军抓住并关到进圭据点，这次打得厉害。我耳朵上的耳环就是这次被他们给生生扯下来的，我的耳朵现在下面还是两半的。

那日本鬼子就白天黑夜地糟蹋我，有时两三个鬼子一齐进来。一反抗就踢你、打你，打得我浑身是伤。后来他们嫌我脏了，晚上就不来了。这样折磨了我大概有半个来月，有一天晚上，我发现炮楼里没有什么声音了，很奇怪。我想，据点里的日本鬼子大概外出扫荡，人很少。我把关我的窑洞的门给顶起，从下面钻出去，逃了出来。

我逃逃歇歇，不敢回到羊泉村，到了西梁沟村（音），那边有我的干娘。我干娘家姓万，有五个儿子，都是好样的，他们也加入了共产党。可惜他们都已经死了。我在那里避了两个来月吧，身子好点了，我还是回到了羊泉村。家里，李季贵正病倒在炕上，瘦得只剩一把骨头了。我就服侍他的病。

第三次给日本人抓，那是几个月后。记得是腊月里（1944年初），刚吃过腊八粥时，那时是晚上，日本鬼子再度包围羊泉村。他们是用脚把门给踢破进来的，我第三次落入虎口。这一次，为了严惩我两次逃跑的行为，日军更野蛮地摧残我。我记得强暴我的日本兵的长相特征。最凶残的是"红脸队长"和"獠牙队长"。四五个日本兵把我的手脚按住，另外一个人进行侮辱，然后轮流进行。每日日军士兵用这种方式惩罚和审问，我多次被折磨得昏死过去。这样直到腊月的小年，就快要吃年夜饭的日子时。那天日军见我昏死过去好长时间都未醒来，以为我已经死去，便将我扔到村子旁边的乌河沟里。全身上下，没有一件衣服，那乌河都结了冰啊！后来幸好被好心的张孟孩的父亲发现，将我救了起来。他说那时我已经冻得浑身冰凉，就没有气了。他一天一夜守着我，给我灌汤水、搓身体。好不容易让我活了过来，他又把我偷偷从进圭村救到丰盛坡村（音），送到我熟人的妹妹家里。

我一直昏死了很长时间。记得醒来时，是吃年夜饭的时候了，那是1944年2月了吧。我有整整三年，长时间躺着不能动，我的整个身体都变形。人站不直，胯骨和肋骨骨折。手臂脱臼，颈部陷向胸腔，腰部陷入骨盆。原来160多公分的个子萎缩到了140多公分。右耳耳垂被日本兵扯掉了一块。头顶被日本兵打过钉板后，头顶凹陷，有两处伤疤不长头发。两腋腋毛在遭吊打时被日本兵拔光。我虽然活了下来，大概五年后生活才可以完全自理。我患有严重的妇科病，全身疼痛难忍，需要长期接受按摩。一到阴雨天，那个浑身的骨头痛啊。

我的经历太苦了，曲折太多了。我那样一个人，在农村的环境里，是很难生存的。我丈夫在我第三次被抓后不久就死了。我领养了个两岁的女孩，她一直跟着我。我从盂县辗转到阳曲，又从阳曲辗转到太原，最后在太原租下一间小屋。我们也没有一个可以长期稳定的住所，等于是到处流浪。

我现在住在太原。从农村来到城市，改名换姓为万爱花，随我干娘家的姓。靠给别人做针线、缝补衣服、按摩啊什么的为生。小时候，我跟了南圈口子村的一位中医学过按摩，后来凡是谁骨头错位啦，或是头疼脑热的，我都能治。在盂县的时候，周围的人都来找我治病。到现在我也经常给人治病，有些人生活困难，我就不要他们的钱。

我女儿小小年纪就懂得照顾我，经常在我身体不好的时候外出要饭，维持活下去。她是个好女儿。我要给我的女儿争气，她的妈妈不是个赖人（赖，"不好"的意思），是一个抗日战士。

1992年，有人来找我，说我是日本人的"慰安妇"，我真正是气死了！我不是什么"慰安妇"，我从来没有去慰安过日本鬼子！我站出来，承认自己曾经被日本鬼子抓去做过性奴隶，是为了让天下人知道日本鬼子对我们中国人做的那么伤天害理的事，是给那么多和我一样的姐妹们申冤。但我不承认是日军的"慰安妇"。我从来没有、也绝不愿意慰安日本鬼子。1992年，我去东京出席了国际听证会，在台上，我想起过去遭受日本鬼子的欺负，想起了多少让人不能忍受的事情，气昏了过去！

从那时起，我坚决要求恢复我的党籍。以前我也不在乎，以前本来就是秘密党员嘛。现在我要证明，我是抗日的共产党员，我不会去慰安那日本鬼子。这个事难啊，时间太久，人都死啦。我到处去找，找到能够证明我参加过共产党的老干部，找盂县县长张国英给我做了证，高昌明、李孟孩也给我做了证。可是，他们都相继故世了。1994年，在中断了五十多年后，我的党籍终于恢复了。

证明我抗战时是党员后，从1995年开始，每个月可以有50元钱发给我。每月政府会送来。虽说钱少，我不在乎。我只要这个说法，我是抗日的！但不管怎么说，这50元钱对我的生活还是有帮助的。我1993年腹部动过大手术，现在是一身的病啊，吃药都要钱。

我要日本政府认罪。只要是控诉日军的罪行，我到哪里都去，1996年、1998年、1999年我都曾去日本控诉日本鬼子的暴行。2000年12月，到东京出席女性审判日军性奴役战争罪行国际法庭，我作为原告，出庭做证。我在控诉日军暴行时，想让在场的人看看我全身的伤口，结果再次昏了过去。我的身体越来越不好了。我强烈要求法庭判决，判决日本昭和天皇和日本政府有罪。他们必须给我们一个道歉，他们应该低头认罪。知道这是错的，将来才不能够再来害我们的下一代。我只要活着一天，就要为此而斗争。

＊＊＊

  1998年10月30日，万爱花和其他九位日军性暴力的受害者一纸诉状将日本政府告上东京地方法院。1999年9月，她和赵存妮、高银娥一起前往东京当庭做证，但她们的诉讼最终被否决。其后万爱花的健康每况愈下，于2013年9月4日去世。

  （根据苏智良、陈丽菲1999年、2000年、2001年、2002年、2007年访谈记录整理。）

第七章　中国南方前线

黄有良

1939年2月10日，日军在与广东省隔海相望的海南岛登陆。① 为了全面控制中国南海上的这一战略要地，占领军在岛上设立了大量据点。仅陵水县一地，日军就建立了14个据点、8个碉堡和2个军用机场。② 与此同时，他们在城镇、据点，甚至村民的房舍中设立慰安所，从外地和当地强征妇女投入其中。日军还通过维持会和伪自卫队掳劫妇女。黎族少女黄有良遭日军强暴的过程在当时十分常见：她先被强奸，接着被迫在自己家中充当日军的性奴隶，最后又被抓进藤桥日军派遣队慰安所。黄有良被抓走后，她家乡的村落被日军烧毁，夷为平地。建在那个村庄附近的据点今天已不复存在，但黄有良被关押的藤桥军事慰安所的废墟犹在，黯然为历史存证。

那一年，我刚15岁（按中国传统的年龄算法，婴儿出生时记为一岁，以后每过一个农历新年加一岁。如按西历，黄有良被抓时只有14岁）。应该是农历十月的天气吧，那天早上，我挑着稻笼到村外的水田去做活。忽然听到几声喝叫。我抬头一看，前面不远处站着一群日军士兵。吓得我扔下稻笼，转身就往山里跑。可这些日军士兵紧追不舍，我逃得没了力气，终于被抓住。一名日本兵叽里呱啦地说着什么。我脑袋发胀，反正什么也听不懂。一个满脸胡茬的日本兵瞪着眼睛，一把抱住我。另一名

---

① Hans van de Ven and Edward J. Drea, "Chronology of the Sino-Japanese War," in *The Battle for China: Essays on the Military History of the Sino-Japanese War of 1937–1945*, ed. Mark Peattie, Edward J. Drea and Hans van de Ven, p. 11.

② 潘先樗：《日军侵陵史实概要》，载符和积编《铁蹄下的腥风血雨：日军侵琼暴行实录》（下），海南出版社1995年版，第448—462页。

图 15　幸存者黄有良 2000 年对调查者讲述她在日军慰安所中的遭遇（苏智良摄）

日本兵在我背后胡乱摸捏，并剥开我的衣裙。其他日本兵在一旁手舞足蹈发狂大笑。我恨不得杀死这些日本兵。于是，我抓起摸捏我的那只手，狠狠地咬了一口。被咬的日本兵大叫一声，松开手，发怒地拿起刺刀正要向我砍劈，被一名军官模样的日军大声喝住。我已经吓得发呆。军官笑眯眯地对我说："姑娘别怕。"他又向那些日军士兵叽里咕噜地说了什么，手一挥，士兵便走开了。待那些日军士兵走后，军官就走过来搂抱我，我用力挣扎，他并不强迫。我以为没事了，穿好衣服，便到田里把稻笼挑回家。不料那个军官不知什么时候也跟到我家门口。他将我拦住，把我抱进卧室，撕开我的衣裙……事后，他就走了。我一直偷哭，忍。忍到了下午，我把事情发生的经过告诉母亲。母亲伤心地痛哭了一场。

第二天又有日本兵来找我，我吓得赶快躲起来。日本兵找不到我，就把我父母亲推在地上，毒打，做四脚牛（指强迫他们四肢着地在地上爬）。我听到后连忙回来看父母，结果又被日本兵捉住强奸。从那以后我被迫白天给日本兵洗衣服，晚上日本兵来找我……（黄阿婆说话时始终面色寂然，说到这里停了下来，陷入沉默）

那个日本军官会说点中国话，说得不太好，但很像海南话。那时大家叫他"九壮"（黄有良讲海南话。这个称呼是根据她的发音记录的，可能是个绰号，但黄有良不知道怎么写，所以含义不清楚）。他是个官，有兵跟着。这个"九壮"认得了我家，天天来强奸我，还要我给他洗衣服。

要是躲走，他就毒打我的父母。这样的状况持续到了第二年春天，我就被带走了，抓到崖县藤桥。

大概是三四月份吧，那一天，我被一些日本兵抓了。上了军车，一直开到藤桥，关进了一座房里。我和一起被抓来的一个女子关在一个房间。后来知道，还有比我们先抓进来的，关在另外的房间。

门口都有哨兵把守，不准我们随便走动。白天我们做杂工、扫地、洗衣服。夜间就有日本兵来找，三个五个的，有多有少，不一定。有时候一晚上陪着一个睡，也不懂得是不是军官。不听话的话要被打。我很怕，被逼着，叫干什么就只好干什么……有时日本兵强迫我做各种样子……（这时黄阿婆说不下去了。访谈暂停，请她休息，喝口茶。谈话重新开始时，陈丽菲问起她家里的情况。）

我家人不多，就三人，父亲、母亲和我。母亲眼睛是看不见的。我父亲种田，我也帮着种。我在那里（藤桥慰安所），想着父母，想着要逃。整个身子像散了架似的，每夜都要遭受折磨……我多次想寻找机会逃走，暗中和同伴想过办法，但因日本兵站岗很严，加上又不懂外面的路，无法逃走。同伴中有一位汉族女孩子就逃跑了，可是被抓回，被日本兵打得死过去又活过来。后来她被关，后来大概死了。从此，我放弃了逃走的念头，只好听天由命了。

在那里没有看到日本兵平时给哪个检查过身体，也没有看到他们用避孕套。我不知道有没有女孩子怀孕，但是有一个我认识的，叫陈有红（音）的，被糟蹋得太多了，死了。她不肯听日本兵的话，打得下面大出血，死了。还有一个听说自己咬断了舌头，也死了。

日本人没有给过我们钱，或者发给好东西。吃都没得好好吃，哪里还有给钱。

我在藤桥总有一两年……应该有两年。是家里帮我逃走的。那大概是五六月份。那一天，我村的黄文昌冒着生命危险，来到藤桥日军军营找我，告诉我父亲死了。我立刻放声大哭，不顾一切地去找日军军官，要求回家给父亲送葬。起初日军军官不同意，我和黄文昌再三哀求，趴在地上磕头，才终于同意我回家，但事情完后须马上回去。

那是一个傍晚，黄文昌带我从藤桥抄小道步行，深夜才回到家。一进门，发现父亲好好的在等我，我大吃一惊。原来家里是为了救我，才骗日本兵的。怕我装不像，不告诉我。

父亲和黄文昌连夜拿着锄头、粪箕，在村边的荒坡上为我堆了一个假坟，说是我因为伤心过度自杀死了。随后父亲马上就带着我逃走了。那时母亲已经死了。我父亲和我到处逃难,讨过饭。慢慢在一个地方住了下来……我们后来还是回到架马村里。听村里人说,那个"九壮"带人来抓过我,村里人说我自杀了。他看了假坟,信了。

村里人都知道我被日本兵糟蹋过,好人家谁要我呢?我只能找了一个得过麻风病的男人做丈夫。他知道我的过去,一有气就打我骂我。我生过五个孩子,三个女儿、二个儿子。两个大的已嫁出去,还剩下小的,现在还住在一起。

孩子们对我还好,特别是女儿。可是,由于我有这段不好的经历,小孩有时也骂我这个母亲。但是,这不是我的错啊,我是苦命的人!都是那些日本兵!

"文化大革命"的时候,由于我有这段经历,村里人,特别是小一辈的,不清楚,背后议论,骂我是给日本人睡觉的。丈夫要当干部,小孩入团入党,都不可以。

我愿意出去控诉日军的暴行。我也愿意到日本,当他们的面控诉他们。要日本政府赔礼道歉。我不怕(说到这里,黄有良那神情凄寂的脸上豁然动容,露出了微笑)。

* * *

在2000年那次调查访问结束后,黄有良带着调查者去认藤桥日军慰安所的遗址。这个曾被占作慰安所的建筑是一幢破损的两层楼,砖木结构,房顶和大门已荡然无存。当地居民证实了黄有良所讲的关于藤桥慰安所的历史事实。楼旁当年日军的炮楼和水塔还在。虽然黄有良在关押期间无法走出慰安所,她却可以在二楼向外张望。她指着不远处一根一人多高的木桩说:"看,那边的木桩是日本兵抓了人绑在上面打人用的。"2001年7月16日,黄有良和其他七位居住在海南的日军慰安所幸存者一起,将日本政府告上东京地方法院,但海南幸存者的诉讼与其他各地幸存者的诉讼一样,最终被日本法院否决。黄有良现与她的小女儿一起生活在海南岛。

(根据陈丽菲、苏智良2000年访谈记录整理。胡月玲担任黎语翻译。)

陈亚扁

1939年2月，日军开始在海南岛崖县（今三亚）大量驻军，把这里作为主要的海空军事基地。① 经查证，在1941年至1945年，日军仅在这一小县就开了14个慰安所。苏智良和陈丽菲在2000年的调查中找到了其中七所的遗址。陈亚扁在她的家乡祖孝村被日军掳走后，即被投入位于崖县的一所慰安所中。

图16 幸存者陈亚扁2003年在自家屋前留影（苏智良摄）

---

① 羊杰臣：《日军侵占崖县及其暴行纪实》，载符和积编《铁蹄下的腥风血雨——日军侵琼暴行实录》（下），第401—413页。

我是海南岛陵水县祖俙村人。我家里人多，有父亲、母亲、哥哥、姐姐。我最小，父母最喜欢我，人家也夸我长得好看。

日军占领的时候在砧板营村附近组建了伪自警团（根据地方史料记载，这个伪自警团有士兵 50 多人，团长陈仕连）。那个时候日本人在村子附近山坡上有兵营，叫汉奸抓了女孩子到兵营里去干活。一天（1942 年），有四个汉奸到我家，说团长叫我去收拾粮食。那个时候不只我一个，有很多黎寨女孩子被抓到兵营里去，我们同村也有一个小姑娘被抓来了。我在那里大概有半年多，洗衣、缝麻袋、挑水、舂米、煮饭……什么都干。会唱歌跳舞的晚上要唱歌跳舞给他们看。干活是从来不给钱的。

半年后，日本人又把我抓到崖县，关在一个黑黑的房间里。具体在什么地方我现在已经记不清了。只记得那里有两层楼的木板房子。我被他们关在楼上，房间里有一张简易的床，床上放了一条很脏的被子。除床之外，还有一张八仙桌和两张凳子。门被反锁，窗子也被木板钉上，白天也没什么光，黑黑的房间。一到晚上，就有日本兵来，每天至少两三个，有时多些。要我洗澡，洗完就来了。一个一个轮……（陈亚扁哭起来。）也有过台湾兵。日本人在干那事的时候从来就不戴避孕套，更没有军医检查身体。我怕极了，我不肯，他们就用手掐我的脖子，使劲掐，还打我的脸，这样……（陈亚扁停下来，哭泣着用手比画日本兵怎样打她）我一开始哭啊喊啊推门啊，都没有用。门被反锁住了。自从被关在这里，日本人从来不让我们出去。只有大小便时，有人来送桶。还有送饭时，门开了，就有人递进来。一天两顿，也有三顿。记不清吃的什么了。黑乎乎的，也看不清。

我也记不太清在里面关了多久，五六个月是一定有的。我天天哭，怕。我的父母急得没办法。到处去托人说情，哪里有用。母亲托了多少人都没用，最后就跪在团长的面前，哭，闹，说再不放我回来，就死给他看，死在他家。团长没办法，只好到日本兵那里去求情，才把我给放出来了。

那时，我连路都走不动了，下身又红又肿，发炎，大小便都不能够。我哭坏了眼睛，直到现在都又红又痛，还不停地流眼泪，都流了 50 多年了，看不清楚。就是这样，又被团长叫去了，带到砧板营村的据点里，替他们干活，一直做了三年，直到日本人投降（据陵水县政协主席苏光明说，陈阿婆曾经一个人躲到山上去，因为怕人骂当过日军的"慰安妇"。直到解放了，大家才把她劝下了山）。

从小我父母已经给我与卓开春定了亲（在访谈中担当翻译的庞淑华

女士解释说，这是当地习俗，叫作"娃娃亲"，由父母在孩子很小的时候定亲，成人后结婚）。我被日本兵欺负了，他很气，就参军去了。后来，因为他手受了伤回家了，我们就结婚了。

婚后生了一个女孩，这孩子是好不容易才生下来的……（陈亚扁哭起来）。前面几胎都死了。医生说这里（陈亚扁指着自己的下腹）不好。这里痛啊，每次都痛，来月经也痛。后来（快到40岁又怀孕时）丈夫早早就把我送到琼中的一家医院打针、吃药，这才保住了小孩，1964年我生下了一个女儿。

我丈夫前几年死了。一个女儿嫁出去了。我现在身体很差，肚子一直痛，呼吸困难，有气喘。晚上还做噩梦，经常做那个时候的样子，怕啊。"文化大革命"中我被骂，被打。把我绑起来，拖出去，打，骂我是"和日本兵睡觉的"。阿婆苦啊，没有儿子，没有人来养我啊……（陈亚扁又流泪了。当地的习俗是儿子赡养父母，女儿一出嫁就搬到婆家住。虽然陈亚扁是"五保户"，地方政府提供的基本生活费用还是不够支付她的医药费用等支出）。

我应该是有很多孩子的，是日本人害我没儿子。我想上告。我现在很愿意有人来问我，我要把我的事都说出来。我要日本人认罪，向我道歉，我还要他们赔偿。我想要一个安稳的、好的晚年。

* * *

2000年3月30日到4月1日，陈亚扁应邀参加了在上海师范大学举办的首届《中国"慰安妇"问题国际学术研讨会》。尽管始终靠着止痛药缓解头痛，但她克服了身体的不适，勇敢地向来自各国的听众讲述了自己战时的经历。陈亚扁战后始终为贫病所困扰，只能靠当地政府的五保金和自家几棵果树的收获维持生活。她终日受着腹痛及周身疼痛的折磨，亦无法摆脱噩梦的煎熬。

（根据苏智良、陈丽菲2000年、2001年访谈记录整理。庞淑华担任黎语翻译。）

林亚金

　　林亚金于 1943 年被日军抓进海南岛保亭县南林峒的打朗据点充当性奴隶，当年正值美国舰队在南海投入对日海战。① 为巩固海南岛军事基地，日军从中国东北增调部队驻扎此地。距崖县仅 25 公里的南林峒四面群山环绕，被日军用来做军事供给和军火储藏基地。日军将躲在山中的村民逐一驱出，不服从命令者均惨遭杀害。那些服从命令领取"良民证"的村民则被送去修筑军用公路，或在矿山、农场做苦力，种植烟草、谷物和蔬菜。② 林亚金先是被抓去修筑一条军用公路，随后又被强行送入日军慰安所。

　　我是黎族，海南岛保亭县南林峒番云淘人。父亲叫林亚龙，母亲叫谭亚龙。

　　我有五个兄弟姐妹，大姐叫林亚甘（音），我是第二个，还有两个妹妹，两个弟弟。父母和几个姐妹弟弟已经去世了，现在就只剩下我和我的这个小弟弟了。我现在住在南林区什号村。我自己没有小孩。几个姐姐和妹妹弟弟的那些小孩都住在南林，如果有事让他们帮忙的话就叫他们过来。

　　日本人来南林的时候，我已经十五六岁的样子了。我是大概三年后（1943 年）被日本鬼子抓去修路，去兵工厂的。我们那里被抓的人很多，女的也抓。没有给钱，饭也要自己带的。就这么干了两个月，被放回来了。

　　那年秋天，我在割稻，还有邻村三个女孩：谭亚鸾（音）、谭亚优（音）、李亚伦（音）。我们听到打挠村那边有枪声，知道是日本鬼子来了。田就靠近打挠，跑不掉啊，就躲在田埂底下，吓得不敢作声。结果听到声音回头一看，日本鬼子就站在我们后面。他们把我们的双手反过来，

---

①　Hans van de Ven and Edward J. Drea, "Chronology of the Sino-Japanese War", in Peattie et al., *The Battle for China: Essays on the Military History of the Sino-Japanese War of 1937–1945*, p. 20.
②　张应勇：《日军入侵保亭县始末》，载符和积编《铁蹄下的腥风血雨——日军侵琼暴行实录》（下），第 531—541 页；王世忠等口述，张应勇整理：《日军在南林乡的罪行实录》，载符和积编《铁蹄下的腥风血雨——日军侵琼暴行实录》（下），第 538—550 页。

图 17　幸存者林亚金 2007 年在上海参加中国"慰安妇"资料馆开幕式（陈丽菲摄）

用绳子绑起来，把我们四个抓走了，先抓到南林军部，后来是被抓到日本鬼子在崖县的那个据点了，叫"打朗"（黎族语，即什漏村）。当时我 19 岁。

那天夜里我们被带到南林的据点关起来，那个屋子是专门关押逃跑民工的。有木头刑具，夹脚的枷。日本鬼子用木头刑具把我们的脚夹起来，我们就不能动。假如坐下，脚骨就会断掉。一个像是海南人的日本翻译进来对我们说："不能逃跑啊，想逃就没命了。"

第二天，八个日本兵押着我们，往崖县的打朗据点去。都是被绑住，这样一路走过去的。日本鬼子强迫我们走得快一点，如果你走得慢的话，就往你的后背一脚踹过去，你就不能放慢脚步了。从早上一直押过去，到那边的时候天慢慢地黑下来，才到了打朗据点。在路上没有水喝也没有饭吃。

在打朗被关进一座奇怪的房子里。一个大房子分成几个小房间，每个人被放在一个小房间里面。有一扇木板门，没有窗子，房间黑黑的。一个房间却有两道门，门上有几道的锁，总有日本鬼子在外面站着。墙壁好像用铁皮做的。那个房间有这样大（林亚金用手比划了10米见方的样子）。屋里一点垫铺的东西都没有。就给了一个脸盆，一条毛巾。墙角有个尿罐，就再也没有东西了。就这样睡在泥地上。幸好天不冷。

出去倒屎倒尿都是日本鬼子带着我们，监视着我们，然后带我们回来。房间里面很臭的。从被抓进去穿的衣服从来没换过。就原来的衣服，一件筒裙加一件衣服。衣服都被拉烂了，烂得连手臂都露出来了，都没有袖子了。

一天两顿饭，日本人把饭带过来。是稀饭，把椰子壳劈开，盛在里面。饭都已经发臭的样子了，像猪食那样的。中午才吃到第一顿饭。中午等到我们吃好饭倒过尿桶以后，日本鬼子就来了，一次来三四个人，一起进来。有一个站在外面把门的。进来就互相争抢，有时候还打架，看谁抢先。我就害怕，靠墙壁站住，吓得真是冒汗，怕打到我。他们在里面都脱光光，都这样，轮流地上来。

（林亚金讲到这里哭了起来。她的眼睛先是望着远处，接着泪水就不可抑制地涌了出来。房间里只听见老人令人心碎的抽泣。过了近20分钟，林阿婆才逐渐平静下来。）

有些日本兵（强暴一次之后）还会再来，来两次。晚上吃完饭以后另外一伙又再来。他们没有用避孕套。但是要我们吃药，有白色的、黄色的、粉色的，扁扁的如小手指甲那么大。我总觉得不是好药，怕吃了会死，趁人没看见偷偷吐掉。每次（被强暴）完了以后，只给打一盆冷水冲洗一下。那时候我已经来月经了，来月经的时候我都拼命地反抗，但是日本鬼子还是强暴。就是因为这样，才让我得了这个病，排尿的时候就会痛。下部都红肿烂了。

日本兵进来经常打我。假如说有反抗的话，日本兵就揪住我的头发，一拳打过来，我胸部跟脸部都有被打过的。有一个日本兵想强暴我时，我不愿意，日本兵就一拳打过来，打到我的左胸那里，一直痛到现在（林亚金给我们看她被打伤的地方。她左侧胸部的骨头是高出来的，整个左胸凹凸不平。林阿婆痛哭起来，哭得浑身发抖）。

有一个日本兵在强暴的时候把我压在地下，嘴巴含着烟，就点到我的脸上了。当时被烧到后就肿起来。现在鼻子旁边还有一个疤（林阿婆脸上的伤疤清晰可见，约有黄豆大）。在那里没有一个医生过去检查，即使生病也是被丢进凉水里，没有人管。到后来，每一天的尿都红红的，都是血水，胸部痛痛的，从肩膀到这里。到现在还痛。现在一痛起来，就会想到以前。

在打朗据点关了很久。后来妈妈告诉我在里面关了有五个月。在那里每一天都哭。我也能听到隔壁有人哭,还有日本兵那些侮辱、粗暴的动作的声音都可以听到的,因为隔墙的铁皮很薄。每天晚上我们都在屋里哭,说的最多的话就是想父母、想家,和自己能不能活到回家的一天。我那时病得已经很严重了,全身都痛,特别是受伤的胸骨,下部红肿糜烂,排尿都有血色,像红糖水一样,浑身浮肿,我以为就要死了。

听说我已经在那里关的不行了,我父亲求村子里面有个当保长的亲戚,让他去日本鬼子那里把我保出来。父亲和其他几家人备了鸡呀米呀,让保长拿去。我们那里鸡是最好的礼了,没有其他的东西。保长送给了日本鬼子,求他们放我们走。当时我们四个人都得了同样的病。也许是日本鬼子看我们没用了,就让我们走了。我已经不能走路,是家里人背着抬回来的。里面一个叫阿优的,到家不久就死了。阿鸾、阿伦回来不过一年,就相继去世了。

我父亲在我回来后不久就去世了。他一直身体不好,发冷发热的。我被抓后,他去给日本人做劳工,想把我赎回来,身体越来越差。他没能看到日本投降。

我出来后先去了保长那个村,煎草药煎了两个月,但病不好。妈妈就把我带回家,自己去挖草药给我医治。我的病状已经很严重了,这个时候就是走路都很难走,走不动,排尿都有血色或者是黄色的那种脓。妈妈一边给我挖草药,浸药酒,一边给我请巫师,祭祀跳神。慢慢地就好了,消肿了,到第二年春夏,我才可以下地走路。

妈妈把我这病治好了,她却病了。两年以后,妈妈就去世了。我在妈妈坟前痛哭。妈妈去世后,生活更难了。姐姐那时已经出嫁,住的地方离我们那里比较远,在山脚底下一个村庄番沙碧村(音)。后来姐姐看我跟弟弟妹妹在家里面生活过得非常艰难,就叫我过去一起住。我在姐姐家住了整整四年,在那边认识了老公。

我老公叫吉文秀。他家经济比较宽裕,有水田,还有很多山地,种了很多槟榔。他和他弟弟都念过书。结婚的钱都是他家出的(林亚金对西历的日期不熟悉。根据她的叙述推断,她结婚的时间大概是 1940 年代末)。因为以前的遭遇,结婚第一次同房的时候,是很害怕的,虽然我认为不是同一件事,因为这个人是我喜欢的男人,还是很害怕。也不敢怎么样,也不想把遭遇跟老公讲。老公知道我以前的一些事情,但是不问这个事,他不想揭我的伤疤。老公一直对我很好。不久我就怀孕了,但是两个月的时候就流产了。

我结婚两年之后,老公就被叫去甘什(音读 zha)那里工作。当时我老公的弟弟是当兵的,是参加部队的,当时回来叫老公出去参加革命。是为解放军收购粮食和送粮食这个工作。老公后来当了税务所的所长。就在当所长的期间被政府抓起来了(讲到她的老公,林亚金眼里又溢满了眼泪。翻译陈厚志告诉我们,吉文秀是在 1950 年代政治运动中许多被冤枉的人之一。他被捕的原因至今不清楚)。

在那边就有一封信派过来说,我老公已经病死在监狱里面了。我不相信,就到保亭这个派出所问,这里的人告诉我老公不在这里了,已经转到三亚去了。我就跑到三亚,又说转到什漏。我不知道去什漏的路,不知道往哪个方向去的,这样才回来了。老公到底是哪个时间抓进去的,哪个时间死的,也不清楚。只记得是大家都在一起吃饭的时候,就是大家一起共吃"大锅饭"的时候。①

因为老公被抓,我受到歧视。那时在大食堂里吃饭,但是分给我的饭菜肯定跟别人的是不一样的,就是又少又差的。以后就靠自己劳动,自己去干农活。每次虽然做得很多,但是每一次评工分都被评为最低等。② 我那时与老公的阿公阿婆住在一起。公公家从前有土地,就被划为地主了。他的土地已被没收归公了,但"文化大革命"的时候,因为家里的成分是地主,公公遭到批斗。所以阿公阿婆去世时没有人来送殡。我老公有七个兄弟姐妹,但是现在除了弟弟,其他人已经去世了。

"文化大革命"的时候,工作队也经常下去调查我的事情,但是因为当时跟我一起被抓去的那三个姐妹都相继死去了,所以他们要调查也找不到证据。虽然有人也知道我去给日本人做过事情,但是因为整个村庄是一个家族,所以他们都不讲。陌生人去都不会跟你讲话的,到现在还是一样。所以"文化大革命"期间没有因为这件事被批斗。"文化大革命"以后,我一个人孤独没有人照顾,就抱养了人家一个五六岁的孩子,叫阿迪,从番云淘带过来养的。阿迪现在有六个孩子了,四个男孩、两个女

---

① "吃大锅饭"是 1958 年至 1960 年"大跃进"期间席卷大陆的一场运动。"大跃进"号召大众投入一系列不切实际的狂热运动,如实行农业合作化、各地建小高炉,等等。1958 年中期,农村成立了人民公社,农民的私有财产,包括自家的猪和果树都被充公。"大锅饭"在当时成为按需分配的代名词。"大跃进"运动的失败和 1959 年的农业歉收导致了当时严重的大饥荒。

② 在"人民公社"制度中,社员的劳动所得按工分计酬,年终则按每人所得的工分分配口粮。由于林亚金的丈夫被定为反革命分子,她受到株连,评工分时给她记的工分总是少于她应得的工分。

孩。阿迪的大女儿都有两个小孩了。

日本兵把我折磨成现在这个样子。我要他们认罪、赔偿，负责我的一生，到我死。

＊＊＊

从2000年开始，中国"慰安妇"研究中心征集私人捐款，每月给林亚金和其他日军慰安所的幸存者寄去200元生活补助金。依靠这笔钱，林亚金的养子重修了他们的住房。其后林亚金和养子一家一起生活。2013年10月17日，林亚金老人离世。

（根据陈丽菲、刘效红2007年访谈记录整理。陈厚志担任黎语翻译。）

李连春

　　云南省位于中国、缅甸和越南的交界处，是抗战时期中国军事补给线上的战略要地。1942 年到 1943 年，美国空军在云南建立了空军基地，美国第 14 航空大队驻扎于此，为中国军队的作战行动提供了强有力的支援。日本空军力图对抗，对这一地区展开了大规模空袭，并于 1942 年 1 月派遣地面部队进攻缅甸。同年春季，日军第 56 师团进占云南省，于 1943 年初控制了怒江以西区域，并在龙陵设立了大本营。① 日军占领期间在龙陵县城至松山前沿一线设立了大批慰安所。② 李连春的家乡白泥塘村地处松山以西、怒江西岸。她先是在家乡被日本兵强奸，接着又被日军抓走，送进松山日军慰安所。

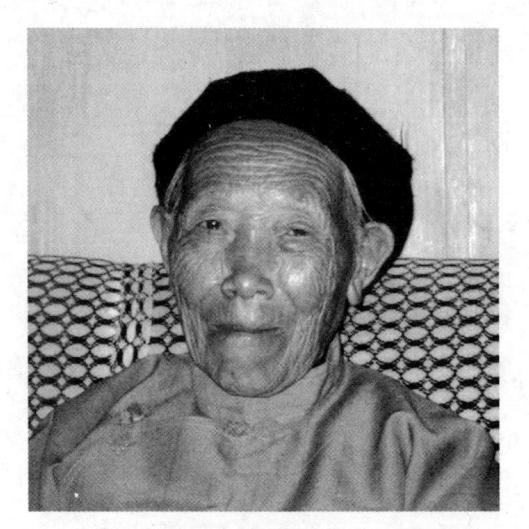

图 18　幸存者李连春于 2001 年在她的女儿家接受访谈（苏智良摄）

---

①　Hagiwara Mitsuru, "The Japanese Air Campaigns in China, 1937—1945", in Peattie et al., *The Battle for China: Essays on the Military History of the Sino-Japanese War of 1937-1945*, p. 250。另参考 Asano Toyomi, "Japanese Operation in Yunnan and North Burma", in Peattie et al., *The Battle for China: Essays on the Military History of the Sino-Japanese War of 1937-1945*, pp. 361-385。

②　陈祖梁：《侵华日军滇西慰安所与"慰安妇"》，载苏智良、荣维木、陈丽菲编《滔天罪孽：二战时期的日军"慰安妇"制度》，学林出版社 2000 年版，第 308—322 页。

我农历九月出生（1924年），具体日子就不知道了。我原来叫玉秀，小名叫"要弟"。就是"想要一个弟弟"的意思。我是龙陵县腊猛乡白泥塘人。日本军队打到这里来的时候我18岁。家里还有个妹妹，叫"裹弟"（音）。我的父亲是抽鸦片的，不管家，家里就靠我母亲。但我的母亲得病死了。是父亲的兄弟，也就是叔叔，把我们姐妹俩接过去了。我和妹妹每天上山打马草，然后背到街上去卖，补贴家用。

有一次街日，就是赶集的日子，我记得是夏天，大约是八月份（1942年），我们去卖马草时，一群日本兵突然来了。大家东躲西藏。我也躲进了街坊的屋子里。但我还是被日本兵抓了出来。他们把自己的绑腿解下来捆住了我的手脚，又用布把我的嘴堵上，不让我叫……我被日本兵，就在路边……（李连春说不下去了，竭力控制自己的情绪）。那天有20多个女孩子被强奸。我妹妹总算没被抓住。她还很小，躲起了。我也躲，躲在店的柜台后面，还是被日本兵抓出来了……

（调查显示，那天日军强奸了很多当地妇女，在返回松山之前还去了长箐村。其后不久，日军命令当地汉奸强征妇女建立慰安所。）

当时我的父亲被抽去做民夫。维持会的人对我父亲说："你把两个女儿送到皇军那里去洗衣服烧饭，你就不用再做民夫了，你家的税也可以免了。"我父亲不肯，结果他还是被抓去做民夫，被日本兵打伤，回来后就得了病，不久就死了。我的叔父供养不起我们姐妹，埋葬了父亲之后，就把我嫁到了大山里的沙水村一家姓苏的人家当媳妇。那苏家实在太穷，要吃没吃，要穿没穿，眼看着要饿死，我就从山上苏家逃了出来。在逃往自己白泥塘的家的路上被日本兵碰见，就被抓了，抓到松山慰安所去。

在慰安所里日本人一天吃三顿饭，我们吃两顿。他们吃粑粑（"粑粑"，云南话，一种米粉做的细食），我们只能吃糙米饭。开始时，我们仍穿自己的衣服，后来日本人逼我们穿日本人的衣服。我觉着丑，不肯穿，我也不要梳他们那种头，可是有时也没办法。

日本兵不叫我们原来的名字，就叫我们"花姑娘"。他们讲日本话，我一点也不懂，也不想学。有的日本人会说些中国话。他们叫我时，就招招手，说："喂，来，来。"吃饭了，会说"咪西咪西"（"咪西"不是中文词，可能是日文发音"meshi"的误听。日文中 meshi 意为"米饭"或"餐饭"）。

日本人让我们吃药，是什么药，我也不知道。白天日本兵来得少时，我们一般是缝衣、做鞋。有人专门看着我们。晚上日本兵来得多。每天不一样，有时多，有时少。日本兵要挑，长得好看点的，去的日本兵就多一些。日本兵常常打我们。我左肩上至今还有个伤疤，那就是日本兵用嘴咬我留下的。我还看见一个女的被日本兵拖出来打（谈到这里，陈丽菲问起日本兵为什么咬她。李连春脸上现出难言的痛楚。她解开上衣让调查者看她肩上的伤痕。那疤痕长且宽，令人难以想象这是人咬的伤疤。为帮助李连春平静下来，陈丽菲换了个话题，问起慰安所的日本士兵是否付费）。

日本人从来不给我们钱。给了也没有用（据当地史料记载，日军在占领期间不准中国人用国币。日军发行了军票，但占领区的中国人大多不肯用。所以当时这里的贸易多是以物易物，不用钱币）。日本人什么都不给我们。我们白天接缝衣、做鞋的活，换点吃的、用的。

我在慰安所里大概一年多吧。我逃出来大概是1943年的时候……具体时间记不得了。我被抓进去后，总想着要逃出来。时间长了，日本人对我们看守得不严了，白天还可以上街，接一些当地人要做的活。当然不能跑远了，有人看着的。慢慢地，我认识了一些人，有本地一个放牛的老倌，与我有一些亲戚关系。他答应帮我逃。

有一天深夜，大概天快亮的时候，我在茅房里换了放牛老倌的衣服，偷偷地逃出来了。我东躲西藏离开了大垭口。我也不知要到哪里去。只知道要从江西跑到江东（怒江以东地域当时在中国远征军控制之下）。为了怕再被抓住，我不敢走大路，沿着山跑。没有钱，一路讨饭，也帮人干活。整整跑了几个月。后来，到了一个集镇，实在没办法，就嫁给了当地人。可是后来，这里住不下去了……（李连春讲到这里陷入沉默。后来，我们从当地知情人处了解到李连春在那个集镇的经历。2001年11月，苏智良、陈丽菲与上海电视台纪录片摄制组一行再赴云南采访李连春。这次他们来到李连春的故乡白泥塘村了解她受害前后的情况，并确认大娘的出生地和她的受害过程。在白泥塘村他们找到了李连春的亲戚封普国，封的堂兄的妻子是李连春的妹妹。据封普国老人回忆，那个帮助李连春逃出慰安所的放牛老倌是大七树村人，因李连春的姑母嫁到该村，因此知道李连春。李连春在他的帮助下逃出松山慰安所之后来到潞江坝香树村，求人将她用筏子载过了江。其后李连春来到蒲缥下面的一个寨子，有个姓茶的，是个小军阀，娶了李连春做小。后来因为开展清匪反霸运动，小军阀被杀，李连春也受到虐待。于是，她又逃上山去，在龙洞那里的一块大山石下藏身，当了半年的"白毛女"，最后被她现已过世的丈夫高习贤收留。封普国记得1999年李连春曾回家乡探望亲戚）。

（在去李连春家的路上，调查组一行又绕道去了李连春第一次被抓的长箐村。长箐村当年有日军进占，驻扎在李家祠堂。该村200多户，三分之二以上姓李。村民称之为"李家总祠"。李家总祠在山坡上，平房一间，木结构相当牢固。到春节时，每年村民都要进行隆重的祭祀活动。占领时期日军第113联队有三个大队驻扎在松山，有两个中队驻守在腊猛的长箐；指挥部就设在长箐的李家祠堂附近的民宅中。当时李家祠堂是不是做过慰安所，长箐慰安所是不是就在这里，此次调查无法确认。但据村中李芹松老人（当时81岁）回忆，战争时期，日军曾在祠堂内驻扎，有中国女孩关在里面。日军进占时，秩序混乱，该村妇女多逃往深山避难，日军杀猪抢鸡，但驻扎时间似乎不长。从老人回忆的情况判断，估计是日军进山到白泥塘等地进行"扫荡"，在此期间强暴了李连春等中国女孩，然后返回时在长箐短期驻扎，以后便返回松山据点了。）

（看到李连春沉默不语，她的女儿高玉兰讲述了李连春后来的经历。）

我母亲从那家逃了出来就往秉塞大山里跑，是我的父亲把她收留了。父亲大我母亲十多岁，是行医的，结过婚，但妻子死了。听我母亲说，她躲在大石头下，被上山采药的父亲看到了（访谈结束后下山的路上，李连春的女儿带着调查组的人去看了她母亲当年藏身的地方。那块巨石从坡面伸出，离地面不过半丈左右，坡上生长着常春藤，顺大石头披下，掩蔽着石头的正面，直拖到地，正好构成一个可以容身的空间）。听我母亲说，那时候她真是已经活不下去了，不像人样了，饿了摘些野果子吃。我母亲天天哭，眼病很重，快要瞎了。就像是讨饭的，衣服是破的，头发乱糟糟。我父亲看母亲太可怜了，就收留她了，给她点吃的，后来又给她治病。

我父亲不但收留了母亲，在母亲之前还收留了另一个人哩。是邻村的，患了水肿病，肚子好大，爬过来求父亲，就收养了他。

我爷爷、叔父都是兽医。当时他们都反对把母亲收留到家里来，可是父亲坚持。后来母亲慢慢恢复了健康。母亲可干净了，而且很能干，她真是样样都拿得上手，田里的、手上的。母亲拼命干活，又干净。慢慢地，父亲和母亲有了感情。可是爷爷和叔父非常反对。父亲于是就跟他们分了家；因为父亲要和母亲结婚，只有这么做。我父亲知道我母亲的经历，但他不计较。他一直说："你母亲太可怜了，太可怜了。"（高玉兰说到这里哽咽起来）。

爷爷住在下龙洞的团山坝。父亲就上山到了上龙洞。爷爷到父亲的家还要往山上爬半个多小时。父亲先是在山上盖了一间草房，把母亲带过去，就算结婚了。他给我母亲治病，治好了眼睛，又治她的妇女病。我母亲说她流产几次才生下了我。

我的父亲高习贤，人确实很好！他救过不少人。当时在草房结婚时另外还有一个人，就是那个病人，父亲也带过去了。父亲曾想让他做儿子，因为当时怕我母亲不能生孩子。后来那个人还是分出去成家了。我父亲死时，他是来披麻戴孝的。我们现在就像亲戚一样。我父亲给人治病从不收钱，人家就送一些东西。所以我父亲的人缘特别特别好。

父亲后来盖了一栋全村最好的房子给我母亲住。父亲回过母亲的娘家去探一探。父亲走了几天才到。我记得父亲告诉母亲，家里的长辈都死了，我母亲大哭一场。后来，我母亲叫我教她识字，她说她要回家看看。所以我母亲前些年识了些字，现在她自己的名字是认识的。

我父亲是1971年"文化大革命"中去世的。父亲死后，村里人不理我们，有人背后议论我母亲的过去。母亲总是一个人，她下田，人家就走开。我母亲没日没夜地在田里。那时，家里太困难了。我总记得我母亲说的一句话："再穷再苦，也要读书，只有读书，才能够不受人的欺负。"

有一次下大雨。我母亲到学校来接我。她刚从田里来，浑身都湿透了，赤着脚，扎了东西，整个脚板都穿透了。我哭了，说："妈妈我不读书了。"村里人也劝母亲，说让你女儿来帮帮你。可是我母亲她不同意。再难也叫我们读书。所以我家的孩子，没一个不读书的。就靠我母亲的一双手。①

我一个人，天天走30多里的山路去学校。天不亮就要走了，晚上再走回来。来回要60多里的山路呢。我不怕苦，母亲叫我好好读书，我就好好读。我成绩也很好，后来县中学里就考上了我一个女生。从师范毕业，我当了老师。我好高兴可以帮母亲了。

我有一个好母亲。父亲死后她带着四个孩子，还有爷爷。爷爷的脾气非常大。叔叔对爷爷也不错，但他总是吵闹，就住到我家来了。爷爷对我母亲和我、妹妹可凶了。有一次发火，把大门都砍了。他一生气，就带了铺盖跑到后山去，睡在山石下。我母亲就自己做饭送去。总是我和妹妹跪在爷爷面前求，母亲说，求不回来我们也不能回。这样一直养老送终。

---

① 李连春有三女一子。大女儿高玉兰，1955年生，现为保山市隆阳区新街乡杜家小学教师。二女儿、小女儿现在保山工作。儿子高成树，1966年生，继承祖业，是兽医，家中还有保山市政府颁发的兽医证书。他热心公益事业，帮助村里拉上电线通了电，还发起铺设了自来水管，从溶洞里取水，从此家家有了自来水。他还建了磨坊，帮助村民磨苞米和大米；不幸的是，因积劳成疾，他于2001年因癌症去世。

我母亲就是要一个公道。我很希望母亲在有生之年，能了她讨个清白的心愿。

（说到这里，高玉兰转向母亲，鼓励她说："妈，你把上次在家里说的话，就再说一遍！不怕的！"在女儿的鼓励下，李连春拉着陈丽菲的手，说出了她的心声。）

我的儿子得食道癌，死了，才一个多月。才36岁……我太受刺激了……我这一生，受的刺激太多了……有很多事情，年纪大了，越来越记不清了。心里好多话，说不出来，说不出来……我苦了一生，穷了一生，可是，有一样东西是我最宝贵的财富，那就是我的身体和清白。我的身体是我最宝贵的东西，是多少钱也赔不来的。我不是要钱，也不要找谁报复，我就是要世间公道！

***

2004年1月，李连春因病去世。她未能如愿在有生之年讨还公道。2005年7月，李连春的外孙阿吉成功考取贵州大学。陈丽菲和苏智良资助了他在高中和大学学习的费用。上海电视台纪录片制作组的同人出资赞助了李连春的外孙女阿丹的教育费用。

（根据苏智良、陈丽菲2001年两次调查访谈记录整理。）

***

这12位幸存者的血泪控诉，清楚地揭露了日军"慰安妇"制度令人发指的罪恶本质。无论是在战时面对暴力还是在战后的困境中，这些历尽苦难的女性所表现出的毅力和勇气令人油然起敬。在下一章里我们将看到中国"慰安妇"和她们的支持者在当前这场追索正义的国际运动中不懈的奋斗。

第三部分
追索正义

第八章　无愈之伤

第二次世界大战于 1945 年宣告结束，但战争的终结并未给那些饱受日军慰安所摧残的女性带来正义与公道。有资料表明，日本投降时，盟军各国已经掌握了日军强征"慰安妇"的诸多证据。譬如，盟军曾将"慰安妇"作为战俘收押，伦敦公共文档局（Public Record Office）、美国国家档案馆，及澳大利亚战争博物馆都存有盟军收押韩国、中国、印度尼西亚"慰安妇"的照片。① 在远东国际军事法庭上，代表中国、荷兰和法国的检察官也提交过关于日军实施性奴役的资料。② 然而，远东国际军事法庭仅仅认定了某些个案，并未将日军建立"慰安所"制度判定为日本帝国的主要战争罪行之一。③ 譬如法庭判决书中曾提到中国检察官提交的如下案例："日军在占领桂林期间犯下强奸、掠夺等种种暴行。他们以建工厂为名招募女工，实则强迫这些女子向日本军队提供性服务。"④ 可见，法庭虽然认定了强迫卖淫属战争犯罪，却没有进一步判定日本军队及政府首脑对建立军用"慰安妇"制度负有责任。⑤

远东国际军事法庭为什么对如此严重的罪行未加深究？专家学者曾试

---

① Yuki Tanaka, *Japan's Comfort Women: Sexual Slavery and Prostitution during World War II and the US Occupation*, New York: Routledge, 2002, p. 86.

② 2007 年 4 月 17 日，林博史、吉见义明及其他历史学家在东京宣布发现七份关于日军强迫妇女在印度尼西亚、中国、东帝汶和越南战场提供性服务的官方审问记录及文件。这些记录和文件曾被提交远东国际军事法庭。见 Reiji Yoshida, "Evidence Documenting Sex-Slave Coercion Revealed", *Japan Times*, April 18, 2007. 另见 Yuma Totani, *The Tokyo War Crimes Trial: The Pursuit of Justice in the Wake of World War II*, Cambridge: Harvard University Asia Center, 2008, pp. 176-179, 181-182, and 185-186.

③ Totani, *Tokyo War Crimes Trial*, p. 185.

④ *Tokyo Judgment*, 1: 392-393. 引自 Totani, *Tokyo War Crimes Trial: The Pursuit of Justice in the Wake of World War II*, Cambridge: Harvard University Asia Center, 2008, p. 185.

⑤ Totani, *Tokyo War Crimes Trial: The Pursuit of Justice in the Wake of World War II*, Cambridge: Harvard University Asia Center, 2008, p. 185.

图从各种角度解释这个问题。一种看法认为这是种族歧视造成的,因为绝大多数日军性奴役制度的受害者并非白人。① 约翰·道尔(John Dower)批评远东国际军事法庭"实质上是白人的法庭"。② 他指出,虽然遭受日军侵占的大多是亚洲国家,而且亚洲人民的伤亡极其惨重,远东国际军事法庭最初任命的九个大法官中,却仅有一个是来自中国的亚洲人。印度和菲律宾籍法官是在两国表示强烈不满之后才加进去的。而其他遭受日本侵略和殖民危害的亚洲国家,如朝鲜、韩国、印度尼西亚、越南、马来亚和英属缅甸,当时都没有自己的代表参加。③ 道尔认为,这种"以白人为中心的审判"也见于审判 B 级、C 级战犯的地方法庭;当时除中国和菲律宾以外,地方审判均由欧美大国主持,而审判多以日军虐待白人战俘的罪行为中心。④ 在 B 级、C 级战犯审判中,四分之三的被告被指控犯有虐待战俘罪;⑤ 日本军队人员被指控犯有强迫卖淫罪的仅有两例。其中一例涉及荷兰妇女被迫在印度尼西亚的日军妓院中卖淫⑥,另外一例涉及关岛妇女,但该案是牵涉到日本人侮辱美国国旗案而连审的。⑦

关于远东国际军事法庭未对"慰安妇"问题进一步追究的另一种解释是,传统的男权至上观念在各国军人头脑中根深蒂固,从而造成了对女性权利的普遍漠视。⑧ 持这一观点的学者举出美国及其他盟国占领军也使用"慰安妇"的行为做例证。据报道,战争接近尾声时,许多来自日本和中国台湾的护士及"慰安妇"遭到盟军士兵强奸。⑨ 战后日本政府甚至

---

① Tanaka, *Japan's Comfort Women*, p. 87.

② John Dower, *Embracing Defeat: Japan in the Wake of World War II*, New York: W. W. Norton, 1999, p. 469.

③ Ibid., p. 469.

④ Ibid., p. 632.

⑤ Ibid., pp. 443—449.

⑥ 吉見義明、『従軍慰安婦』,岩波書店,1995 年,175—192 頁。另见 Tanaka, *Japan's Comfort Women*, p. 86; C. Sarah Soh, *The Comfort Women: Sexual Violence and Postcolonial Memory in Korea and Japan*, Chicago: University of Chicago Press, 2008, p. 22。

⑦ Tanaka, *Japan's Comfort Women*, p. 86. 另见田中利幸「なぜ米軍は従軍『慰安婦』問題を無視したのか」,『世界』1996 年 627 號,174—183 頁;1996 年 628 號,270—279 頁。

⑧ Tanaka, *Japan's Comfort Women*, p. 86.

⑨ George Hicks, *The Comfort Women: Japan's Brutal Regime of Enforced Prostitution in the Second World War*, New York: W. W Norton, 1994, p. 167; 另见 Tanaka, *Japan's Comfort Women*, pp. 110-132。

专门为占领军设立了慰安设施。① 东京经济大学教授竹前荣治的研究显示，1945年8月18日，日本接受《中美英三国促令日本投降之波茨坦公告》条款后第三天，日本内务省警保局就指示全国各执法机构设立"特殊慰安设施"（后更名为"娱乐休闲协会"），用社会底层家庭的女性去满足疲于战争的美国士兵的性需求，以保护中上层家庭的女子。② 笔者从当年日本的报刊广告中确实查到了当时建立这种慰安设施的证据：1945年9月3日的《读卖新闻》（『読売新聞』）上公然登着一则"特殊慰安设施协会"（特殊慰安施設協会）的紧急通告（急告），征召"特殊女性雇员"。③ 如果盟军首脑们默认了这种女人该为上战场的男人提供性服务的观念，或者他们认为占领军强奸战败国的妇女理所当然，那么远东国际军事法庭对"慰安妇"遭遇的漠视也就不足为奇了。

近期关于远东国际军事审判的研究对这个问题作出了新的解释。户谷由麻（Yuma Totani）在考察了远东国际军事法庭的起诉策略后指出，由于受害国的检察官未能当庭出示充分证据，法官们认为起诉方证据不足，故无法就实施"慰安妇"制度给日本国家领导人定罪。④ 户谷特别指出，在起诉日本的战争罪行时，盟国检察官采取的策略是通过列举日军在战争中的常见罪行来证明其暴行的普遍性和一贯性。他们采取这样的做法主要是由于日本政府在战争末期有组织地销毁了军事文件记录⑤，致使起诉方很难提供确凿证据来证明被告人的具体罪行。这一策略最终导致了不尽人意的审判结果，因为各国检查团各有不同的起诉重点和举证方式。以中国检察团为例，检察团把南京大屠杀作为日军罪行的典型案例，下了很大功夫充分取证。然而对发生在中国大陆其他地区的日军暴行，检察团仅提诉了部分案例，以证明日军暴行的普遍性。结果，虽然中国检察团向法庭提交了一些证据，证明日军犯有强奸、有组织的性奴役，及其他性暴力罪行，但最终未能提供足够证据来证明战时日本的国家首脑对日军性犯罪负有责任。⑥

澳大利亚学者妮克拉·亨利在研究纽伦堡审判和东京审判的专著中指

---

① Hicks, *Comfort Women*, pp. 158-162; Tanaka, *Japan's Comfort Women*, pp. 133-166.

② Takemae Eiji, *The Allied Occupation of Japan*, trans. Robert Ricketts and Sebastian Swann, New York: Continuum, 2002, pp. 67-71.

③ 『読売新聞』，1945年9月3日，日間版。

④ Totani, *Tokyo War Crimes Trial*, pp. 185-189.

⑤ Ibid., p. 51.

⑥ Ibid., pp. 152-155.

出，在这两个审判中，"惩处强奸罪显然不在战胜国的政治意图之中，因而未被纳入武装冲突后法律制裁的主要议题"①。她认为，在检察官们的眼里，日军对"慰安妇"大规模有组织的性奴役似乎缺乏"足够的政治性"，因而不值得在审判过程中给予认真关注。亨利强调："由于战胜者这一概念本身是一个极其男性中心的概念，战胜国的法律正义也常常表现出性别正义缺失的特征。"② 她认为，在纽伦堡审判和东京审判中，强奸罪被提起往往是为了以一方的残暴来反衬另一方的英勇，而强奸受害者个人所遭受的伤害经常被忽略。亨利认为这是一种"法律失忆症"（legal amnesia），是由诸多政治因素以及法律讨论本身男权至上的（从而是性歧视的——亨利语）性质所造成的。

远东国际军事法庭于 1948 年 11 月宣告休庭。庭审接近尾声时，中国大陆已经局势大变。共产党领导的军队在内战中接连取胜，而国民党政府对大陆的军事控制持续削弱。西方的政治家担心共产党接掌中国，遂将注意重点转向冷战策略，希望从以往的敌人包括日本那里得到协助。在这种政治军事形势下，蒋介石政府未能彻查日军犯下的战争罪行，包括与性暴力相关的罪行。据报告，自 1946 年至 1949 年，国民党政府开设了 13 个军事法庭审判日本战犯及汉奸；共有 883 人被指控，504 人被定罪，判定的罪行中包括"强奸"和"强迫妇女卖淫"两项。③ 然而，因性犯罪被起诉并定罪的人数与受害人的巨大数量相比微乎其微，法庭也未判定日本政府和军队首脑对建立军事"慰安妇"制度负有责任。新成立的中华人民共和国 1956 年在辽宁省沈阳市和山西省太原市开设了军事法庭，审判日本战争罪犯嫌疑人。两个法庭都强调以教育改造为主的方针，判决相当宽容。④ 以太原军事法庭为例，被判刑的日本战犯只有 9 人，无一人处以死刑，法庭还对另外 120 名已经确认罪行的战犯免于起诉。⑤ 从解密的卷宗来看，9 个判刑的战犯里有 3 名犯下了强奸罪。在免于起诉的人中，有 43 人承认了自己在战时曾强奸、轮奸或绑架中国女性，并强行把她们送

---

① Nicola Henry, *War and Rape: Law, Memory and Justice*, London: Routledge, 2011, p. 40.

② Ibid., pp. 28–60.

③ Philip R. Piccigallo, *The Japanese on Trial: Allied War Crimes Operations in the East, 1945-1951*, Austin: University of Texas Press, 1979, pp. 158–173.

④ 石田米子、内田知行編：『黄土の村の性暴力——大娘（ダーニャン）たちの戦争は終わらない』，創土社，2004 年，225—228 頁。

⑤ 同上。

进慰安所，其中有人坦白曾多次犯下性暴力罪行，严重者达 70 次之多。①

"慰安妇"问题就这样战后始终没有得到应有的重视，受害者未能讨还公道，致使没有得到分文赔偿的幸存者长期在贫穷和伤痛中饱受煎熬（见图19）。近期的调查显示，还在世的中国"慰安妇"普遍生活困苦。在山西省盂县，已经确认的幸存者无一不在贫困线上挣扎。盂县于 1938 年初被日本派往华北的第 1 军第 4 独立混合旅第 14 步兵大队占领。一年之内，这个地区多次遭到日军"烬灭作战"（三光）的损毁。日本学者内田知行的调查显示，到 1943 年为止，该县有 275 个村庄被日军夷为平地；② 全县总人口从 1936 年的 215000 人下降至 1946 年的 146000 人；③ 千百名妇女沦为日军的性奴隶，她们的家庭也惨遭敲诈，在被迫向日军交纳巨额赎金后沦为赤贫，南二朴家就是其中的一例。1942 年春天，南二朴被日军强奸后带到河东村的据点做"慰安妇"。为救她出来，她父亲将家里的田地卖掉筹集赎金。但是，日军收了赎金却不放人。南二朴被日军军官蹂躏长达一年半之久。她试图逃跑，但不幸被日军抓回，带到羊马山附近的日军炮楼里。在那里，她在长达两个月的时间里每晚被一群日本士兵轮奸。最终她趁日军离开据点去扫荡之机逃离魔窟。激怒的日本兵便折磨她的弟弟，烧毁她家的房子。南二朴直到 1945 年日军从该地区撤退后才得以返回家中，而那时家里已经变卖所有家产，一贫如洗。④

在盂县，与南二朴经历相仿的女性还有很多，王改荷也是其中一例。她于 1942 年春日军突袭在南贝子召开的一个共产党会议时被捕。她的丈夫被日军捉住枪杀，死在她的眼前。日军又用尽手段对她折磨逼供，逼迫她说出其他共产党员，直到她昏死过去。接着，日军把她带到河东村的据点，每天施以性暴力。王改荷被折磨得一条腿骨折，腹部肿胀，牙齿被打掉，大小便失禁。当他父亲卖掉家中财产与耕地将她赎出来时，她已经奄奄一息。脱离虎口之后的两年里，王改荷卧病在床，生活无法自理，其后三年仍靠拐杖支撑才能行走。晚年的王改荷孤苦伶仃，仅靠政府每月 60

---

① 石田米子、内田知行编：『黄土の村の性暴力——大娘（ダーニャン）たちの戦争は終わらない』，創土社，2004 年，225—228 頁。
② 同上书，第 377 页。
③ 同上书，第 363 页。
④ 同上书，第 49—56 页。

图19 日本侵略战争使朱巧妹全家陷入赤贫。照片为战后她家居住的破屋（苏智良摄）

元养老金①和两亩地过活。旧伤和大小便失禁的痛苦折磨了她半个世纪，每晚她都会做噩梦，梦里看见折磨过她的那些日本士兵。王改荷在2007年12月14日与世长辞，有生之年未能看到她渴望的正义得到伸张。②

　　本书第二部分介绍的12位幸存者在逃离或被救出慰安所后，无一例外生活在贫困之中。如前所述，日军杀害了朱巧妹的丈夫，毁了她家的餐馆，她全家生活从此陷入困境。战后几十年，朱巧妹全家一直住在一个破烂的泥屋里。2000年苏智良和陈丽菲拜访她时，朱巧妹的健康状况已经很差，同时患有肾病与慢性头痛。她全家主要依靠她儿子每月460元退休金度日，此外只有每年从崇明县政府领取的36元的补助金（见图20）。海南岛的幸存者陈亚扁住的是破烂的土坯房。调查者见到她时，她厨房中的大锅里正煮着黑乎乎的野菜，而那便是陈亚扁每天的食物。陈亚扁除了政府发放的微薄救济金，只有靠卖几棵椰子树、槟榔树的果实补贴家用。

　　慰安所的折磨不仅造成幸存者生活贫困，还给她们留下了终生心理创痛。子宫损伤和不孕在幸存者中极为常见，此外还有各种心理创伤，包括创伤后心理障碍、抑郁症、慢性头痛、失眠、噩梦、精神失常和对性生活的恐惧等，日夜折磨着她们。慰安所的摧残已经过去半个多世纪，幸存者林亚金仍无法摆脱创伤的阴影。她甚少言笑，也不爱与人交流。2007年6月，当她作为幸存者代表获邀到上海参加上海

---

① 王改荷因参加过抗日工作而领取政府的养老金。
② 见石田米子、内田知行编『黃土の村の性暴力——大娘（ダーニャン）たちの戦争は終わらない』，114—117頁。

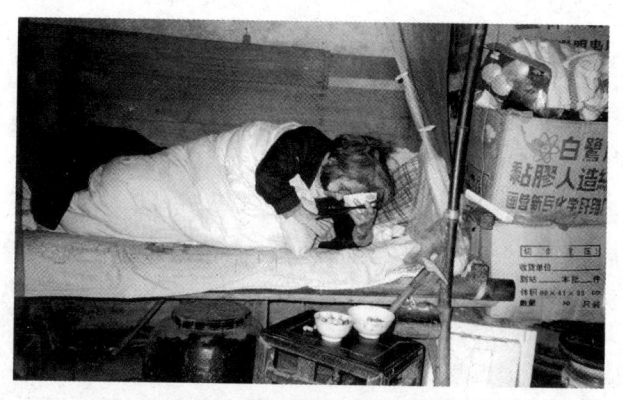

图20　幸存者朱巧妹病卧家中（苏智良摄）

师范大学中国"慰安妇"资料馆揭幕仪式时，她常把自己锁在房间里不同任何人讲话，即使在聚餐时间也很少与周围的人交谈，脸上总是笼罩着悲伤的阴云。本书第二部分记载的12位幸存者中，有4人身上留有在慰安所遭受残害造成的伤疤；有6人因性奴役患有子宫或尿路疾病；7人因被殴打或心理创伤造成长期头痛，饱受噩梦的煎熬；3人曾经流产；5人无法再生育。

在一个晚年主要靠子女赡养的社会里，女人能够正常生育是至关重要的事情。在中国社会的传统观念中，女人的价值在于她生儿育女、延续香火的能力。因此，丧失生育能力不仅使幸存者晚年生活陷入困境，还常常使她们受到社会的歧视。盂县南社乡的幸存者高银娥的遭遇，就是其中一例。1941年春天，她被日本士兵抓到了河东村据点。她丈夫卖掉家里的土地筹措赎金，可是到她终于被赎出时，性暴力已经对她的身体造成了严重伤害。她腹痛严重，下体经常流血，但是家里已经无钱给她医治。高银娥因此丧失了生育能力，最终她的丈夫与她离婚。无法生育也导致她第二次婚姻的破裂。第三次结婚后，她领养了一个女儿，但是始终无法摆脱生活的困境。[①] 2008年1月14日，高银娥在贫困中与世长辞。

在某种程度上，战后很长一段时间里中国社会环境的压抑也加深了幸存者的痛苦。应当说，不同地区的幸存者境遇不尽相同，有些幸存者战后得到了当地乡亲温暖的帮助与支持。比如来自朝鲜半岛的M大妈，是

---

①　见石田米子、内田知行编『黄土の村の性暴力——大娘（ダーニャン）たちの戦争は終わらない』，76—79頁。

1945年5月被日军骗进湖北武汉的慰安所的。三个月后，趁着日本投降的混乱局面，她从慰安所逃了出来。因为对自己当过"慰安妇"的经历感到羞耻，她没有返回故国而是选择了在湖北省湖西村定居。多年来，她获得当地村民的热情帮助，还被纳入了"五保户"，当地民政局每月发给她60元生活补贴。村民喊她"大妈"，她也给自己改了一个中国名字，自豪地说自己是中国人。① 虽然像M大妈这样的例子确实存在，很多慰安所幸存者在战后面临的却是社会上、政治上的歧视。在男权至上意识形态根深蒂固的中国社会里，传统观念把女性的贞洁看得高于生命。一个失去贞洁的女人，即使是被暴力侵犯，往往不为社会所见容。日本侵华战争时期，这种男权意识与政治成见结合在一起，导致很多地方不仅视"慰安妇"为道德沦丧的女人，还把她们当作汉奸卖国贼。"慰安妇"所受的不公正待遇也常常牵连她们的家人。据报道，南二朴家有三人被不明身份的人杀死，据说此事与她当了日军的"慰安妇"有关。②

　　在这种社会文化环境中，大多数幸存者为自己在慰安所的遭遇感到耻辱，战后选择了独居，对自己的过去守口如瓶。她们当中的很多人甚至不愿把这段经历告诉家人。孤独中无法摆脱噩梦般的记忆及心理创伤，有的幸存者精神失常，或以自杀来结束痛苦。幸存者战时的经历一旦曝光，往往受到歧视和侮辱。如前所述，袁竹林曾遭人辱骂，说她跟日本兵睡过觉，后来她被迫迁到偏远的东北农场。南二朴则因为当过日军"慰安妇"被打成"反革命"。"文化大革命"中她又被定为"历史反革命"，受到两年拘禁。无法忍受战时日军折磨造成的身心伤痛和战后的政治迫害，南二朴于1967年悬梁自尽。③ 男权至上的意识形态及由此衍生的性别歧视直到21世纪在中国社会中依然根深蒂固。当李连春2000年应邀参加在东京举行的针对日军性奴役罪行的"女性审判日军性奴役战争罪行国际法庭"时，她居住地的官员拒绝签发她出国所需的旅行证件，认为李连春不该到国外去讲她"过去干过的丑事"。④ 当我们分析中国作为日本侵略战争的最大受害国为何没能及时地为"慰安妇"伸张正义时，这种男权至上的性别歧视观念无疑是重要的因素之一。事实上，虽然国民党政府在战争末期设立了"敌人罪行调查委员会"，并把"强奸""掳掠妇女"和

---

① 引自苏智良、陈丽菲的调查记录。
② 陈丽菲：《日军"慰安妇"制度批判》，中华书局2006年版，第325—326页。
③ 同上。
④ 同上书，第398—399页。亦见苏智良、陈丽菲的调查记录。

"强迫卖淫"列在调查的罪行之中①,但其后却未对"慰安妇"制度的罪恶进行彻底调查。②

战后国内外的这种社会、政治和文化环境,迫使幸存者对她们的悲惨遭遇在相当长的时间里缄口不言,然而这种状况从 1980 年代末开始改变。在亚洲多国"慰安妇"索赔运动的浪潮激励下,中国大陆也掀起了为日军慰安所受害者讨还公道的运动。

---

① 韩文宁、冯春龙:《日本战犯审判》,南京出版社 2005 年版,第 91 页。
② 关于这一调查,见石田米子、内田知行编『黄土の村の性暴力——大娘(ダーニャン)たちの戦争は終わらない』,225—228 页。

第九章　索赔运动

　　日军犯下的性奴役罪行，在"二战"结束后的头几个十年几乎不为外界所知。虽然有关"慰安妇"的描写偶见于日文出版的回忆录和文学书刊中，但绝大多数受害者和原日军官兵却对此闭口不谈。关于"慰安妇"问题最早的两本专著于20世纪70年代面世，作者分别是日本记者、纪实文学作家千田夏光和旅日韩裔作家金一勉。① 这一时期在日本还出版了三位日本、韩国"慰安妇"的战时经历。② 同时，少数原日本军官的个人回忆录中也提到了他们参与建立慰安所的经历。③ 然而"慰安妇"问题当时并未引起广泛注意。直到20世纪80年代，随着女性主义及草根政治在全球兴起，韩日妇女组织协力才将这一问题提到了政治运动的层面。④ 韩国教会妇女联盟率先谴责这一残害妇女的性暴力，将其定性为侵犯基本

---

　　① 这两本书是千田夏光的『従軍慰安婦』，双葉社，1973年，和金一勉的『天皇の軍隊と朝鮮人慰安婦』，三一書房，1976年。
　　② 相关出版物的信息，见 C. Sarah Soh, *The Comfort Women: Sexual Violence and Postcolonial Memory in Korea and Japan*, Chicago: University of Chicago Press, 2008, pp. 146-148.
　　③ 原日本帝国军人关于"慰安妇"的记述，当时有吉田清治的『朝鮮人慰安婦と日本人——元下関労報動員部長の手記』，新人物往来社，1977年，以及山田清吉的『武漢兵站——支那派遣軍慰安係長の手記』，図書出版社，1978年。吉田的手记已于1992年被证明不实，受到历史学家的普遍否定。
　　④ 关于韩日妇女组织的相关活动，见 Korean Council for Women Drafted for Military Sexual Slavery by Japan, *True Stories of the Korean Comfort Women*, ed. Keith Howard, trans. Young Joo Lee, London: Cassell, 1995, p. v-viii; Watanabe Kazuko, "Militarism, Colonialism, and the Trafficking of Women: 'Comfort Women' Forced into Sexual Labor for Japanese Soldiers", *Bulletin of Concerned Asian Scholars* 26, 4, 1994: 3-17; George Hicks, *The Comfort Women: Japan's Brutal Regime of Enforced Prostitution in the Second World War*, New York: W. W. Norton, 1994, pp. 195-219; Alice Yun Chai, "Korean Feminist and Human Rights Politics: The Chongshindae/Jugunianfu, 'Comfort Women' Movement", in *Korean American Women: From Tradition to Modern Feminism*, ed. Young I. Song and Ailee Moon, Westport: Praeger, 1998, pp. 237-254.

人权的罪行。多年来，深入研究"慰安妇"问题的韩国梨花女子大学教授尹贞玉与关注此事的日本学者密切合作，展开了深入研究。①

1990年6月6日，日本社会党国会议员本冈昭次在参议院预算委员会会议上，要求日本政府调查"慰安妇"问题。日本政府最初矢口否认原帝国政府曾参与任何跟"慰安妇"相关的事宜，并且拒绝对此进行调查。但在接下来的一年半时间里，一系列重大事件迫使日本政府改变了说法。1991年8月，韩国妇女金学顺出面做证，讲述她被迫充当日军性奴隶的经历。1991年12月6日，金学顺和其他两名韩国幸存者在东京地方法院将日本政府告上法庭，要求日本政府道歉和赔偿。这是韩国幸存者针对日本政府的第一宗法律诉讼。紧接着日本大报之一《朝日新闻》于1992年1月11日报道了中央大学教授吉见义明发现的日军直接参与建立"慰安妇"制度的文件证据。报道刊发五天后，时任日本首相的宫泽喜一在出访韩国时对此表示遗憾并道歉，承诺将对该问题展开调查。

1992年7月6日，日本政府发表了首次调查结果。这次调查涉及127份档案材料，其中包括吉见教授与其他调查者首先披露的文件。② 但是，日本政府的调查结果一发表，就引起了批评和质疑。乔治·希克斯（George Hicks）指出，研究者普遍认为警察厅和劳动省与强征"慰安妇"密切相关，但是调查报告中却未见披露这两个部门的档案资料。③ 此外，已知存有战犯审判记录的法务省未受到调查，同时调查也未包括个人提供的资料（如日本国内关于"慰安妇"问题的专线电话记录）和外国档案资料（如美军报告）。④ 这样一个非常有限的调查引起了妇女组织和相关学者的广泛批评，吉见义明及韩日妇女运动活动家对此尤持批评态度。

1993年8月4日，日本政府就进一步调查的结果发表了第二份调查报告。基于这份报告，日本内阁官房长官河野洋平发表谈话，承认日本帝国军队曾直接或间接参与了建立、管理慰安所，违背女性个人意愿进行征

---

① Bonnie B. C. Oh, "The Japanese Imperial System and the Korean 'Comfort Women'", in *Legacies of the Comfort Women of the World War II*, ed. Margaret Stetz and Bonnie B. C. Oh, Armonk, NY: M. E. Sharpe, 2001, p. 14.

② 见亚洲妇女基金会（女性のためのアジア平和国民基金）编，『政府調査「従軍慰安婦」関係資料集成』，第1卷，龍渓書舎，1997—1998年，7—10頁。另参考 "Statement by Chief Cabinet Secretary Kato Regarding the So-Called Problem of Korean Comfort Women", Ministry of Foreign Affairs, Japan, July 6, 1992, accessed October 15, 2010, http://www.Mofa.go.jp/.

③ Hicks, *Comfort Women*, pp. 220-228.

④ Ibid..

召的情况也曾发生。谈话并提到，这些妇女曾被迫生活在悲惨的条件下。① 河野谈话被认为是向承认日军参与残害"慰安妇"迈出的一大步，受到了欢迎。但谈话的精心措辞也受到批评，被认为是有意开脱日本政府的法律、政治责任。吉见义明当时指出，河野谈话有三点令人难以接受。第一，谈话暗示慰安所内发生的暴行主要是私人经营者造成的，日本政府并不负主要责任。第二，河野谈话承认了从朝鲜半岛征召大量"慰安妇"，但除韩日"慰安妇"外，却忽略不提其他族裔和国家的"慰安妇"。吉见教授特别注意到，日本政府并没有对中国大陆、中国台湾和东南亚地区的幸存者进行听证调查。第三，谈话虽然表达了"歉意和反省"，却没有承认日军的行为是战争罪行和对国际法律的公然违反。谈话也未提及政府关于后续调查及赔偿事宜的具体计划。②

河野谈话发表后，日本国内在政府是否应当对"慰安妇"问题负责的问题上意见进一步出现分歧。一方面，众多学者、新闻工作者、法律专家和普通公民强烈要求日本政府对以往的战争罪行承担责任；另一方面，右翼保守势力竭力反对"慰安妇"对日索赔运动。1995年，一伙自由民主党立法委员赞助成立了一个研究会，出版发行否定南京大屠杀等日军暴行的刊物。与此遥相呼应，"慰安妇"索赔运动的反对者们声称，"慰安妇"大多是妓女，日本军队并没有强迫她们进入慰安所。他们还宣称日军对待这些妇女的所作所为在当时并不违反国际法，从而日本无须承担任何责任，更不必道歉或赔偿。③

在对原"慰安妇"赔偿的问题上，日本政府坚持认为，日本已经通过《旧金山和平条约》及与其他国家签订的双边协议解决了与赔偿相关的所有问题。但后来在国际和国内压力不断增加的情况下，社会党的村山富市领导的联合内阁于1995年7月宣布建立亚洲妇女基金（Asian Women's Fund，AWF），为幸存的原"慰安妇"筹集私人善款。然而，如旅日英国学者菲利普·希顿（Phillip A. Seaton）所指出的，这一举措当时被日本政

---

① 『朝日新聞』，1993年8月4日。该报告原文载于日本外务省网站，http://www.mofa.go.jp/，"いわゆる従軍慰安婦問題について"，1993年8月4日。

② 吉見義明：『従軍慰安婦』，岩波書店，1995年，6—8頁。关于对河野谈话的批评讨论，见Yoshiko Nozaki, "Feminism, Nationalism, and the Japanese Textbook Controversy over 'Comfort Women'", in *Feminism and Antiracism: International Struggle for Justice*, ed. France Winddance Twine and Kathleen M. Blee, New York: New York University Press, 2001, pp. 173-174.

③ 见Norma Field, "War and Apology: Japan, Asia, the Fiftieth, and After", *Positions* 5, 1, 1997, pp. 1-51.

府官员的一系列负面言论罩上了阴影。比如 1994 年 5 月，新任日本法务大臣永野茂门说南京大屠杀是"凭空捏造"，并说日本当时没有"侵略意图"。同年 8 月 12 日，环境厅长官樱井新称，日本并非为了侵略而战，亚洲许多国家靠着日本才得以"摆脱殖民统治的枷锁"。1995 年 11 月 8 日，总务厅长官江藤隆美对媒体俱乐部声称，他认为日本对朝鲜施行殖民统治时也做了好事。① 这些言论引起了邻国的抗议，也使国际社会对日本政府的道歉是否真诚产生了怀疑。

从 AWF 的记录来看，该机构自 1995 年到 2007 年的 12 年，从民间筹集了 5.65 亿日元，用于对原"慰安妇"的补助，此外还有来自日本政府的 7.5 亿日元，用于资助幸存者的医疗保健和福利开支。据报道，共有 285 名菲律宾、韩国和中国台湾的原"慰安妇"接受了 AWF 的补助金，另有 79 名身居荷兰的原"慰安妇"得到了相当于 300 万日元的医疗福利资助。② 但是 AWF 未与中国及朝鲜政府进行正式磋商，虽然这两个国家都有大量日军"慰安妇"制度的受害者。AWF 自成立之初就受到了来自日本各方面的批评。极端民族主义者认为，AWF 支付了不应支付的赔偿，而进步知识分子则批评 AWF 的做法并非正式赔偿。更有批评者认为，AWF 的暧昧性质制造了"更多混乱而不是解决问题"。③ 竹前荣治批评"日本政府有意通过企业和个人捐款去回避政府在性奴隶问题上的国家责任"④。他指出，德国政府根据 1956 年的联邦救偿法，付出了相当于 6 兆日元的金额来补偿犹太人和非德国籍的战争受害者；与德国对遭受纳粹蹂躏的犹太人和东欧人的赔偿相比较，日本所做的努力实在微不足道。⑤ 在索赔运动支持者看来，AWF 是个让日本政府借以逃避法律责任的机制。⑥

1997 年，台北妇女救援基金会举办了募捐活动，为那些拒绝接受 AWF 资助款的"慰安妇"幸存者筹集善款。著名作家、评论家李敖捐献

---

① Phillip A. Seaton, *Japan's Contested War Memories*, London: Routledge, 2007, p. 95.

② 取自 AWF 网站 http://www.awf.or.jp/，2013 年 3 月 3 日。据日本外务省估计，民间捐款总额达到了 6 亿日元。见 http://www.mofa.go.jp/。

③ Nozaki, "Feminism, Nationalism, and the Japanese Textbook Controversy", p. 175.

④ Takemae Eiji, *The Allied Occupation of Japan*, trans. Robert Ricketts and Sebastian Swann, New York: Continuum, 2002, p. 557.

⑤ Ibid., p. 673.

⑥ 关于 AWF 的设立始末及对它的批评，见 C. Sarah Soh, "Japan's Responsibility toward Comfort Women Survivors", Japan Policy Research Institute, University of San Francisco Center for the Pacific Rim, *JPRI Working Paper* 77, May 2001, 取自 http://www.jpri.org/。

了一大批自己珍藏的古董。时任台北市市长的马英九、台湾"慰安妇"对日索偿运动主要领导者之一王清峰,及其他众多公共知识分子、名人,都捐出大笔善款支持该项活动。妇女救援基金会最终筹得善款逾4000万新台币,从中给每位拒绝AWF资助的台湾原"慰安妇"提供了50万新台币的援助。这笔善款由台湾政府发放给幸存者,以改善她们的生活条件。①

2000年,AWF非正式地与中国"慰安妇"研究中心主任苏智良取得联系,商讨给中国"慰安妇"提供AWF补助的可能性。苏智良在咨询了"慰安妇"幸存者之后,回绝了AWF。要求日本政府正式道歉并赔偿的中国幸存者袁竹林对研究中心的陈丽菲说:"我被关在慰安所,我的小女儿饿死了,我不能生孩子,我这一辈子的苦能用钱去买吗?这些钱我不拿,饿死也不拿,拿了要叫中国人丢脸!"袁竹林表达的想法与在中爪哇被抓进日军慰安所的荷兰裔女子珍·拉芙·奥赫恩惊人地相似,她们都认为AWF的补助方式是对"慰安妇"的侮辱。②

在日本政府始终拒绝赔偿受害者的情况下,"慰安妇"对日索赔运动的领导者、日军慰安所幸存者,以及法律专家开始寻求国际支持,要求联合国参与调查。1996年1月4日,联合国特派调查员拉迪卡·库马拉斯瓦米(Radhika Coomaraswamy)向联合国人权委员会提交了调查报告,确认了"慰安妇"制度构成日军性奴役及反人类罪行。日本政府在对库马拉斯瓦米报告的回应中为推脱法律责任而寻找各种理由,其主要论点如下:

(a) 国际刑法近年来的发展演进不具有追溯约束力。

(b) 把"慰安所"制度称为奴役罪不确切;无论按何种条件而论,禁止使用奴隶在第二次世界大战时尚未在当时通行的国际法中成为惯用法规。

(c) 武装冲突中的强奸行为,既未被1907年的海牙第四公约附加条

---

① 庄国明:《让正义苏醒——台湾"慰安妇"记事》,载苏智良、荣维木、陈丽菲编《滔天罪孽:二战时期的日军"慰安妇"制度》,学林出版社2000年版,第378—382页;王清峰:《她们的伤口尚未愈合——台湾"慰安妇"问题的进展》,载苏智良、荣维木、陈丽菲编《滔天罪孽:二战时期的日军"慰安妇"制度》,第383—389页。

② "Statement of Jan Ruff O'Herne, Surviving Comfort Woman, Friends of Comfort Women in Australia" (hearing before the Subcommittee on Asia, the Pacific, and the Global Environment of the Committee on Foreign Affairs House of Representatives, 110th Congress, 1st Session, February 15, 2007).

款所禁止,也未被第二次世界大战时通行的国际法惯用法规所禁止。

(d) 战争法规在任何条件下,只适用于日本军队对交战国国民采取的行动,从而不适用于日军对日本人及朝鲜人采取的行动,因为第二次世界大战期间朝鲜是日本的附属国。①

1998年6月22日,联合国特派调查员盖伊·麦克道格尔(Gay J. McDougall)向联合国"防范歧视和保护少数族群小组委员会"提交了最终报告,其中包括进一步调查的结果及对日本政府论点的反驳。报告的附录详细列举了日本政府的罪责,其中特别提到以下几点:

(a) 日军"慰安妇"制度与当时国际上对奴役的定义相符。"1932年时,至少有20个打击贩奴、奴役及与奴役相关行为的国际协议已经缔结",而且"国际联盟1926年监督制定的《禁奴公约》已将奴役明确定义为'对某个人行使应属于该人的任何或全部权力的状态和条件',而该公约至少在第二次世界大战发生时已被明确定为国际惯用法规"。

(b) 强奸(包括强迫或胁迫卖淫)在当时已被定为战争罪行。几个战争法规方面的早期权威文件,包括著名的1863年《利伯守则》(及1907年的《海牙公约》和《日内瓦第四公约》第27条款),都明确禁止战争中虐待、强奸女性的行为。

(c) 大规模或系统性的奴役被确定为反人类罪行也至少有半个世纪之久。依反人类罪论处时,受害者是何国籍不影响定罪。因此,无论是对敌国国民或本国国民犯下的罪行,日本政府都要承担责任。②

该报告指出,即使是根据日本政府的调查所认定的日军在"二战"时期参与建立、监管及经营强奸设施的事实,日本政府也毫无疑问对相关罪行负有下述法律责任:

依照国际法惯例,日本政府必须对遭受日军暴行的"慰安妇"提供赔偿。这一赔偿应以对受害者个人赔偿的形式由日本政府付诸实施。作为一种替代方式,亦可由原"慰安妇"所属国代为索赔,而这些国家必须

---

① 见 Contemporary Forms of Slavery: Systematic Rape, Sexual Slavery and Slavery-Like Practices during Armed Conflict, (final report submitted by Special Rapporteur Gay J. McDougall to United Nations Commission on Human Rights, Sub-Commission on Prevention of Discrimination and Protection of Minorities, 50th Session), UN Doc. E/CN. 4/Sub. 2/1998. 13, June12, 1998, 39, para. 4. 此处仅摘引了该报告相关内容之要点。

② 同上,第38—55页,第14—30段。此处是对该报告附录中相关论点的综述。

建立相应机制将赔偿款分发给受害者。此外，如上所述，（日本）政府和军队的相关责任人必须为其建立、经营强奸设施的罪行受到起诉。①

虽然联合国报告已经就追究个人罪责、国家责任和赔偿责任阐明了法律原则，但日本政府并未遵循联合国的敦促，处罚"慰安妇"制度的相关责任者或赔偿受害者。②

鉴于日本政府拒绝对受害者承担责任的态度与行为，中国法律学者和社会活动家于20世纪90年代初开始，重新审视战后国际相关法规的实施，及中日之间关于战争赔偿的条款。1991年3月25日，曾在北京大学学习国际法的侵华战争受害者对日索赔运动活动家童增，向中华人民共和国全国人民代表大会办公室提交了一份万言书，题为《中国要求日本受害赔偿刻不容缓》。万言书追溯了国际法实践中战争赔偿这一概念的演变过程，呼吁人大代表将战败国对战胜国的赔款和战败国对个体受害者的赔偿区分开来。他指出，中国虽然在1972年中日两国恢复邦交时签署的《中日联合声明》中放弃了对日本的战争赔偿要求，但并未放弃个体受害者要求赔偿的权利。如果日本否认战时所犯暴行的历史事实，并允许军国主义死灰复燃，就是违反《中日联合声明》及1978年《中日友好和平条约》的规定。在这种情况下，中国有权重新要求日本政府给予战争赔偿。③

童增所提到的"个体受害者"不仅仅是"慰安妇"。万言书例数日军在中国犯下的各种暴行，包括南京大屠杀、性奴役、虐杀战俘、强征劳工、使用生化武器、无差别轰炸，及贩卖鸦片及其他毒品。万言书要求日本政府承担责任，并赔偿日本帝国战争罪行中的中国受害者；同时希望中国政府能够采取措施，支持中国公民的索赔行动。童增的万言书反映了许

---

① 见 Contemporary Forms of Slavery: Systematic Rape, Sexual Slavery and Slavery-Like Practices during Armed Conflict, (final report submitted by Special Rapporteur Gay J. McDougall to United Nations Commission on Human Rights, Sub-Commission on Prevention of Discrimination and Protection of Minorities, 50th Session), UN Doc. E/CN.4/Sub.2/1998.13, June 12, 1998, 39, para.4, 第46页，第31段。

② 关于日军"慰安妇"制度违反国际法的详细讨论，见 Yoshiaki Yoshimi, Comfort Women: Sexual Slavery in the Japanese Military during World War II, trans. Suzanne O'Brien, New York: Columbia University Press, 2000, pp.153-176。

③ 童增万言书的全文收载于高凡夫《追索正义与尊严的艰难诉求》，博士学位论文，上海师范大学，2006年，第229—240页。童增该文亦发表于"中国民间对日索赔联合会"网站，http://www.cfdc.org.cn/（阅览时间2012年6月6日）。

多从事中日关系研究的中国法律专家及学者的意见，当时在全国引起巨大反响。

1980年代末，长期受到压制的中国知识分子在"文化大革命"结束后开始发声，伸张个人人权及公民权利。当时在日本国内抬头的否认日本帝国战争暴行的动向亦引起中国大众对战争赔偿问题的重新思考。在这一潮流中，1987年8月18日，当时是东风汽车公司青年干部的李固平寄出了《一个普通公民就日本侵华战争赔偿问题给全国人民代表大会的一封公开信》。信中强调，在《中日联合声明》已经签署之后，日本政府官员和右翼分子仍继续粉饰日本侵略战争的历史，在这种情况下，就日本侵略造成的损失索取赔偿，可以有效反击日本政府对历史的否认，有助于将中日两国之间的关系建立在真正牢固的基础之上。①

李固平、童增等的公开信于20世纪80年代末90年代初在中国民众中引起了强烈反响。媒体报道了童增的文章之后，成千上万的战争受害者写信给他，还有许多人当面向他述说自己的受害遭遇。② 万言书发表后，全国人大代表在1991年与会期间就此提出了十个议案。次年，两名全国人大代表（来自贵州省的中国民主建国会成员王录生与来自安徽的律师王工）再次向全国人大提起该议题。③ 同时，南开大学化学系教授申泮文也向中国人民政治协商会议提交提案，建议允许战争受害者和非官方组织（non-governmental organization，NGO）向日本政府要求赔偿。④ 这些提案的结果虽然未见报道，但议案被提上全国人大和全国政协的议事日程本身显示出"慰安妇"问题当时在中国的政治中心所引起的震动。

上述提案所涉及的《中日联合声明》对日本战争赔偿责任究竟作了怎样的声明呢？1972年中国政府和日本政府共同签署的《中日联合声明》第五条是这样写的："中华人民共和国政府宣布：为了中日两国人民的友

---

① 见李固平致全国人大的《一个普通公民就日本侵华战争赔偿问题给全国人民代表大会的一封公开信》，载高凡夫《追索正义与尊严的艰难诉求》，第217—224页。

② 中国战争受害者赔偿诉讼律师团（中国人戦争被害者賠償請求事件弁護団），『砂上の障壁——中国人戦後補償裁判10年の軌跡』，日本評論社，2005年，6—7页。

③ 王录生：《民间对日索赔：童增的文章引出人大代表十个提案》，取自中华网，http://news.china.com/，2005年8月18日。另见李秀平《十万慰安妇》，人民中国出版社1993年版，第190—205页。

④ 李秀平：《十万慰安妇》，人民中国出版社1993年版，第190—193页。

好,放弃对日本国的战争赔偿要求。"① 从这一条款的用词来看,的确没有说放弃个体受害者向日本政府索取赔偿的权利。中国政府从未正式将此条款解读为允许对日本政府进行诉讼,但自从"慰安妇"对日索赔运动在亚洲国家兴起,中国政府官员也公开批评了日本否认历史真相的言论和行为。中国驻日本大使杨振亚在1992年发表的一次谈话中称,"慰安妇"制度"是当年日本军国主义者在亚洲犯下的可耻罪行之一";他表示:"有报道说,在中国妇女中也有受害者。我希望进一步查明事实真相,我们在注视这个问题。"②

事实上,1980年代末在中国兴起的为"慰安妇"讨还公道的运动是一个草根运动。最早确认日军慰安所幸存者是在1982年,山西盂县的一名小学教师张双兵路遇当地一位幸存的原"慰安妇"。当时是秋季,张双兵带学生劳动归来的途中,一位老妇人独自一人艰难收割的场面使他很吃惊。他帮这位老人干完农活,了解到老人名叫侯冬娥,在日军占领盂县时曾被抓进据点受到蹂躏。近十年后,张双兵在报纸上读到了童增关于为"二战"时期中国受害者索赔的文章,他立即把这个消息告诉侯冬娥。最初侯冬娥不愿意讲出她曾被迫充当日军性奴隶的经历,后来在张双兵和他妻子的劝说下,才打破了多年的沉默。侯冬娥当时泣不成声,她讲述的悲惨遭遇远远超乎张双兵的想象。③

侯冬娥是当地被日军强迫充当性奴隶的众多女性之一。从对侯冬娥的援助开始,张双兵、李贵明(盂县镇西村村民)及当地很多志愿者投入到调查慰安所幸存者的工作之中,并对找到的受害者展开了援助。1992年7月7日,在标志着日本侵华战争全面爆发的"卢沟桥事变"55周年到来之际,侯冬娥和其他三位慰安所幸存者在志愿者的帮助下,联名将一份文书送交日本驻北京大使馆。文书陈述了她们在战时被迫充当日军性奴隶的悲惨经历,要求日本政府正式道歉和赔偿。此为原中国"慰安妇"首次提出索赔要求。1992年12月,联合国人权委员会"战争受害女性国际听证会"在东京举行。万爱花及其他来自中国的幸存者在中方研究人员、志愿者及旅日华侨组织成员林伯耀的帮助下,在听证会上发言。中国

---

① 《中华人民共和国政府和日本国政府联合声明》,1972年9月29日。取自中国外交部网站,http://www.fmprc.gov.cn/。
② 《参考消息》1992年2月25日。
③ 大森典子:『歴史の事実と向き合って——中国人「慰安婦」被害者と共に』,新日本出版社,2008年,29—33頁。

幸存者、学者及社会活动家出席这次听证会，促进了援助山西"慰安妇"对日索赔跨国团队的成立。①

在中国最南端的海南岛，志愿者也在1990年代初开始了对"慰安妇"问题的研究与调查。海南岛当年是日军在亚太战争中的重要战略基地。在历史学者、海南省地方志办公室副主任符和积主持下，海南岛在全省范围内展开了对"慰安妇"问题的调查。陵水县政协干部苏光明、保亭农场调查员陈厚志等当地研究人员和志愿者参加了调查，在岛上查出62个原慰安所遗址，同时还找到中国目前最大的一个慰安所幸存者群体。② 1992年，海南省保亭县政协文史办公室的张应勇在研究日本侵略保亭的历史时，也展开了对该地区"慰安妇"受害状况的调查。他骑车、步行走访乡镇和村庄，找到了23名幸存者，其中包括后来参加海南"慰安妇"对日诉讼的陈金玉。③

与此同时，来自各界的研究者和志愿者们也加入了这场运动。在一位香港企业家的资助下，江浩与一组志愿者在全国范围内展开调查，并于1993年出版了第一本关于中国"慰安妇"的调查报告《昭示：中国"慰安妇"——跨国跨时代调查白皮书》。同年，新闻工作者李秀平在独立调查的基础上，出版了专著《十万"慰安妇"》。各地学者也相继发表了大量关于中国"慰安妇"的调查研究文章，如稣实关于日军强征中国妇女充当"慰安妇"的调查；高兴祖对日军在南京的性暴力及"慰安妇"制度的研究；管宁关于"慰安妇"问题对日本国际化进程影响的探讨；何吉编辑的日军强迫中国妇女为"慰安妇"的资料摘编。④ 对战时日军慰安所原址的实地考察，也在大陆各地城乡普遍展开。为本书提供了重要原始

---

① 关于对"慰安妇"索赔运动的国际支援，见 Yuki Terazawa, "The Transnational Campaign for Redress for Wartime Rape by the Japanese Military: Cases for Survivors in Shanxi Province", *National Women's Studies Association Journal* 18, 3, 2006, p.136。

② 蔡葩：《探索历史真相的人》，《海南日报》2005年5月8日，取自海南网，http://www.hinews.cn。

③ 《他们为"慰安妇"奔波操劳》，《海口晚报》2005年8月15日。

④ 稣实：《日本侵略者强迫中国妇女作日军"慰安妇"实录》，《抗日战争研究》1992年第4期，第14—23页。高兴祖：《日军南京强奸事件与慰安所的出现》，原刊于《民国春秋》1993年第3期，载苏智良等编《滔天罪孽：二战时期的日军"慰安妇"制度》，第123—126页；管宁：《慰安妇问题与日本的国际化》，《世界史研究动态》1993年第9期，第27—39页。何吉：《日军强迫中国妇女为"慰安妇"资料摘编》，《抗日战争研究》1993年第4期，第37—51页。关于更多的1993年后中国"慰安妇"的问题研究，请参阅参考文献。

资料的苏智良和陈丽菲都是率先对建在中国大陆的慰安所展开调查的学者。

　　虽然"慰安妇"制度的危害范围极广，但调查取证却并非易事。如前所述，日军在第二次世界大战即将结束时销毁了大量文件和证据，一些仅存的记录在其后的内战中也几乎丧失殆尽。大量中国"慰安妇"在战争期间已经惨死慰安所中，或因饱受折磨病故于逃离之后，只剩下为数不多的幸存者，又在战后被迫缄口不言。调查者往往要经过多次走访才能获得幸存者信任，帮她们开口讲出自己的经历。调查初期，调查者得到的帮助很少，缺少调研资金成为调查者和草根团体普遍面临的困难，但他们无怨无悔地贡献出自己的时间和金钱，将调查推动下去。苏智良和陈丽菲在投入调查的最初几年里，基本上靠自己的积蓄展开工作。与日本律师团一道代表中国大陆"慰安妇"幸存者对日本政府提出诉讼的康健律师，为调查受害者案例，曾16次前往山西、6次前往海南。她在"慰安妇"的案子上花了大量时间，却从不收取酬劳。就这样，面对重重困难，中国大陆的研究者、法律专家和各地的志愿者们展开了广泛的实地调查，为查清日军"慰安妇"制度的罪恶提供了第一手证据和资料。

第十章　诉讼之路

在中国"慰安妇"对日索赔运动中，日本许多有良知的知识分子、法律专家和民间组织起着至关重要的作用。1994年5月，受中国社会科学院法学研究所邀请，日本民主法律家协会派出法政司法调查团来到中国。在这次访华中，日本律师们亲眼看到了中国民众对日本一些人否认历史事实的强烈义愤。① 此后协会秘书长小野寺利孝律师于1994年7月再度访华，并会见了日本战争罪行受害者。在倾听中国受害者控诉日军"烧光、杀光、抢光"之暴行时他受到极大震动。② 从此小野寺和其他日本进步律师全力投入了援助中国战争受害者对日本政府的法律诉讼。

经过一年左右的准备，中国战争受害者索赔诉讼日本律师团（中国人戦争被害賠償請求事件弁護団）于1995年8月成立。该律师团由尾山宏律师牵头，小野寺利孝律师任秘书长，渡边彰悟主管行政事务。日本律师团代理诉讼的案件中，也包括慰安所幸存者的诉讼，由大森典子牵头。许多来自日本各地的律师志愿参加了律师团的工作，多个日本民间组织也参加进来，给他们强有力的支持。日本律师们不仅为中国受害者的案件投入大量的时间和精力，还自己出资调查案件，甚至资助中国原告到日本出庭的旅途费用。据大陆媒体报道，为了资助中国原告的法律诉讼，小野寺利孝多方借贷筹款③，尾山宏也付出了大量的个人积蓄。④ 从1995年开始就与日本律师团密切合作的康健律师说，诉讼的前十年所花费的调查、差

---

① 小野寺利孝：「戦後60年支える会十周年——これまでの歩みとこれから」。取自『中国戦争被害者の要求を支える会』网站，http://www.suopei.jp，2009年9月7日。
② 同上。
③ 曹鹏程：《自掏腰包代理索赔，十年艰辛求事实认证：日本律师帮中国原告打官司》，《环球时报》2005年8月24日。
④ 李东舰：《尾山宏：以正义感动中国》，《中国报道》2004年2月24日。

旅和法律费用，几乎都是日本律师和民间组织支付的。没有他们的慷慨解囊与大力支持，中国"慰安妇"的法律诉讼在当时几乎是不可能的。2005年8月以后，中华全国律师协会和中国法律援助基金会为日本战争罪行的中国受害者设立了一项特别基金来支持他们的法律诉讼，这种情况才有了改变。①

尤其难能可贵的是，虽然日本律师和民间团体追究本国战争罪责时经常受到右翼分子的辱骂和暴力恐吓，但他们在极其困难的情况下始终坚持不懈。大森典子律师就是这样一位坚强的女性。大森律师于1995年9月在北京举行的联合国世界妇女大会上与康健律师会面，开始了代表中国"慰安妇"幸存者进行法律诉讼的长期跨国合作。她认为支持中国受害者也是为自己国家的长远利益服务。她说："如果我们真正关心日本的未来，就必须使日本在道义上得到世界的高度信任，尤其是让日本与亚洲各国建立真正友善的关系。目前在'慰安妇'问题上，有许多国家要求日本政府作出真诚道歉，并希望看到日本政府采取负责任的行动，使受害者的心灵创伤在有生之年得到抚慰。说这个问题属于过去，是不能令人接受的。"② 小野寺利孝律师在接受中国记者采访中也谈到，他和与他同道的日本律师、学者和民间人士都认为，"日本和日本人只有对受害者负起责任，才能赢得中国和亚洲各国人民的信任"③。事实证明，这些可敬的日本人已经赢得了中国人民广泛的尊重和信任。2003年，尾山宏荣获中国中央电视台一年一度的"感动中国年度人物"称号，成为获得该称号的第一位外国人。

自1995年以来，一个又一个支持中国战争受害者对日本政府法律诉讼的跨国组织相继成立，中国"慰安妇"诉讼后援会（中国人「慰安婦」裁判を支援する会）便是其中之一。该组织由大森典子牵头，主要成员是和平运动活动家和普通日本公民。他们与中国战争受害者诉求后援会（中国人戦争被害者の要求を支える会）及康健律师合作，帮助山西受害者对日本政府提出诉讼。另一个跨越国界的后援组织是日本历史学者石田米子牵头的揭开日军在华性犯罪史实、支持索赔诉讼协会（中国におけ

---

① 笔者对康健律师的访谈，2009年7月7日。
② 大森典子：『歴史の事実と向き合って——中国人「慰安婦」被害者と共に』，新日本出版社，2008年，15页。
③ 何德功：《我为何替中国受害者辩护——访日律师小野寺利孝》。取自中华网新闻，http://www.news.cn，2005年8月4日。

る日本軍の性暴力の実態を明らかにし、賠償請求を支援する会)。① 该组织从1996年起,多次前往山西与当地中国受害者和志愿者合作调查,其成员大多是来自日本各地的志愿者。他们的调查成果为山西幸存者的诉讼提供了有力的支持证据。在中国南部,小野寺利孝和中国战争受害者索赔诉讼日本律师团的成员联合康健律师组成了跨国调查组,与当地志愿者一起对日军在海南岛地区建立的慰安所开展调查。苏智良和陈丽菲也与日本作家西野瑠美子协作多年,调查了日军在海南掳掠"慰安妇"、强征劳工及其他暴行。在中国台湾,一个代表台湾地区受害者的跨国法律团队在日本律师联合会(日本弁護士連合会)主席土屋公献和战后赔偿联络网(戦後補償ネットワーク)干事代表有光健的协助下成立,由日本律师清水由规子和中国台湾律师王清峰牵头。② 这些跨国团队在各地志愿者的帮助下,在"慰安妇"索赔运动中起到了极其重要的作用。

图21 幸存者毛银梅(中)在自家屋前与苏智良(右二)及来自德国和日本的学者合影(苏智良提供)

---

① Yuki Terazawa, "The Transnational Campaign for Redress for Wartime Rape by the Japanese Military: Cases for Survivors in Shanxi Province", *National Women's Studies Association Journal* 18, 3 (2006): 137. 石田米子等日本学者把山西省受害者群体称为性暴力受害者而不是"慰安妇"。在这个问题上,中国学者的看法是,这些被日军拘禁受到反复性摧残的女性所遭受的是典型的性奴役,对她们的残害是日军"慰安妇"制度的一部分。

② 王清峰:《她们的伤口尚未愈合——台湾"慰安妇"问题的进展》,载苏智良、荣维木、陈丽菲编《滔天罪孽:二战时期的日军"慰安妇"制度》,学林出版社2000年版,第386页。

在民间跨国组织的大力支持下，中国"慰安妇"幸存者于1995年至2001年期间提起五次诉讼，其中四起为中国大陆幸存者的诉讼案，一起是中国台湾幸存者提起的诉讼。截至2010年3月3日，所有诉讼均被日本法院否决。从下面的案例概述可以看出，日本法院的判决依赖的主要是所谓"诉讼无效"论，即"法定诉讼时限已过""国家享有豁免权"及"索赔权已放弃"等论点。

中国原"慰安妇"第一例诉讼案

1995年8月7日，山西盂县的李秀梅、刘面换、周喜香和陈林桃在东京地方法院提起诉讼，要求日本政府为日军在1942年至1944年强迫她们做性奴隶正式道歉，并赔偿每位受害者2000万日元。① 以大森典子和康健为首的律师团为她们代理辩护。李秀梅和刘面换于1996年7月19日出庭做证，控诉了日军的暴行。日本兵将她们从家里抓走关进炮楼反复强暴时，两人分别只有15岁和16岁。日军的折磨造成李秀梅的右眼和刘面换的左肩伤残。东京地方法院六年之后，在2001年5月30日才作出判决，驳回原告的诉讼，理由是个人无权要求他国国家赔偿。原告于2001年6月12日向东京高等法院提出上诉。2004年12月15日，东京高等法院驳回原告的上诉。法院确认了四位原告是被强迫带到日军据点、受到反复蹂躏并在战后继续遭受创伤后遗症折磨的事实，但强调日本政府不对原告所受伤害负有责任，并称案件已经超过法定诉讼时限。② 原告当即上诉日本最高法院。2007年4月27日，最高法院发出一纸只有半页的裁定，拒绝了原告的赔偿要求。③

---

① 陈丽菲：《日军"慰安妇"制度批判》，中华书局2006年版，第355页。另据 Masami Ito 2004年的报道称，原告要求的赔偿额为2300万日元。见 "High court convenes, snubs sex slave appeal, calls it a day", *The Japan Times*, December 16, 2004.

② 中国戦争被害者の要求を支える会（中国战争受害者诉讼后援会），「生きている限り戦い続けます」。取自 web-suopei: http://www.suopei.jp, 2004年4月29日。

③ 信息来自笔者2009年7月7日对康健律师的访谈。另见『中国戦争被害者の要求を支える会刊』，「中国人慰安婦第一次訴訟最高判決」。取自 web-suopei: http://www.suopei.jp, 2004年4月27日。

第二例诉讼

1996年2月22日，盂县居民郭喜翠与侯巧莲在东京地方法院起诉日本政府，要求日本政府为她们被迫充当日军性奴隶所遭受的折磨正式道歉，并赔偿每人2000万日元。① 大森典子与康健带领的律师团为原告代理辩护。郭喜翠和侯巧莲于1942年被日军抓走，当时郭喜翠只有15岁、侯巧莲年仅13岁。她们被日军囚禁长达一个多月之久，每日遭到强暴。② 此例诉讼提交后，东京地方法院又拖到六年后才下达判决。原告侯巧莲在法庭迟迟不决的漫长等待中于1999年5月11日去世。2002年3月29日，法院否决了受害者的赔偿要求。判决援引的理由是日本现政府不对帝国宪法下日本国的任何行为负责。③ 当时在世的原告郭喜翠接着向东京高等法院提出上诉。三年后，东京高等法院于2005年3月18日宣布维持地方法院的判决结果。法院认定了日本军队曾绑架、囚禁、殴打和强暴两位受害人，并承认因此造成的创伤后遗症给她们带来长期痛苦，但同时坚持认为，中国已经在1952年台湾国民党当局与日本签署"中日和平条约"时放弃了要求日本赔偿的权利，并强调二十年的法律诉讼时限已过。④ 东京高等法院裁定当天，中华全国律师协会、中华全国妇女联合会、中国人权发展基金会和中国抗日战争史学会等组织和团体联合发表声明，抗议判决结果。

2005年3月30日，原告郭喜翠向日本最高法院提出上诉。2007年4月27日，最高法院发布了终审判决，维持东京高等法院的判决结果，驳回原告的赔偿要求。日本最高法院确认了日军对原告造成的伤害，但坚持

---

① 见 Dwight Daniels, "'Comfort Women' Deserve Justice", *China Daily*, March 28, 2005, http：//www. Chinadaily. com. cn。据共同社报道，两位原告要求的赔偿总额为4600万日元。见 Kyodo News, "Top Court： No War Redress for Chinese, Rights Void but Abuses Admitted—Suits to Fail", *Japan Times* online, April 28, 2007, http：//search. japantimes. co. jp。

② Daniels, "'Comfort Women' Deserve Justice".

③ "Japan Rejects Comfort Women Claims", *China View*, March 19, 2005. 取自 http：//news. xinhuanet. com，访问时间：2009年4月8日。

④ Masami Ito, "High Court Rejects Sex-Slave Suit： Judge Trots out Treaty with Nationalists, Statute of Limitations", *Japan Times* online, March 19, 2005. 取自 http：//search. japantimes. co. jp，访问时间：2009年4月8日。

说，根据1972年的《中日联合声明》，中国公民已丧失法律上对日索赔的权利。① 日本法院将该声明解读为"与《旧金山和平条约》同样的准则"，而日本与同盟国各国在1951年签署的《旧金山和平条约》含有同盟国放弃所有对日索赔，包括个人索赔权利的条款。② 日本最高法院判决公布后，中国外交部发言人刘建超在新闻发布会上表示，中方对于日本最高法院任意解释《中日联合声明》表示强烈反对，中方要求日方以对历史负责任的态度，妥善处理相关问题。③

第三例诉讼

1998年10月30日，万爱华、赵润梅、高银娥、王改荷、赵存妮、杨时珍、尹玉林等十名日军"慰安妇"制度的中国受害者（已经过世的受害者南二朴的女儿代表南二朴参加了诉讼）在东京地方法院对日本政府提起诉讼，要求日本政府公开道歉并赔偿每位受害者2000万日元。以中下裕子为首的日本律师团担任原告的诉讼代理人。日本法院直到2003年8月24日，也就是五年之后，才作出裁决，驳回原告的索赔请求。④ 在判决的最后，审判长滝沢孝臣确认了原告所控诉的事实，他表示："即使是发生在战时，日本士兵那些行为也是变态的、可耻的和野蛮的。"但他说自己"别无选择只能依照法规驳回合法赔偿的请求"⑤。2003年5月8日，原告向东京高等法院提出上诉，高等法院于2005年3月31日宣布维持地方法院的判决结果。此时四名原告已经去世。⑥ 幸存原告继续向日

---

① Kyodo News "Top Court: No war Redress for Chinese, Rights Void but Abuses Admitted-Suits to Fail", *Japan Times* online, April 28, 2007, http://search.japantimes.co.jp.

② Kyodo News "Top Court: No war Redress for Chinese, Rights Void but Abuses Admitted-Suits to Fail", *Japan Times* online, April 28, 2007, http://search.japantimes.co.jp。《旧金山和平条约》曾受到多方批评。日本法西斯的主要受害国中国、朝鲜、韩国、越南未被邀请赴会。

③ "China Blasts Japan Court's Rejection on WW 2 Suits", *China Daily* online, April 28, 2007。取自http://www.chinadaily.com.cn，2009年4月8日。

④ 陈丽菲：《日军"慰安妇"制度批判》，第362页。

⑤ "Court Rejects Lawsuit on Wartime Rape", *Japan Times*, April 25, 2003。取自http://www.japantimes.co.jp，2009年4月8日。

⑥ 《中国"慰安妇"要求日本政府谢罪诉讼请求再遭驳回》，取自http://news.xinhuanet.com，2005年3月31日。

本最高法院上诉,但是她们的上诉于2005年12月被最高法院驳回。①

第四例诉讼

2001年7月16日,海南省陵水县幸存者黄友良、陈亚扁和保亭县幸存者林亚金、邓玉民、陈金玉、谭亚洞、谭玉莲和黄玉凤在东京地方法院对日本政府提起诉讼。由小野寺利孝率领的日本律师团和中国律师康健任诉讼代理人。日军占领受害人的家乡时,这八个少数民族女子都还是少女,就被抓去做了性奴隶。最初这八名原告只要求日本政府正式道歉并赔偿每个受害者300万日元。鉴于日本政府对她们的要求不做回应,三年后原告将索赔金额提高至每人2000万日元。②日本法庭又到五年之后才发出判决,而在五年的等待中已有两名原告去世。2006年3月,20166位海南民众签署了一份请愿书,支持原"慰安妇"起诉日本政府。③东京地方法院最终在2006年8月30日作出裁决,驳回受害者的赔偿要求,坚持认为中国公民个人没有权利起诉日本政府。在世的原告不服判决结果,向东京高等法院提出上诉。东京高等法院于2009年3月26日宣布维持地方法院的判决结果。愤怒的原告继续向日本最高法院上诉。④2010年3月3日,日本最高法院驳回了八位中国原"慰安妇"的赔偿要求,维持第一次和第二次判决的结果。2010年3月8日,中国外交部发言人秦刚就判决结果发表评论指出:"《中日联合声明》是两国政府间签署的严肃政治文件。日本法院单方面做出任何解释都是非法的、无效的。"⑤

---

① 信息来自笔者2009年7月8日对康健律师的访谈。

② 中国人戦争被害賠償請求事件弁護団:『砂上の障壁——中国人戦後補償裁判10年の軌跡』,日本評論社,2005年,62—63頁。据 China View 在 "Tokyo Court Rejects Damages Suit Filed by WWII Chinese Sex Slaves" 一文中报道,原告最终索赔额为2300万日元。取自 China View, http://news.xinhuanet.com, 2009年3月2日。

③ "Litigation on Comfort Women Wins Support", China Daily, March 20, 2006。取自 http://www.chinadaily.com.cn, 2009年4月6日。

④ "Tokyo Court Rejects Damages Suit Filed by WWII Chinese Sex Slaves", China View, March 27, 2009。取自 China View: http://news.xinhuanet.com, 2009年3月27日。

⑤ Permanent Mission of People's Republic of China to the UN, http://www.china-un.org, 取于 October 24, 2010。

图 22 中国"慰安妇"研究中心为海南慰安所幸存者杨阿婆建的墓碑。杨阿婆在东京地方法院驳回海南受害者诉讼的第二天含恨去世（陈厚志摄）

除了上述四例中国大陆幸存者提出的诉讼外，九名中国台湾幸存者曾于 1999 年 7 月 14 日在东京地方法院对日本政府提起诉讼，要求日本政府正式道歉并赔偿每人 1000 万日元。[①] 中国台湾律师王清峰、庄国明和以日本律师清水由规子为首的日本律师团队担任原告的法律代理。据报道，这些受害女性在 1938 年至 1945 年，以招工名义被骗入日军慰安所，身心遭受极大伤害。原告之一黄阿桃说，她原是申请护士工作，却发现自己被骗到中国大陆的妓院，接着又被转到设在印度尼西亚和缅甸的慰安所里，直至战争结束后才获得自由。回到中国台湾后，因为不敢将自己的耻辱经历告诉父母，她选择了独自一人生活至今。[②] 中国台湾涉外事务主管机关

[①] 王清峰：《她们的伤口尚未愈合》，载苏智良、荣维木、陈丽菲编《滔天罪孽：二战时期的日军"慰安妇"制度》，第 383—389 页。另见 Mo Yan-chih, "Comfort Women Still Fighting", *Taipei Times* online, December 27, 2010。取自 http：//www. taipeitimes. com，2012 年 7 月 15 日。

[②] "Taiwanese Comfort Women", *Memory and Reconciliation in the Asia-Pacific*, a Research and Policy Program at the George Washington University, Washington, DC, http：//www. gwu. edu/~memory/data/judicial/comfortwomen_ japan/Taiwanese. html，取于 2012 年 7 月 15 日。

也同律师团站在同一立场，要求日本政府正式道歉及赔偿。中国台湾涉外事务主管机关表示，台湾当局从1992年起，就委托非官方机构调查原"慰安妇"的相关情况。调查显示，至少有766名台湾妇女被强制征召为"慰安妇"。① 台湾地区调查人员对58名出面控诉的女性进行了口头访谈，确认其中至少有48名是被强迫的。台湾当局对仍在世并居住在台湾地区的42名"慰安妇"发放了每人15384美元人道救助金。② 2002年10月15日，日本法院宣布第一次判决结果，驳回了原告的要求。其时已经有两位原告过世。③ 原告又向东京高等法院提出上诉，但东京高等法院于2004年2月9日作出同样的驳回裁决。2005年2月25日，日本最高法院宣布最终判决，再一次驳回原告要求。④ 翌日，台湾地区后援团体决定将此案提交联合国，并继续支持"慰安妇"索赔运动。

连同上述五例中国受害者的诉讼在内，日军"慰安妇"制度的受害者共向日本法庭提出十起诉讼，原告来自韩国、中国大陆、中国台湾、菲律宾和荷兰。除此之外，还有一名原告是住在日本的韩国人。日本法院驳回了原"慰安妇"的所有诉讼请求，仅有一次对原告诉求表示一定程度的支持。在这一案例中，山口地方法院下关分院裁决日本政府应赔偿两名韩国"慰安妇"每人30万日元。该法庭认定日本政府有责任采取法律措施赔偿"慰安妇"，而日本战后多年对"慰安妇"的置之不理，进一步加深了对他们的伤害。法庭还指出："本案所呈现的事实表明，'慰安妇'制度是极端的性别歧视和种族歧视，它蹂躏妇女、践踏种族尊严、违反了日本国家宪法第13款关于基本人权的核心价值。"⑤ 然而，这一判决被广岛高等法院于2001年3月26日推翻。该法庭裁定的主要依据是："①涉及第二次世界大战期间所建立的强奸设施的民事、刑事诉讼均超过规定的诉讼期限，因而无效；②个人无权向日本国索赔；③所有受害者的个人赔

---

① 台北市妇女救援社会福利事业基金会的资料显示，台湾的受害者超过20000名。见 www.twfr.org 中的 "Comfort Women" 一文。

② 见 "Comfort Women", www.twfr.org。

③ 《七名被迫做慰安妇的台湾妇女状告日本政府败诉》，取自 http://news.xinhuanet.com, 2004年2月10日。

④ 取自 "Taiwanese Comfort Women", *Memory and Reconciliation in the Asia-Pacific*.

⑤ 见 Appendix to *Contemporary Forms of Slavery: Systematic Rape, Sexual Slavery and Slavery-Like Practice during Armed Conflict* (final report submitted by Special Rapporteur Gay J. McDougall to United Nations Commission on Human Rights, Sub-Commission on Prevention of Discrimination and Protection of Minorities, 50th Session), UN Doc. E/CN.4/Sub.2/1998.13, June 22, 1998, 51, para.50.

偿要求都已由'二战'结束时日本与相关国家签署的和平条约解决了。"①

日本政府的"诉讼无效"论点，受到日本国内及国际法律专家的多次反驳。联合国特派调查员拉迪卡·库马拉斯瓦米强调："诉讼期限不适用于与侵犯人权罪相关的赔偿法规尚未确立的历史时期。针对严重侵犯人权罪的赔偿诉讼不应受到诉讼期限的限制。"② 联合国特派调查员盖伊·麦克道格尔亦指出，日本政府所谓"慰安妇"个人无权向日本政府索赔的说法不能成立，因为1920年代末国际法已经明确规定，一国对他国公民加害即是对他国国家加害，因而必须对受害方个人所受伤害提供补偿；个人同时享有国际法所赋予的权利和义务。③ 如前述案例所示，随着"慰安妇"索赔运动声势不断壮大，连一些日本法院都开始对日本政府所持的论点持否定态度。④ 然而，日本政府的官方立场仍然是日本已经通过战后缔结的和平条约解决了对中国和其他国家的战争赔偿问题，进而拒不承认日本政府对原"慰安妇"负有任何法律责任。

那么，战后日本签署的和平条约是否能够为其"与邻国的战争赔偿问题已解决"的说法提供依据呢？事实上，同盟国在1951年秋起草《旧金山和平条约》时，中国与朝鲜、韩国都没有获邀请参加，因为同盟国中参与制定条约的大国在谁是这些政治上分裂的国家的合法政府的问题上

---

① McDougall, *Contemporary Forms of Slavery*, Appendix, 39, para. 6.

② 库马拉斯瓦米报告中援引特别调查员 Theo van Boven 语（见 E/CN.4/Sub.2/1993/8. 第56页，第2段），原文见 "Report of the Special Rapporteur on Violence Against Women, Its Causes and Consequences, Ms. Radhika Coomaraswamy, in Accordance with Commission on Human Rights Resolution, 1994/45; Report on the Mission to the Democratic People's Republic of Korea, the Republic of Korea and Japan on the Issue of Military Sexual Slavery in Wartime" (UN Doc., E/CN.4/1996/53/Add.1, 4 January 1996), para.124。

③ McDougall, *Contemporary Forms of Slavery*, Appendix, p.49, para. 44.

④ 除前述山口地方法院下关分院的判决外，东京地方法院也否定了日本政府对战时强征中国劳工诉讼案的某些辩护。如2001年7月12日，东京地方法院驳回了日本政府提出的以"诉讼期限"为依据的辩护，对强制劳工的中国受害者刘连仁的索赔主张予以肯定。在2003年1月15日裁决的另一起诉讼案件里，曾被日本强迫做劳工的中国受害者起诉日本政府和日本冶金工业株式会社。尽管京都地方法院的裁决没有支持中国原告的诉讼请求，但判决驳回了被告日本政府的"国家豁免权"辩护。在其后东京高等法院、福冈高等法院和新泻地方法院裁决的案子里，日本政府的"国家豁免权"辩护也都被驳回。见 William Underwood 与康健合著的文章，"Japan's Top Court Poised to Kill Lawsuits by Chinese War Victims", *Asia-Pacific Journal Japan Focus*, March 2, 2007, 取自 http://japanfocus.org, 2009年3月20日。

无法达成一致，同时条约的设计者各有不同的政治考量。① 结果，当条约签署国决定日本对同盟国战俘及曾经受日本侵占的国家应付的战争赔偿时，中国和朝鲜、韩国这些受日本战争暴行摧残时间最长的国家却未被包括在内。此后，日本分别于1952年与中国台湾国民党当局，1965年与韩国，1972年与中华人民共和国签订了条约。② 日本政府与台湾当局在1952年签订的"中日和平条约"中，没有关于战争赔偿的条款，但是条约提到，所有战争造成的遗留问题，均依照《旧金山和平条约》解决。《旧金山和平条约》第14条详细地列出了日本对同盟国应当付出的赔偿，其中有一节说，放弃该条约未列出的其他赔偿要求。日本政府抓住《旧金山和平条约》中关于放弃其他赔偿这一节，坚持说1952年日本与台湾当局签订的"中日和平条约"已经解决了战争赔偿问题，中国受害者对日索赔的权利早已被放弃，并说日本与中华人民共和国之间签署的《中日联合声明》是建立在对1952年"中日和平条约"的上述理解基础上的。③ 针对日本政府这些观点，麦克道格尔在调查报告里做出如下评论：

> 中国并非1951年《和平条约》的签署国，但该条约中含有战后中国对日本所具权利的阐述。值得注意的是，该条约第21条阐明，中国有权得到第14条（a）（2）所列的日本必须承担的各项赔偿，但并未特别注明中国应受第14条（b）有关放弃索赔权条款的制约。既然这一放弃索赔权条款不适用于中国，日本政府认为该条款禁止中国公民向日本索偿的观点是毫无根据的。④

针对日本政府的上述观点，中国大陆的研究者和法律专家也作出了相应的反驳。他们指出，《旧金山和平条约》对中华人民共和国没有约束效

---

① 约翰·普莱斯（John Price）指出，中国被排除在缔约磋商之外，与当时美国及其他国家正在朝鲜战场上与中国军队交锋有关。同时，美国政府认为邀请韩国参加有风险，担心受批评日本政府的韩国人会扰乱其迅速缔结条约的计划。日本首相吉田茂也希望把韩国排除在签约国之外，否则居留日本的韩国人将有权享受该条约的权益。见 John Price, "Fifty Years Later, It's Time to Right the Wrongs of the San Francisco Peace Treaty", *Japan Times* online, September 6, 2001。取自 http://www.japantimes.co.jp，2012年12月2日。

② 关于朝鲜、韩国和日本就签约问题的立场观点，见拉迪卡·库马拉斯瓦米报告的第5、6、7节。

③ 见 Underwood、康健 "Japan's Top Court Poised to Kill Lawsuits by Chinese War Victims"。

④ McDougall, *Contemporary Forms of Slavery*, Appendix, 53, para. 61.

力,因为中国不是该条约的签署国。同时,日本与中国台湾当局签订的《中日和平条约》在中华人民共和国与日本国于1972年签署《中日联合声明》之际已失效,因为《中日联合声明》第2条已宣布,日本政府承认中华人民共和国政府是中国的唯一合法政府。中日两国的外交关系正是在这种条件下恢复正常化的。因此,日本政府拿"中日和平条约"做辩护依据与日本在《中日联合声明》中表明的立场自相矛盾。①

麦克道格尔的总结报告还进一步指出,虽然《旧金山和平条约》包含放弃赔偿要求一节,"日本政府试图利用这些条款来逃避责任是行不通的:首先,在条约签署时,日本隐瞒了日本帝国直接参与建立强奸设施这一关键事实,因而根据法律的公平原则,日本现在利用该条约来逃避责任的任何企图都是不能容许的。其次,条约的文字本身也清楚地表明,该条约制定的目的,绝不是要禁止受害者个人对日军侵犯人权或违反人权法的罪行进行索赔。"② 具有讽刺意味的是,日本政府在某些情况下也主张《旧金山和平条约》并没有完全取消个人索赔的权利。康健指出,在论及日本国民要求赔偿的案子——譬如被关押在西伯利亚的日本人或原子弹受害者的诉讼案件——时,日本政府便声称,在向另一国家索赔这一问题上,日本政府的一贯立场是《旧金山和平条约》的相关条款仅仅放弃了国家代表个人索赔的权利,并没有放弃个人的索赔权。③ 可笑的是,一旦涉及日本战争罪行受害者的索赔,日本政府便对该条款作出截然相反的解释。④

虽然日本政府在"慰安妇"索赔运动高涨的情势下一再拿《旧金山和平条约》来作依据,说赔偿问题早已解决,约翰·普莱斯(John Price)的研究却表明,日本政府首脑早在1951年便承认了该条约并未取消受害者个人索赔的权利。据2000年解密的外交文件显示,当年荷兰政府拒绝接受任何含有取消公民索赔权的条约提案,并为此威胁要抵制会议议程。时任日本首相吉田茂在给荷兰政府的一封信中表示,《旧金山和平条约》

---

① 见 Underwood、康健 "Japan's Top Court Poised to Kill Lawsuits by Chinese War Victims"。
② McDougall, *Contemporary Forms of Slavery*, Appendix, 52, para. 55.
③ 见 Underwood、康健 "Japan's Top Court Poised to Kill Lawsuits by Chinese War Victims"。
④ 关于日本政府对《旧金山和平条约》相关条款的不同解读,见 Kinue Tokudome, "POW Forced Labor Lawsuits against Japanese Companies", *JPRI Working Paper*, Japan Policy Research Institute at the University of San Francisco for the Pacific Rim), no. 82, November 2001, http://www.jpri.org。

"并不涉及令同盟国各国政府放弃本国国民私人索赔权的问题"。① 普莱斯据此呼吁相关国家政府为寻求和解共同努力，全面调查受害者的战争赔偿要求，订立补充条约，让正义得以伸张。②

尽管日本法院驳回了所有受害者的索赔要求，原"慰安妇"提起的法律诉讼迫使日本法院认证了日本战时对众多女性犯下的暴行，并承认了受害者时至今日仍在遭受创伤的痛苦折磨。战后长期以来，日本国内始终有一股颇具影响力的社会意识，将日本描绘成一个将亚洲从西方殖民主义的欺压下拯救出来的解放者，一个第二次世界大战的真正受害国。通过法律诉讼，原日军"慰安妇"以自己的声音直接反驳了日本官方对那场侵略战争的美化描述，在日本国内构成了一个良好的教育平台。从这个意义上来说，"慰安妇"索赔运动对日本乃至世界关于那场战争的"公共记忆"（public memory）产生了意义深远的影响。③

在日本法院拒绝受害者赔偿诉求的情况下，中国"慰安妇"幸存者与其他国家的受害者一道，向国际法庭及日本以外的司法机关提出了控诉。2000 年 9 月 18 日，15 名来自韩国、中国大陆、菲律宾和中国台湾的日军慰安所幸存者在美国华盛顿的哥伦比亚特区巡回上诉法院提起集体诉讼，要求日本政府正式道歉和赔偿。这是"慰安妇"问题第一次被提上美国法院。④ 中国幸存者朱巧妹、陆秀珍、郭亚英和袁竹林也被列为原告，由中国"慰安妇"研究中心研究员陈丽菲作为她们的代表参加。这一"慰安妇"诉讼案得到了许多美国国会议员和律师的支持，但是法庭最终未追究日本政府的责任，称日本不在美国法院的司法管辖范围内。⑤ 2001 年 10 月 4 日，法庭宣布对这一"慰安妇"集体诉讼不予受理。

2000 年 12 月 8—12 日，女性审判日军性奴役战争罪行国际法庭在东京开庭，再度将日军性奴役问题置于国际社会关注的中心。这个针对日军性奴役罪行的国际法庭由亚洲妇女和人权组织主办，得到了国际上非官方

---

① Price, "Fifty Years Later, It's Time to Right the Wrongs".

② Ibid..

③ Carol Gluck, "Operations of Memory: 'Comfort Women' and the World", in *Ruptured Histories: War, Memory, and the Post-Cold War in Asia*, ed. Sheila Miyoshi Jager and Rana Mitter, Cambridge, MA: Harvard University Press, 2007, p.48.

④ "Japan Rejects Lawsuit by WWII Sex Slaves", *People's Daily* online, September 20, 2000. 取自 http://english.peopledaily.com.cn, 2009 年 4 月 11 日。

⑤ Tokudome, "POW Forced Labor Lawsuits against Japanese Companies".

组织的广泛支持。60余名亚太地区的"慰安妇"幸存者参加了大会。担任法官的是四位国际知名的法律专家,他们分别是:南斯拉夫问题国际战犯审判前主席加布丽埃尔·麦克唐纳(Gabrielle Kirk McDonald,美国);国际女法官协会主席卡门·玛丽亚·阿基贝(Carmen Maria Argibay,阿根廷);性别问题和国际法专家克里斯汀·钦金(Christine Chinkin,英国);肯尼亚人权委员会委员长威里·慕彤加(Willy Mutunga,肯尼亚)。担任首席检察官的有南斯拉夫国际法庭及卢旺达法庭检察官办公室性犯罪问题前法律顾问帕翠莎·薇萨·赛勒兹(Patricia Viseur Sellers)和澳大利亚福林德司大学(Flinders University)法学教授乌丝蒂妮娅·多尔葛波尔(Ustinia Dolgopol)。历史学家、创伤后遗症和性暴力问题专家也作为专家证人出席了大会。①

来自八个地区的检察官团队代表"慰安妇"幸存者出庭,陈述了她们的诉案。由苏智良领队的中国大陆代表团有35名成员,其中包括万爱花、袁竹林、杨明贞、何床淑、郭喜翠和李秀梅等幸存者及八名检察官(周洪钧、龚柏华、苏智良、管建强、朱成山、康健、陈祖梁和陈丽菲)。②审讯的前三天由幸存者、学者及两名曾在战时犯下性暴力罪行的原日本军人提供证言。因为日本政府没有应召出席,三名日本律师代为说明了日本政府的立场。2000年12月12日,法庭根据所呈证据和证言宣布了初步判决结果,认定日本国和裕仁天皇对相关的战争犯罪和反人类罪行负有责任。判决宣布时,会场中响起了经久不息的掌声。

法庭的最终判决于2001年12月4日在海牙宣布。长达200页的判决书详细列举了相关事实证据,并根据相应法律判决被告人有罪。虽然该法庭不具有执行判决的权力,但这一判决表达了幸存者和支持者的共同心

---

① 这些专家是Fritz Kalshoven(莱顿大学荣誉教授)、Lepa Mladjenovic(塞尔维亚反性暴力女性自治中心)、山田朗(明治大学副教授)、林博史(关东学院大学教授)、吉见義明(中央大学教授)和藤目ゆき(大阪外国语大学副教授)。见"The Women's International War Crimes Tribunal on Japan's Military Sexual Slavery", Violence against Women in War Network Japan, http://www1.jca.apc.org/vaww-net-japan/english/womenstribunal2000/whatstribunal.html。

② 引自陈丽菲《日军"慰安妇"制度批判》,第378页。Violence against Women in War Network(VAWW-NET)Japan列出的中国幸存者出席名单有:杨明贞、袁竹林、万爱花、李秀梅*、郭喜翠、陈亚扁*、黄友良*和刘面换*(注:*号者为录像证言)。见http://www.jca.apc.org。

声，也将"慰安妇"问题明确定性为当代国际人权问题。[①] 学者和法律专家们强调，女性审判日军性奴役战争罪行国际法庭凸显了惩处日军战争罪行的必要性，尤其是至今仍未受到日本法庭审判的性犯罪。正如麦克道格尔在她的报告中反复强调的，武装冲突中的性暴力犯罪如不受到应有的惩罚，只能助长同样的罪行在今天重复发生；起诉并惩处这些罪行，无论对抚慰受害者还是对防止同类罪行在当下和将来再次发生，都是十分必要的。[②] 可以说，建立在人道主义法律原则基础上的这一判决，对国际法实践中人道主义法规的发展与应用做出了巨大贡献。学者认为，这一判决表达了国际社会的呼声，是基于"普世公义"（universal justice）[③] 的原则立场对日本政府做出的有力谴责。

[①] Rumi Sakamoto 指出，"慰安妇"问题最初由日韩学者和社会活动家在后殖民主义研究的语境中提出。女性主义研究者担心这一问题被民族主义话语所淹没，遂将"慰安妇"问题与当代国际人权问题联系起来。在这个意义上，女性国际战犯审判也可以说是从超越民族国家的角度看待这一问题的努力。见 Rumi Sakamoto "The Women's International War Crimes Tribunal on Japan's Military Sexual Slavery: A Legal and Feminist Approach to the 'Comfort Women' Issue", *New Zealand Journal of Asian Studies* 3, 1 (2001): pp. 49–58。

[②] McDougall, *Contemporary Forms of Slavery*, pp. 23–31.

[③] Sakamoto, "Women's International War Crimes Tribunal", pp. 54–55.

第十一章 国际支援

女性审判日军性奴役战争罪行国际法庭使"慰安妇"问题在国际上引起了广泛的关注。自2001年起,多个国家和地区的议会及立法机构通过了决议或建议,敦促日本政府对日军战时奴役"慰安妇"承担责任,其中包括英国议会、韩国国会、菲律宾议会、美国国会、荷兰议会、加拿大国会下议院、欧洲议会及中国台湾民意机构。然而,日本政府官员仍然坚持否认历史事实和战争责任。2007年1月,当美国众议院议员麦克尔·本田(Michael Honda)向众议院提交121决议案,敦促日本承担"慰安妇"问题的历史责任时,时任日本首相的安倍晋三声称,强征妇女的是个体经营者,非日本军队所为。① 安倍内阁的外务大臣麻生太郎也抨击美国国会的决议案,认为它"没有事实依据"。②

日本政府的顽固否认,反而使支持"慰安妇"追索正义运动的全球性浪潮更加高涨。近二十多年来,支援"慰安妇"对日索赔运动的组织在韩国、日本、中国大陆、菲律宾、印度尼西亚、中国台湾、马歇尔群岛及其他太平洋岛屿、关岛、澳大利亚、新西兰、荷兰、德国、英国、加拿大、美国等多个国家和地区成立。③ 相关的国际组织和联络机构也相继出现,包括华盛顿慰安妇问题同盟(Washington Coalition for Comfort Women

---

① Hayashi Hirofumi, "Disputes in Japan over the Japanese Military 'Comfort Women' System and Its Perception in History", *Annals of the American Academy of Political and Social Science* No. 617, 2008, pp. 123–124.

② Tessa Morris-Suzuki, "Japan's 'Comfort Women': It's Time for the Truth (in the Ordinary Everyday Sense of the Word)", *Asia-Pacific e-Journal: Japan Focus*, March 8, 2007, http://www.japanfocus.org.

③ Dongwoo Lee Hahm, "Urgent Matters: Redress for Surviving 'Comfort Women'", in *Legacies of the Comfort Women of World War II*, ed. Margaret Stetz and Bonnie B. C. Oh, Armonk, NY: M. E. Sharpe, 2001, pp. 128–141.

Issues)①、世界抗日战争史实维护联合会（Global Alliance for Preserving the History of WWII in Asia）②，及要求解决日本历史遗留问题国际联合委员会（International Solidarity Council Demanding Settlement of Japan's Past）。③ 为纪念1907年海牙公约签订101周年，要求解决日本历史遗留问题国际联合委员会于2008年10月2日至4日在荷兰海牙举行第五次会议。参加会议的代表成员包括日本战争暴行受害者、活动家、研究者，以及来自荷兰、韩国、朝鲜、日本、中国台湾、美国、德国、加拿大、英国及爱尔兰的律师。会议决议案强烈要求日本政府效仿德国，正式赔偿受到战争残害的国家和个人。会议决议案也对某些日本内阁成员拒不承认历史事实的态度表示深切忧虑。④

鉴于日本政府对国际社会的一再敦促置之不理，日本法律专家和国会中支持"慰安妇"运动的成员也在寻求通过立法的途径解决问题。寻求立法解决的提议最早是由日本律师联合会代表团领队土屋公献于1995年在北京举行的第四次联合国世界妇女大会期间提出的。土屋公献后来担任了寻求立法解决"慰安妇"问题协会（「慰安婦」問題の立法解決を求める会）主席。根据土屋等的倡议，本冈昭次和国会中的部分日本民主党、共产党和社会民主党议员于2001年3月联合提议起草了《促进解决战时性强暴受害者问题法案》（戦時性的強制被害者問題の解決の促進に関する法律案）。这份草案是在此前由日本民主党和共产党议员分别提出的两份议案的基础上拟订的。从2001年开始，这一草案曾多次被提交参议院。草案2008年的版本含有13个条款和1个附录，其中确认了日本作为国家有责任为受到日军有组织、长时间性暴力残害的女性恢复尊严，并且要求政府立即采取有效行动向受害者道歉并赔偿。草案敦促日本政府与相关国家的政府进行磋商，彻底调查问题，并要求政府设立特别司法机构和委员会，监督相关政策的制定和执行，定时向国会汇报，尊重受害者的人权，

---

① 该组织1992年成立，致力于推动对"慰安妇"问题的研究和相关教育，是一个独立的非营利、无党派、教育性机构。

② 该组织1994年成立，主要致力于维护亚太战争（1931—1945）的相关史实，也开展了援助"慰安妇"幸存者的活动。该联合会下属的"卑诗省亚洲二战浩劫史实维护会"等组织多次带"和平与和解教师访问亚洲学习团"赴中国访问战争受害者。

③ 该组织1993年于上海成立，并在中国大陆、日本、韩国、朝鲜、菲律宾、印度尼西亚、中国台湾和荷兰设有分会。分会协调人每年集会，讨论各个国家的活动和整体共同活动的计划。

④ 要求解决日本历史遗留问题国际联合委员会第五次会议决议。

同时努力寻求日本国民的理解与支持。① 然而由于保守派议员的反对，草案最终被搁置，未能在参议院引起真正的重视。②

图 23 日军慰安所受害者陆秀珍于 2005 年 11 月 24 日去世。中国"慰安妇"研究中心的陈丽菲（左二）参加葬礼并表示深切哀悼（孙爱民摄）

2011 年是首批韩国"慰安妇"幸存者起诉日本政府二十周年，而此时曾经出面做证的幸存者已有一半去世（见图 23）。③ 随着幸存者相继离世，有学者谴责日本政府在拖延时间，试图通过"生物方式解决慰安妇问题"，以逃避责任。④ 到 2012 年 5 月，已经确认的中国台湾"慰安妇"幸存者中只有九位还在世，而在世者的平均年龄也达到了 87 岁。台北妇女救援基金一直在为这些年迈的幸存者提供服务和帮助，包括定期上门拜访、介绍医疗补助和家庭护理服务信息、举办心理治疗讲习班，等等。此外，该基金正在制作第二部记录幸存者生平经历的纪录片，并筹建台湾地

---

① 草案全文见戸塚悦朗「市民が決める『慰安婦』の立法解决：戦時性的強制被害者問題解決促進法案の実現を求めて」附録，『国際人権法政策研究』3—4號，2008，56—62頁。

② 同上。

③ 根据 2009 年的统计，截至当年，已知幸存者约有一半已经逝世。见寻求立法解决"慰安妇"问题协会、促进立法解决战时性强暴受害者问题联络会会刊『「慰安婦」問題の早期立法解決のために』，2009 年 1 月，1 頁。

④ Hahm, "Urgent Matters", p. 128.

区首个"慰安妇"纪念馆。① 中国大陆的研究者和志愿者也在与时间赛跑,努力在幸存者的有生之年提高她们的生活水平,并记录下她们战时的经历。中国"慰安妇"研究中心(以下简称"中心") 从1999年正式建立起,就与国内的非官方组织合作,调查幸存者的生活状况,并为她们提供救助。为了让国际社会更好地了解日军对中国妇女所犯下的暴行,中心自2000年起,举行了一系列国际研讨会。从2000年开始,中心每月给幸存者提供定期补助和医疗帮助,资金来源主要是私人捐赠。2001年至2007年,幸存者月度补助的一大部分来自世界抗日战争史实维护联合会。这个国际性的非营利组织成立于1994年,由40多个草根团体组成。自2000年以来,共有57名中国"慰安妇"幸存者获得援助。由于幸存者相继离世,到2013年这个数字已降为26名。年迈的幸存者不仅身体状况欠佳,经济条件也十分拮据。与韩国和中国台湾的幸存者不同②,中国大陆的幸存者没有政府的专项救济,他们当中只有很少数人从当地民政福利机构得到一点贫困补助。由于大笔捐赠金较难募得,中心目前主要依靠个人的小额捐款维持,给每个幸存者提供少量的月度补助。

虽然困难重重,但中国大陆民间组织对幸存者的援助在持续增加。2006年,中华全国律师协会和中国法律援助基金会成立了中国原"慰安妇"受害事实调查委员会。到本书英文版出版时,委员会已经发表了三份调查报告。③ 委员会新发现的证据包括57名被捕日本军官、警察和伪政府官员的审讯口供,供词中他们承认直接参与了在安徽、湖北、江苏、山西、内蒙古、满洲里、山东、北京、天津、河北、河南、辽宁、吉林和黑龙江等地建立慰安所,并将中国女子抓进慰安所强奸。④ 委员会的调查显示,直到1945年日本投降后,一支留在山西改编为阎锡山部"保安第六大队"的日本部队仍未停止使用慰安所,甚至向残留在当地的日本士兵发出通知,告诉他们在山西太原建有慰安所。⑤ 在日本侵华战争期间,

---

① 台北妇女救援基金会未刊报告。

② 1997年12月,中国台湾当局向42名状告日本政府并提交证词的原"慰安妇"提供了每人约200万日元的临时救助款。1998年4月,韩国政府向拒绝AWF赔偿的原"慰安妇"提供了约300万日元的救助款。见『「慰安婦」問題の早期立法解決のために』(2009年1月),2页。

③ 取自中华全国律师协会网,http://www.acla.org.cn/,2009年1月2日。

④ 《中国原"慰安妇"受害事实调查委员会发布第一阶段调查结果》,取自中华全国律师协会网,http://www.acla.org.cn/,2009年1月2日。

⑤ 《中国原"慰安妇"受害事实调查委员会发布第一阶段调查结果》,取自中华全国律师协会网:http://www.acla.org.cn/,2009年1月2日。

驻扎在中国境内的日本军队数量庞大，但是，到目前为止，只有极少数原日本帝国军人站出来，揭露日军"慰安妇"制度。日本战犯的供词记录大多是关于屠杀罪行，涉及性暴力和性奴役的供述往往一带而过。随着调查的进展，研究者希望能查出更多原日军官兵关于性奴役罪行的自白。

与此同时，由草根组织发起兴建的展览馆和纪念碑也成为铭记"慰安妇"制度受害者的重要方式。继1998年韩国建立日军性奴役展览馆之后，2005年夏，战争与和平妇女运动资料馆（アクティブ・ミュージアム 女たちの戦争と平和資料館，WAM）于"二战"结束六十周年之际在东京开馆。展览馆的筹建由反对战争性暴力联络网日本联络站（Violence Against Women in War—Network Japan）当时的主席松井耶依发起，得到了日本普通市民的支持。自开馆以来，资料馆定期举办关于日军战时性暴力罪行及"慰安妇"制度的展览和讲座。2009年举办的一期展览，名为"日军性暴力巡展"（日本軍性暴力パネル展），由日中两国民间团体共同赞助，在中国进行了巡回展出。这个展览的执行委员会由WAM负责人池田惠理子牵头，多个日本市民组织、学者和法律专家参加组成，从2009年11月开始，在中国的武乡、北京、西安、广州和南京举行了五场巡展。巡展展出中国受害者的图片和说明在观众中引起强烈震撼，多家媒体报道了这次展览。

图24　幸存者谭玉华（前左二）向来自北美的历史教师讲述自己在日军占领下的遭遇（丘培培提供）

2007年7月5日，中国"慰安妇"资料馆于抗日战争爆发七十周年之际在上海师范大学开馆。这个资料馆由历史学教授苏智良筹建，收藏了中国"慰安妇"幸存者的证言材料、调查结果、视频记录，及日军慰安所历史遗物等诸多资料。自20世纪90年代以来，苏智良和中国研究者们多次呼吁保存原慰安所遗址以建立展览馆，但这一提议却一直难以实现。

直到 2010 年 9 月，经过研究人员、当地群众和政府部门的共同努力，中国第一所日军"慰安妇"制度罪行展览馆终于在云南省龙陵县董家沟开馆。展览馆所在地董家大院在 1942 年至 1944 年日军占领龙陵期间曾被霸占充当慰安所。日军撤离后，董家大院一度空置。2005 年，董家将大院捐给当地政府。保山抗战史研究专家陈祖梁等以中国致公党保山委员会名义提请政府予以保护，董家大院遂被定为历史文物遗址。其后龙陵县文管所得到政府拨款，将破旧不堪的董家大院加以修缮，建成了展览馆。①

龙陵地处中国反侵略战争时期的交通供给枢纽。据滇西抗日战争遗留问题民间研究会的调查，日军第 56 师团于 1942 年 5 月 4 日占领龙陵后，两周内就在镇安街设立了一个慰安所。初期这个慰安所只有四名缅甸"慰安妇"。为了争先使用"慰安妇"，士兵们经常打架。5 月底又从中国台湾运来 100 多名"慰安妇"，在龙陵县城的段氏宗祠和耶稣会教堂开办了两个慰安所。不久之后，占领军组织了傀儡维持会，并命令维持会供应 600 个姑娘"慰劳皇军"。其时当地妇女老少大多数已经逃进山中躲避日军，维持会难以照办。于是日军在县城周围四处扫荡。搜到姑娘先轮奸，再关起来，在董家沟一带的董家大院、龙山卡、白塔、平戛、腊勐等地，建立了多个慰安所。除了当地妇女，村民们还看见有日本和朝鲜妇女被关在这些慰安所中。② 董家大院慰安所一共运营了两年，直到 1944 年 11 月 3 日，中国远征军经过五个月的浴血奋战击垮了日军，慰安所才停止运营。没有人知道日军撤离时董家沟"慰安妇"的命运。但有消息称，就在附近的腊勐和腾冲，日本军队强迫朝鲜"慰安妇"服下氯化汞，并枪杀了中国"慰安妇"。③

在维修董家大院的过程中，施工者发现了大量原慰安所的遗物，包括日本药瓶、女拖鞋、日制牙刷、梳子、口红和笔等，还有一个皮质钱包，上有"大满洲帝国军政部"字样。是谁曾经使用这些东西并把它们留在了这里？她们在那场战争中有过怎样的遭遇？答案已经没入历史的烟尘，但是"慰安妇"的遗物和慰安所旧址依然历历在目，提醒我们不能忘却那许许多多曾在这里被蹂躏、被奴役、被折磨和被杀戮的女性。

自首位慰安所幸存者打破沉默，控诉日军罪行以来，二十余年已经过

---

① 戈书亚：《董家沟慰安所的新发现》，《民主与法制时报》2010 年 11 月 1 日。

② 陈祖梁：《侵华日军滇西慰安所与"慰安妇"》，载苏智良、荣维木、陈丽菲编《滔天罪孽：二战时期的日军"慰安妇"制度》，学林出版社 2000 年版，第 308—322 页。

③ 同上书，第 313—320 页。

去了。二十多年来,纪念受害者的历史展览馆和纪念碑不断增多。2012年5月5日,又一个战争与妇女人权展览馆在首尔揭幕。关于"慰安妇"的纪念碑、艺术作品和纪念网站也在韩国、日本、中国乃至世界各地相继涌现。建在东京的战争与和平妇女运动资料馆在网刊的前言中这样写道:"战争与和平妇女运动资料馆提供了一个场所,让我们把战争罪恶的事实记录、保存下来,传给子孙后代。我们来到这里,铭记'慰安妇'的历史事实,倾听她们的故事。让我们大声说,'无论在哪里,绝不容许这样的悲剧重演!'"[①] 是的,不管日本政府如何否认,正义的声音无法掩盖。在国际社会的共同努力下,超越民族国家局限的共同历史记忆正在形成。"慰安妇"的血泪故事已经铸入我们对那场罪恶战争的不可磨灭的记忆之中。

---

① 取自 Women's Active Museum 网站,http://www.wam-peace.org/,2012年5月30日。

结　　语

　　上海东宝兴路125弄坐落着几栋灰褐色的两层小楼，陈旧而平常，并不引人注意。然而，附近的居民都知道，这几栋小楼记录着一段黑暗的历史。80年前，这楼房是日本在中国大陆开设的第一家军用慰安所，名为"大一沙龙"。走进院子，只见斑驳的墙壁和陈旧的楼梯上面残留着些许火烧的痕迹。20世纪90年代的一场火灾烧毁了一段木质楼梯。院子里散落着杂物和垃圾。一楼右侧曾是一个50多平方米的舞厅，现在隔成了几个小房间。连接三栋楼的过道现在被公用厨房和三个小卫生间所占据。楼中只有几处残存的日式拉门和房间里墙上的日本山水木雕依稀透露出战争年代的信息。

　　"大一沙龙"是近年来研究者在上海确认的166个侵华日军慰安所之一。在战后的市政建设中，原日军慰安所遗址大多已被拆除，存留下来的也因为年久失修而破旧不堪。"大一沙龙"的楼舍在1945年日本战败后被改为民居，现在里面住着50来户人家。① 为了保存这一历史遗址，中国"慰安妇"研究中心主任苏智良和其他研究者曾向政府提议，在这里建立像广岛和奥斯维辛纪念馆那样的遗址展览馆。当地政府虽然同意这个想法，但说没有足够资金实现这个计划。来自欧洲和日本的学者参观此地之后也建议设立纪念馆，让人们记住日本帝国军队曾经犯下的罪行。然而时至今日，计划仍未付诸实施。实现这样一个项目当然并不容易，修缮房屋需耗巨资，搬迁居民更非易事。据《环球时报》报道，虹口区文化局某发言人曾说，鉴于这个问题的敏感性，近期之内不会建馆。②

　　对"慰安妇"问题敏感性的担忧，似乎主要是怕建馆纪念过去的战

---

① Wang Yufeng, "Scholars Propose Memorializing 'Comfort Stations': The Ravages of Time", *Global Times*, September 22, 2011.
② Ibid..

争创伤会对当下的中日外交关系产生负面影响。① 然而，本书收载的慰安所幸存者口述史清楚地表明，"慰安妇"的故事并不是在讲仇恨和报复。这些一生饱受苦难的女性，她们的躯体在日本侵华战争中被日军当作军需品遭受百般蹂躏、剥夺。战争结束后，她们在社会变动中被遗忘、遭歧视。然而，不论她们一生经历了多少摧残和折磨，这些幸存者所牢记、所诉说的，并不只是苦难和愤怒，还有深厚的人性关爱。在她们的叙事中我们看到，被日军多次轮奸、毒打濒死的万爱花仍不忘那位把她从日本军官刀下救出的日军翻译和救助她的乡亲们。她在访谈时强调，"我不知道那个翻译是不是日本人，但我相信日本人里也有好人，现在帮助我们申冤的也有很多日本人"。袁竹林在日军占领下失去了一切：战火导致她夫妻分离，毁了她的家庭；战乱中她的父亲饿死，母亲终日以泪洗面；她幼小的女儿在她被日军关进慰安所时夭折；她本人惨遭日军蹂躏毒打，最终丧失了生育能力。然而我们看到，袁竹林对曾经善待她并帮助过中国百姓的日军下层军官西山，始终抱着感谢之情。袁竹林坦然地对采访者说："我一直认为西山是个好人。"她直言对西山的好感需要巨大的勇气，表现出对人道善良的确信。的确，"慰安妇"的故事向我们展示的是人性的基本原则超越国界。她们的故事促使每个人深思，究竟是什么导致日本军队犯下如此残忍的暴行？怎样才能防止此类暴行再度发生？

发生在20世纪的那场侵略战争给"慰安妇"的身心所造成的伤害是如此之深，以致几十年的时间流逝也无法将她们的伤口抚平。当日本研究者石田米子和她的团队初次来到山西省访问日军性奴役的受害者时，一位受害人一听到日本男人的声音便禁不住浑身发抖，在当地乡亲和女性调查者多方安慰下，才平静下来讲述自己战时的经历。② 回忆慰安所的往事对每个幸存者来说犹如又一次历难，而这种回忆的痛苦在她们每次受访时都会重复经历。为了减轻受害人回忆自己悲惨遭遇时的痛苦，本书调查者与地方研究者密切合作，尽量在调查访谈时为幸存者提供必要的心理和物质上的支持。本书撰写时，这12位幸存者已经多次受到研究人员、社会活动家和媒体的采访。她们中多数人的证言也已经由法律专家反复调查取证，提交对日本政府的法律诉讼。应当说，这些调查访问虽然引起回忆的痛苦，却为受害者打破沉默提供了帮助，也为她们提供了可以倾诉的空

---

① 此处是根据本书英文版出版前的情况所做的评论。近年来日本国内否定其"二战"期间侵略战争罪行的势力日益猖獗，中国政府对日军"慰安妇"制度的谴责态度较前已更为明朗。

② 庄庆鸿：《日本女性记述的中国"慰安妇"历史》，《中国青年报》2010年4月5日。

间，道出那压在心底的可怕往事。然而，多次的访谈也使被访者形成了一定的叙述框架，比如幸存者的口述常常是从自我介绍开始，以呼吁讨还公道结束。这种似乎相当统一的叙述结构容易让读者产生一种印象，以为叙述者对自身经历的理解受到了调查者和社会活动家的影响。这种印象，且不论正确与否，不应当成为否定幸存者口述可信性的根据。必须指出的是，这些受害女性大多数没有得到受教育的机会，又在长期的社会压抑中被剥夺了话语权，对她们来说，打破沉默、战胜恐惧不仅需要强大的社会和政治语境的支持，也需要有适当的场合让她们得以发出自己的呼声，找到适当的叙事方式。可以说，20世纪末开始的这场国际性的"慰安妇"追索正义运动，为她们提供了适当的话语环境及诉求渠道。但正如本书中收载的口述史所示，这些幸存者讲述的亲身经历绝非一个固定叙述框架的复制品，而是每个故事都具有鲜明的个性和独特性。

记忆本质上是主观的、暂存的，且时常表现出片面性或不连贯性。由于记忆的这种性质，原"慰安妇"证言与回忆录的可信度常常遭到质疑。的确，因为幸存者年事已高，饱经战争创伤，缺少受教育的机会，时间间隔又十分久远，她们中有些人会记不清自己受害的具体时间和某些细节。譬如，幸存者万爱花曾被日军毒打，头部受到严重损伤，无法想起自己被抓捕和遭受酷刑的一些细节。调查者苏智良和陈丽菲便在结束对她的访谈后找到当地民众，包括万爱花受害时的知情人侯大兔，一一了解情况，以核实万爱花的口述记录。本书收载的中国"慰安妇"口述史都经过这样的实地调查验证。因为这些受害女性被日军掳掠和奴役的过程有当地民众目睹，她们叙事的真实性都可以核实。目前，企图否定日本帝国侵略战争罪行的人仍在以记忆的不可靠性为由，诋毁原"慰安妇"证言的真实性。在这种情况下，中国"慰安妇"的口述史以强有力的声音向世人提出了一个严肃的问题：当我们今天致力于还原真相、记录历史的时候，究竟是谁的历史叙述可信？

中国"慰安妇"催人泪下的故事，揭露了日军"慰安妇"制度下发生的多种性暴力中最黑暗、最残忍的罪行。从幸存者的叙述中我们看到，日军对中国女性的肆意屠杀和对她们肉体的野蛮摧残是慰安所性暴力的常规部分，而这种大规模的性犯罪贯穿于日本侵华战争的全过程。日军犯下的非人暴行无法简单地以军人的性饥渴或军队的纪律松散来解释；这是一种在战争条件下发生的、以帝国主义暴力征服的形式出现的、高度政治化的行为。这种政治化的、军国主义化的思想状态，使日本军人丧失了人性，也使他们将残害敌国平民看作是战争的需要，是对天皇的效忠。

日本军队对中国"慰安妇"身体摧残的这种政治含义可以从原日军士

兵近藤一的证言中看得十分清楚。侵华战争中，近藤一是独立混合4旅第13大队的军人。他于1940年被派到中国战场，部队驻扎在山西省辽县，距关押尹玉林和万爱花的慰安所所在地盂县不远。据近藤回忆，他所属的部队训练新兵用刺刀杀人时，将中国人绑在树上当靶子。当他用刺刀刺进一个中国人的身体时，他并没有觉得自己是在杀害一个人的生命。近藤说，他们对杀人的这种麻木感是日本兵所受的教育造成的。他们自幼所受的教育是"清国奴猪狗不如"。① 在军队里，日本士兵受的训练也是不把中国人当人看待，让他们觉得对敌国的国民可以为所欲为。② 近藤还讲述了他亲眼所见的两起暴行。一起是他所在部队的前川中队长所为。在一次讨伐中，前川中队长强迫一个遭到士兵轮奸的农村妇女光着身子跟队伍一起行军。这个妇女手里抱着她的孩子。当军队走到山梁上时，一个士兵突然从这个妇女手中夺过孩子扔下山崖，绝望的母亲跟着也从崖上跳了下去。③ 近藤谈到的另外一例，是尖兵中队山本中队长的暴行。山本中队长以爱用军刀砍死中国平民著称。他指示士兵杀中国人时用石头砸。他说："杀中国人用枪对不起天皇陛下。要用石头！"④ 这两个日本军官的所作所为显示出，在日军官兵眼里，强奸、杀戮敌国国民宣示着帝国的征服和军人的效忠：那些被凌辱、摧残、奸污、损毁的中国人的躯体被他们视为占领下的敌国的象征。在这种观念支配下，中国女性的肉体被视为敌国疆土，对她们的蹂躏被当成占领军胜利的炫耀和对被占领者的羞辱。侵华日军性暴力的这种政治含义极大地加深了中国妇女在亚太战争中所遭受的痛苦。⑤

然而，尽管这些慰安所的幸存者一生受尽摧残，但她们面对日军的残忍暴行和战后的政治压力时，却展现出惊人的勇气和意志力。她们的人生故事展示出，在那场骇人听闻的战争悲剧中"慰安妇"并不只是性奴隶和受害者，她们也是历史舞台上的主人公和英雄。雷桂英、陆秀珍、万爱

---

① "清国奴"日文发音是"chankoro"（チャンコロ），这是一个对中国人的蔑称。

② 大森典子：『歴史の事実と向き合って——中国人「慰安婦」被害者と共に』，新日本出版社，2008年，111頁。

③ 池田恵理子：『田村泰次郎が描いた戦場の性——山西省・日本軍支配下の買春と強姦』，载石田米子、内田知行编『黄土の村の性暴力——大娘（ダーニャン）たちの戦争は終わらない』，创土社，2004年，296—325頁。近藤的回忆在大森典子的『歴史の事実と向き合って』中也有记载，见该书第112页。

④ 同上。

⑤ 笔者此处分析受卜正民论点启发。见 Timothy Brook, *Collaboration: Japanese Agents and Local Elites in Wartime China*, Cambridge, MA: Harvard University Press, 2005, pp. 23—24.

花、黄有良和李连春逃离慰安所的行动——冒着生命危险，在当地乡亲的帮助下勇敢前行——表现出了反抗暴力、战胜困境的非凡毅力。这种坚韧的毅力也表现在她们战后的生活中，特别是当她们之中的很多人在各种政治运动中遭到歧视、放逐，以致受到贫困折磨的时候。李连春的女儿告诉我们，"文化大革命"期间，她们那个小山村的人都避讳同李连春和她的家人来往，但是李连春丝毫没有在困境中畏缩。她夜以继日地在田里劳作，一手将三个子女抚养成人，并供他们完成了学业。当时在那个偏远乡村，许多人家的孩子连小学都读不完；李连春所做到的不能不说是一个了不起的成就。遭日军酷刑而身体多处伤残的万爱花，一生都在伤痛中煎熬。然而她不顾自己浑身伤痛，长年为付不起医疗费用的人提供免费按摩。这些可敬的女性尽管自己受尽摧残，却能够始终关爱他人。她们所表现出的坚韧顽强和人性光辉是留给我们的最宝贵的遗产。

本书中文简体字版完稿时，12位幸存者都已经去世。日军慰安所给她们的身心带来了无法愈合的创伤。李连春在生前接受采访时说过下面一段话：

> 我苦了一生，穷了一生，可是，有一样东西是我最宝贵的财富，那就是我的身体和清白。我的身体是我最宝贵的东西，是多少钱也赔不来的。我不是要钱，也不要找谁报复，我就是要世间公道！

这些话真是字字千钧！的确，"慰安妇"的声音和叙事是一份无比沉重的历史遗产，含有社会的、政治的、文化的深远意义。环视当今世界，残害女性的性暴力依然是武力冲突的常用工具，对女性的剥削奴役仍然在全球普遍发生。在我们为建立一个更加公正、人道的世界而努力的过程中，"慰安妇"遗留给我们的历史叙事无疑将发挥重要的作用。随着更多原"慰安妇"的个人回忆录融入人类共有的历史记忆，这份沉重的历史遗产将继续教育我们和我们的子孙后代，激励我们不懈地奋斗，防止反人类罪行的发生。

参考文献

报 刊
(按名称原文读音依英文字母顺序排列)

朝日新闻
参考消息
China Daily
大地周报
Global Times
海南日报
海口日报
环球时报
Japan Times
民主与法制时报
People's Daily
人民日报
人民日报海外版
申报
读卖新闻
中国青年报

网 站
(按名称原文读音依英文字母顺序排列)

China View, http://www.chinaview.cn/.

中国人海南島戦時性暴力被害者への謝罪と賠償を求めるネットワーク（Hainan NET），http：//hainannet.org/.

中国人戦争被害者の要求を支える会，http：//www.suopei.jp/.

House of Sharing. http：//nanum.org/.

女性のためのアジア平和国民基金（AWE）。http：//www.awf.or.jp/.

Korean Council for Women Drafted for Military Sexual Slavery by Japan. http：//saynotoviolence.org/.

日本外務省，http：//www.mofa.go.jp/.

女たちの戦争と平和資料館，http：//www.wam-peace.org/.

人民网，http：//www.people.com.cn/.

「戦争と女性への暴力」日本ネットワーク（VAWW-NET Japan），http：//www1.jca.apc.org/vaww-net-japan/.

台北妇女救援基金会，http：//www.twrf.org.tw/.

United Nations documents. http：//www.unhchr.ch/.

新华网，http：//news.xinhuanet.com/.

中国律师网，http：//www.ACLA.org.cn/.

中国民间对日索赔联合会，http：//www.cfdc.org.cn/.

中国"慰安妇"研究中心，http：//cms.shnu.edu.cn/.

中华人民共和国外交部，http：//www.fmprc.gov.cn/.

中文文献

（按著者姓名读音依汉语拼音顺序排列）

安明：《慰安妇的血泪情》，军事译文出版社1999年版。

班忠义：《血泪"盖山西"：日军山西性暴力十年调查》，中国文联出版社2006年版。

北京市档案馆：《日军强征〈慰安妇〉史料一件》；载苏智良、荣维木、陈丽菲编《滔天罪孽：二战时期的日军"慰安妇"制度》，学林出版社2000年版。

卞修跃：《慰安妇问题与日本战争罪责》，《抗日战争研究》1999年第2期。

步平：《慰安妇问题与日本的战争责任认识》，《抗日战争研究》2000

年第 2 期。

曹保明：《慰安妇考察手记》，吉林文史出版社 2007 年版。

陈景彦：《日本侵华期间强征中国慰安妇问题》，《东北亚论坛》2001 年第 3 期。

陈娟：《南京日军"慰安妇"制度的实施》，载苏智良、荣维木、陈丽菲编《滔天罪孽：二战时期的日军"慰安妇"制度》，学林出版社 2000 年版。

陈丽菲：《日军"慰安妇"制度批判》，中华书局 2006 年版。

陈丽菲、苏智良：《追索——朝鲜慰安妇朴永心和她的姐妹们》，广东人民出版社 2005 年版。

陈庆港：《血痛：二十六个慰安妇的控诉》，北京出版社 2005 年版。

陈淑荣：《国际法透视下的日军"慰安妇"问题》，《石家庄学院学报》2005 年第 4 期。

陈斯白：《野兽在江南》，前线日报社 1939 年版。

陈正卿：《侵华日军华中"慰安妇"罪行新证》，《档案与史学》2003 年第 1 期。

陈正卿、庄志龄：《档案中发现的有关上海日军慰安妇问题》，《档案与史学》2000 年第 2 期。

陈祖梁：《侵华日军滇西慰安所与"慰安妇"》，载苏智良、荣维木、陈丽菲编《滔天罪孽：二战时期的日军"慰安妇"制度》，学林出版社 2000 年版。

房建昌：《日寇铁蹄下汉口的日本陆军慰安所》，《武汉文史资料》2000 年第 4 期。

方志源：《一个羞辱的报告》，载陈斯白编《野兽在江南》，前线日报社 1939 年版。

符和积：《侵琼日军"慰安妇"实录》，《抗日战争研究》1996 年第 4 期。

符和积编：《铁蹄下的腥风血雨——日军侵琼暴行实录》（上、下），海南出版社 1995 年版。

符和积编：《铁蹄下的腥风血雨——日军侵琼暴行实录》（续），海南出版社 1996 年版。

高凡夫：《日本社会传统与日军慰安妇制度》，《学海》2005 年第 3 期。

高凡夫：《追索正义与尊严的艰难诉求》，博士学位论文，上海师范大学，2006年。

高兴祖：《南京大屠杀期间日军慰安所惨况》，载苏智良、荣维木、陈丽菲编《滔天罪孽：二战时期的日军"慰安妇"制度》，学林出版社2000年版。

高兴祖：《日军南京强奸事件与慰安所的出现》，载苏智良、荣维木、陈丽菲编《滔天罪孽：二战时期的日军"慰安妇"制度》，学林出版社2000年版。

戈叔亚：《董家沟慰安所的新发现》，《民主与法制时报》2010年11月1日。

管建强：《从国际法看日本国侵华战争的民间赔偿问题》，《法学》2000年第3期。

管宁：《慰安妇问题与日本的国际化》，《世界史研究动态》1993年第9期。

管文华：《日军对北票妇女的凌辱》，载李秉新、徐俊元、石玉新编《侵华日军暴行总录》，河北人民出版社1995年版。

郭汝瑰、黄玉章、田昭林：《中国抗日战争正面战场作战记》，江苏人民出版社2002年版。

韩文宁、冯春龙：《日本战犯审判》，南京出版社2005年版。

何德功：《我为何替中国受害者辩护：访日律师小野寺利孝》，取自中华网新闻，http：//news.china.com，2005年8月4日。

何吉：《日军强逼中国妇女为"慰安妇"资料摘编》，《抗日战争研究》1993年第4期。

何十里：《三百"慰安妇"惨死泰半——石碌铁矿"慰安所"调查实录》，载符和积编《铁蹄下的腥风血雨——日军侵琼暴行实录》（下），海南出版社1995年版。

何天义：《论日军在中国华北的性暴力》，载苏智良、荣维木、陈丽菲编《滔天罪孽：二战时期的日军"慰安妇"制度》，学林出版社2000年版。

胡家仁口述，卓石存、陈运宏整理：《抚黎庙日军和自警团的据点情况及其暴行》，载符和积编《铁蹄下的腥风血雨——日军侵琼暴行实录》（续），海南出版社1996年版。

蒋公谷：《陷京三月记》（1938），重印本，南京出版社2006年版。

江浩：《昭示：中国慰安妇——跨国跨时代调查白皮书》，青海人民出版社1998年版。

江上幸子：《日军妇女暴行和战时中国妇女杂志》，载苏智良、荣维木、陈丽菲编《滔天罪孽：二战时期的日军"慰安妇"制度》，学林出版社 2000 年版。

江苏省如皋市地方志编纂委员会：《如皋县志》，香港新亚洲出版社有限公司 1995 年版。

姜维久：《论二战平民受害赔偿责任》，《社会科学战线》2000 年第 1 期。

《近代史资料》编辑部、中国人民抗日战争纪念馆编：《日军侵华暴行实录》，北京出版社 1996 年版。

经盛鸿：《南京的慰安妇与慰安所》，《抗日战争研究》1999 年第 2 期。

经盛鸿：《侵华日军在南京实施"慰安妇"制度始末》，载苏智良、荣维木、陈丽菲编《滔天罪孽：二战时期的日军"慰安妇"制度》，学林出版社 2000 年版。

李碧华：《烟花三月》，花城出版社 2005 年版。

李秉新、徐俊元、石玉新编：《侵华日军暴行总录》，河北人民出版社 1995 年版。

李金莲：《抗战时期日军对滇西妇女的性暴行初探》，《楚雄师范学院学报》2003 年第 1 期。

李秦：《新发现的日军强征天津妇女充当"慰安妇"的史料析》，载苏智良、荣维木、陈丽菲编《滔天罪孽：二战时期的日军"慰安妇"制度》，学林出版社 2000 年版。

李师：《日军在富阳县的暴行》，载李秉新、徐俊元、石玉新编《侵华日军暴行总录》，河北人民出版社 1995 年版。

李世民：《乔鸿年筹设慰安所》，《大地周报》1946 年第 31 期。

李晓方：《世纪呐喊：67 位幸存慰安妇实录》，中国党史出版社 2008 年版。

李小江编：《让女人自己说话：亲历战争》，生活·读书·新知三联书店 2003 年版。

李秀平：《十万慰安妇》，人民中国出版社 1993 年版。

林伯耀：《天津日军"慰安妇"之供给系统》，载苏智良、荣维木、陈丽菲编《滔天罪孽：二战时期的日军"慰安妇"制度》，学林出版社 2000 年版。

凌以安：《湖州的日军"慰安所"》，《古今谈》2001 年第 4 期。

刘萍：《关于日军强征山西"慰安妇"的调查报告》，《抗日战争研究》1991年第2期。

刘士田、李志忠：《战后日本对华赔偿问题》，《抗日战争研究》1997年第3期。

潘先椁：《日军侵陵史实概要》，载符和积编《铁蹄下的腥风血雨——日军侵琼暴行实录》（下），海南出版社1995年版。

宋福海口述，陈子明、王吉整理：《我亲睹的新盈日军"慰安所"》，载符和积编《铁蹄下的腥风血雨——日军侵琼暴行实录》（续），海南出版社1995年版。

稣实：《日本侵略者强迫中国妇女作日军"慰安妇"实录》，《抗日战争研究》1992年第4期。

苏智良：《关于日军慰安妇制度的简单辨析》，《抗日战争研究》1997年第3期。

苏智良：《日军性奴隶》，人民出版社2000年版。

苏智良：《试论战后日本对慰安妇问题的态度》，《日本研究》1999年第3期。

苏智良：《慰安妇研究》，上海书店出版社1999年版。

苏智良：《香港日军慰安所调查记》，《探索与证明》2000年第2期。

苏智良、陈丽菲：《侵华日军慰安妇制度略论》，载苏智良、荣维木、陈丽菲编《滔天罪孽：二战时期的日军"慰安妇"制度》，学林出版社2000年版。

苏智良、陈丽菲、姚霏：《上海慰安所实录》，生活·读书·新知三联书店1995年版。

苏智良、侯桂芳、胡海英：《日本对海南的侵略及其暴行》，上海辞书出版社2005年版。

苏智良、荣维木、陈丽菲编：《滔天罪孽：二战时期的日军"慰安妇"制度》，学林出版社2000年版。

孙逊：《慰安妇血泪》，太白文艺出版社2001年版。

孙宅巍：《论南京大屠杀中的性暴力问题》，《民国档案》2000年第4期。

台北市妇女救援社会福利事业基金会：《台湾"慰安妇"报告》，商务印书馆1999年版。

唐华元：《日军在岳阳奸杀妇女的暴行》，载李秉新、徐俊元、石玉新编《侵华日军暴行总录》，河北人民出版社1995年版。

田苏苏：《日军慰安妇政策在华北地区的实施》，《抗日战争研究》2005年第2期。

田苏苏：《新发现的日军在华北设置慰安所的罪证》，《档案天地》2005年第1期。

童增：《中国要求日本受害赔偿刻不容缓》（1991），转引自高凡夫《追索正义与尊严的艰难诉求》，博士学位论文，上海师范大学，2006年。

王璧珍：《慰安所里的女同胞》，《广西妇女》1941年第17—18期。

王清峰：《她们的伤口尚未愈合——台湾"慰安妇"问题的进展》，载苏智良、荣维木、陈丽菲编《滔天罪孽：二战时期的日军"慰安妇"制度》，学林出版社2000年版。

王世忠等口述，张应勇整理：《日军在南林乡的罪行实录》，载符和积编《铁蹄下的腥风血雨——日军侵琼暴行实录》（下），海南出版社1995年版。

王延华：《关于日军的"慰安妇"制度》，《齐齐哈尔大学学报》1995年第5期。

汪业新：《凤宜楼"慰安所"始末》，载苏智良、荣维木、陈丽菲编《滔天罪孽：二战时期的日军"慰安妇"制度》，学林出版社2000年版。

王钟伦、刘太亨编：《从甲戌到乙酉1800亿美元民间受害大索赔——国人依法起诉侵华日军》，海南出版社1993年版。

文言：《凤阳"慰安所"》，载李秉新、徐俊元、石玉新编《侵华日军暴行总录》，河北人民出版社1995年版。

吴广义：《侵华日军南京大屠杀日志》，社会科学文献出版社2005年版。

吴连生口述，林良材等整理：《楚馆悲歌　红颜血泪——日军那大慰安所亲睹记》，载符和积编《铁蹄下的腥风血雨——日军侵琼暴行实录》（续），海南出版社1996年版。

晓苏：《"慰安妇"这一页屈辱黑暗的历史：日军在华北实施"慰安妇"制度罪行史证》，《档案天地》2004年第4期。

谢忠厚、田苏苏、何天义编：《日本侵略华北罪行史稿》，社会科学文献出版社2005年版。

羊杰臣：《日军侵占崖县及其暴行纪实》，载符和积编《铁蹄下的腥风血雨——日军侵琼暴行实录》（下），海南出版社1995年版。

章伯峰、庄建平编：《抗日战争》，四川大学出版社1997年版。

张淮清：《凤阳大惨案》，载李秉新、徐俊元、石玉新编《侵华日军暴行总录》，河北人民出版社1995年版。

张连红、李广廉：《南京下关区侵华日军慰安所的调查报告》，载苏智良、荣维木、陈丽菲编《滔天罪孽：二战时期的日军"慰安妇"制度》，学林出版社2000年版。

张宪文编：《中国抗日战争史》，南京大学出版社2001年版。

张应勇：《日军入侵保亭县始末》，载符和积编《铁蹄下的腥风血雨——日军侵琼暴行实录》（下），海南出版社1995年版。

张应勇：《日军"战地后勤服务队"中的黎族妇女》，载符和积编《铁蹄下的腥风血雨——日军侵琼暴行实录》（下），海南出版社1995年版。

中国抗日战争史学会、中国人民抗日战争纪念馆：《日军侵华暴行实录》，北京出版社1995年版。

钟强：《我所知道的日军黄流机场的"慰安所"》，载符和积编《铁蹄下的腥风血雨——日军侵琼暴行实录》（下），海南出版社1995年版。

中央档案馆、中国第二历史档案馆、河北省社会科学院合编：《日本侵略华北罪行档案9：性暴力》，田苏苏校，河北人民出版社2005年版。

庄国明：《让正义苏醒——台湾"慰安妇"记事》，载苏智良、荣维木、陈丽菲编《滔天罪孽：二战时期的日军"慰安妇"制度》，学林出版社2000年版。

朱德兰：《台湾"慰安妇"档案调查与历史真相研究》，《亚洲周刊》1999年第7期。

英文文献
（按著者姓名依英文字母表顺序排列）

Brook, Timothy, *Collaboration: Japanese Agents and Local Elites in Wartime China*, Cambridge, MA: Harvard University Press, 2005.

Brownmiller, Susan, *Against Our Will: Men, Women, and Rape*, New York: Simon and Schuster, 1975.

Chai, Alice Yun, "Asian-Pacific Feminist Coalition Politics: The Chongshindae/Jugunianfu Movement", *Korean Studies*, 1993 (17): 67-91.

Chai, Alice Yun, "Korean Feminist and Human Rights Politics: The Chongshindae/Jugunianfu ('Comfort Women') Movement", In *Korean American Women: From Tradition to Modern Feminism, edited by Young I. Song and Ailee Moon, 237-254. Westport: Praeger, 1998.

Chang, Iris, The Rape of Nanking: The Forgotten Holocaust of World War II, New York: Penguin, 1998.

Chavez, Linda, "Contemporary Forms of Slavery", Working Paper on the Situation of Systematic Rape, Sexual Slavery, and Slavery-like Practices During Wartime, Including Internal Armed Conflict, Submitted in Accordance with Subcommission Decision 1994/109, UN Doc. E/CN. 4/Sub. 2/1995/38. 1995.

Choi, Chungmoo, The Comfort Women: Colonialism, War and Sex, positions: East Asia Cultures Critique 5, 1 [1997], special issue), Durham: Duke University Press, 1997.

Chung, Chin Sung. "Korean Women Drafted for Military Sexual Slavery by Japan", In True Stories of the Korean Comfort Women: Testimonies Compiled by the Korean Council for Women Drafted for Military Sexual Slavery by Japan and the Research Association on the Women Drafted for Military Sexual Slavery by Japan, edited by Keith Howard, translated by Young Joo Lee, 11 - 30. London: Cassell, 1995.

Chung, Chin Sung. "Wartime State Violence against Women of Weak Nations; Military Sexual Slavery Enforced by Japan during World War II", Korean and Korean American Studies Bulletin, 5 (2-3) (1994): 15-27.

Coomaraswamy, Radhika. Report of the Special Rapporteur on Violence against Women, Its Causes and Consequences, Ms. Radhika Coomaraswamy, in Accordance with Commission on Human Rights Resolution, 1994/45. Report on the Mission to the Democratic People's Republic of Korea, the Republic of Korea and Japan on the Issue of Military Sexual Slavery in Wartime. UN Doc. E/CN. 4/ 1996/53/Add. 1, January 4, 1996.

Dethlefsen, Henrik. "Denmark and the German Occupation: Cooperation, Negotiation, or Collaboration?" Scandinavian Journal of History, 15 (3) (1990): 193-206.

Dolgopol, Ustinia, and Snehal Paranjape, Comfort Women: An Unfinished Ordeal. Report of a Mission, Geneva, CH: International Commission of Jurists, 1994.

Dower, John, Embracing Defeat: Japan in the Wake of World War II, New York: W. W. Norton, 1999.

Drea, Edward J., and Hans van de Ven, "An Overview of Major Military Campaigns during the Sino-Japanese War, 1937–1945", In *The Battle for China: Essays on the Military History of the Sino-Japanese War of 1937–1945*, ed. Mark Peattie, Edward J. Drea, and Hans van de Ven, 27–47. Stanford: Stanford University Press, 2011.

Field, Norma, "War and Apology: Japan, Asia, the Fiftieth, and After", *Positions* 5 (1) (1997): 1–49.

Flath, James, and Norman Smith, *Beyond Suffering: Recounting War in Modern China*, Vancouver: UBC Press, 2011.

Fogel, Joshua A., ed, *The Nanjing Massacre in History and Historiography*, Foreword by Charles S. Maier. Berkeley: University of California Press, 2000.

Gluck, Carol, "Operations of Memory: 'Comfort Women' and the World", In *Ruptured Histories: War, Memory, and the Post-Cold War in Asia*, ed. Sheila Miyoshi Jager and Rana Mitter, 47–77. Cambridge, MA: Harvard University Press, 2007.

Gluck, Carol, "Sekinin/Responsibility in Modern Japan", In *Word in Motion*, edited by Carol Gluck and Anna Lowenhaupt Tsing, 83–106. Durham: Duke University Press, 2009.

Hahm, Dongwoo Lee, "Urgent Matters: Redress for Surviving 'Comfort Women'", In *Legacies of the Comfort Women of World War II*, edited by Margaret Stetz and Bonnie BCOh, 128–141. Armonk, NY: MESharpe, 2001.

Hata Ikuhiko, "The Nanking Atrocities: Facts and Fable", *Japan Echo*, 25 (4) (1998): 47–57.

Hayashi Hirofumi, "Disputes in Japan over the Japanese Military 'Comfort Women' System and Its Perception in History", *Annals of the American Academy of Political and Social Science*, 617 (2008): 123–132.

Hein, Laura, "Savage Irony: The Imaginative Power of the 'Military Comfort Women' in the 1990s", *Gender and History*, 11 (2) (1999): 336–372.

Henry, Nicola. *War and Rape: Law, Memory and Justice*, London: Routledge, 2011.

Henson, Maria Rosa, *Comfort Woman: A Filipina's Story of Prostitution and Slavery under the Japanese Military*, Lanham, MD: Rowman and Littlefield, 1999.

Hicks, George, *The Comfort Women: Japan's Brutal Regime of Enforced Prostitution in the Second World War*, New York: W. W. Norton, 1995.

Hite, Katherine, *Politics and the Art of Commemoration: Memorials to Struggle in Latin American and Spain*, London: Routledge, 2011.

Honda, Katsuichi, *The Nanjing Massacre: A Japanese Journalist Confronts Japan's National Shame*, London: M. E. Sharpe, 1999.

Ienaga, Saburô, *The Pacific War: World War II and the Japanese, 1931-1945*, New York: Pantheon Books, 1978.

Ishikida, Miki Y., *Toward Peace: War Responsibility, Postwar Compensation, and Peace Movements and Education in Japan*, New York: iUniverse, 2005.

Jager, Sheila Miyoshi, and Rana Mitter, eds, *Ruptured Histories: War, Memory, and the Post-Cold War in Asia*, Cambridge, MA: Harvard University Press, 2007.

Japanese Delegation to the Photo Exhibitions of War Atrocities Committed by Japanese Army, *The Asian Holocaust 1931-1945: Hidden Holocaust in World War II by the Japanese Army-Unit 731, BCW, Nanjing Massacre, Comfort Women*, Tokyo, 1998.

Kim-Gibson, Dail Sil, *Silence Broken: Korean Comfort Women*, Parkersburg: Mid-Prairie Books, 2000.

Korean Council for Women Drafted for Military Sexual Slavery by Japan, *True Stories of the Korean Comfort Women*, Edited by Keith Howard; translated by Young Joo Lee. London: Cassell, 1995.

Lary, Diana, and Stephen MacKinnon, eds, *Scars of War: The Impact of Warfare on Modern China*, Vancouver: UBC Press, 2001.

Li, Danke, *Echoes of Chongqing: Women in Wartime China*, Urbana: University of Illinois Press, 2010.

Lu, Suping, *They Were in Nanjing: The Nanjing Massacre Witnessed by American and British Nationals*, Hong Kong: Hong Kong University Press, 2004.

MacKinnon, Stephen R., Diana Lary, and Ezra Vogel, eds, *China at War: Regions of China, 1937-1945*, Stanford: Stanford University Press, 2007.

Matsui, Yayori, "Women's International War Crime Tribunal on Japan's

Military Sexual Slavery: Memory, Identity and Society", *East Asia: An International Quarterly*, 19 (4) (2001): 119-142.

Matsusaka, Yoshihisa Tak, *The Making of Japanese Manchuria, 1904-1932*, Cambridge: Harvard University Asia Center, 2001.

Mayo, Marlene J., and J. Thomas Rimer with H. Eleanor Kerkham, eds, *War, Occupation, and Creativity: Japan and East Asia, 1920-1960*, Honolulu: University of Hawaii Press, 2001.

McDougall, Gay J., *Contemporary Forms of Slavery: Systematic Rape, Sexual Slavery and Slavery-Like Practice during Armed Conflict*. Final report submitted to United Nations Commission on Human Rights, Sub-Commission on Prevention of Discrimination and Protection of Minorities, 50th session. UN Doc. E/CN. 4/Sub. 2/1998/13, June22, 1998. Appendix: "An Analysis of the Legal Liability of the Government of Japan for 'Comfort Women Stations' Established during the Second World War."

Morris-Suzuki, Tessa, "Japan's 'Comfort Women': It's Time for the Truth (in the Ordinary Everyday Sense of the Word)", *Asia-Pacific e-Journal: Japan Focus*, March 8, 2007.

Nihon bengoshi rengôkai, *Investigative Report in Relation to Cases of Japan's Imperial Military "Comfort Women" of Taiwanese Descent*, Tokyo: Japan Federation of Bar Associations, 1997.

Nozaki, Yoshiko, "Feminism, Nationalism, and the Japanese Textbook Controversy over 'Comfort Women' ", In *Feminism and Antiracism: International Struggle for Justice*, edited by France Winddance Twine and Kathleen M. Blee, 170-189. New York: New York University Press, 2001.

Nozaki, Yoshiko, "The Comfort Women Controversy: History and Testimony", *Asia-Pacific Journal: Japan Focus*, Available at http://www.japanfocus.org/.

Nozaki, Yoshiko, *War Memory, Nationalism and Education in Postwar Japan, 1945-2007: The Japanese History Textbook Controversy and Ienaga Saburō's Court Challenges*, New York: Routledge, 2008.

Peattie, Mark, Edward J. Drea, and Hans van de Ven, eds, *The Battle for China: Essays on the Military History of the Sino-Japanese War of 1937-1945*, Stanford: Stanford University Press, 2011.

Piccigallo, Philip R., *The Japanese on Trial: Allied War Crimes Opera-*

tions in the East, 1945-1951, Austin: University of Texas Press, 1979.

Price, John, "Fifty Years Later, It's Time to Right the Wrongs of the San Francisco Peace Treaty", Japan Times online, September 6, 2001.

Rabe, John, *The Good Man of Nanking: The Diaries of John Rabe*, New York: Vintage Books, 1998.

Roberts, J. A. G., *A Concise History of China*, Cambridge: Harvard University Press, 1999.

Ruff-O'Herne Jan, 50 *Years of Silence*, Sydney: ETT Imprint, 1994.

Saaler, Sven, and Wolfgang Schwentker, ed, *The Power of Memory in Modern Japan*, Folkestone, UK: Global Oriental, 2008.

Sakamoto, Rumi, "The Women's International War Crimes Tribunal on Japan's Military Sexual Slavery: A Legal and Feminist Approach to the 'Comfort Women' Issue", *New Zealand Journal of Asian Studies*, 3 (1) (2001): 49-58.

Sancho, Nelia, ed., *War Crimes on Asian Women: Military Sexual Slavery by Japan during World War II-The Case of the Filipino Comfort Women*, Manila: Asian Women Human Rights Council, 1998.

Schellstede, Sangmie Choi, ed., *Comfort Women Speak: Testimony by Sex Slaves of the Japanese Military*, New York: Holmes and Meier, 2000.

Schmidt, David A., *Ianfu-The Comfort Women of the Japanese Imperial Army of the Pacific War: Broken Silence*, Lewiston: Edwin Mellon Press, 2000.

Seaton, Phillip A., *Japan's Contested War Memories*. London: Routledge, 2007.

Soh, C. Sarah, *The Comfort Women: Sexual Violence and Postcolonial Memory in Korea and Japan*, Chicago: University of Chicago Press, 2008.

Soh, C. Sarah, "Japan's Responsibility toward Comfort Women Survivors", *JPRI Working Paper* 77 (2001). Japan Policy Research Institute, University of San Francisco Center for the Pacific Rim, Available at http://www.jpri.org/.

Song, Young I., and Ailee Moon, ed., *Korean American Women: From Tradition to Modern Feminism*, Westport: Praeger, 1998.

Stetz, Margaret, and Bonnie B. C. Oh, eds., *Legacies of the Comfort Women of World War II*, Armonk, NY: M. E. Sharpe, 2001.

Sun, Youli, *China and the Origins of the Pacific War, 1931-1941*, New York: St. Martin's Press, 1993.

Takemae Eiji, *The Allied Occupation of Japan*. Translated by Robert Ricketts and Sebastian Swann, New York: Continuum, 2002.

Tanaka, Yuki, *Japan's Comfort Women: Sexual Slavery and Prostitution during World War II and the US Occupation*, New York: Routledge, 2002.

Terazawa, Yuki, "The Transnational Campaign for Redress for Wartime Rape by the Japanese Military: Cases for Survivors in Shanxi Province", *National Women's Studies Association Journal*, 18 (3) (2006): 133-145.

Tokudome, Kinue, "POW Forced Labor Lawsuits against Japanese Companies", *Japan Policy Research Institute Working Paper* 82 (2001), Available at http://www.jrpi.org/.

Totani, Yuma, *The Tokyo War Crimes Trial: The Pursuit of Justice in the Wake of World War II*, Cambridge: Harvard University Asia Center, 2008.

Totsuka Etsurō, "Commentary on a Victory for 'Comfort Women': Japan's Judicial Recognition of Military Sexual Slavery", *Pacific Rim Law and Policy Journal*, 8 (161) (1999): 47-61.

Ueno, Chizuko, *Nationalism and Gender*, Translated by Beverley Yamamoto. Melbourne: Trans Pacific Press, 2004.

Underwood, William, and Kang Jian, "Japan's Top Court Poised to Kill Lawsuits by Chinese War Victims", *Asia-Pacific Journal Japan Focus*, March 2, 2007, Available at http://www.japanfocus.org/.

Utsumi, Aiko, "How the Violence against Women Was Dealt with in War Crime Trials", In *Common Grounds: Violence against Women in War and Armed Conflict Situations*, Quezon: Asian Center for Woman's Human Rights, 1998.

Wang, Yufeng, "Scholars Propose Memorializing 'Comfort Stations': The Ravages of Time", *Global Times*, September 22, 2011.

Watanabe, Kazuko, "Militarism, Colonialism, and the Trafficking of Women: 'Comfort Women' Forced into Sexual Labor for Japanese Soldiers", *Bulletin of Concerned Asian Scholars*, 26 (4) (1994): 3-17.

Wood, Nancy, *Vectors of Memory: Legacies of Trauma in Postwar Europe*, Oxford: Berg, 1999.

Yang, Daqing, "Atrocities in Nanjing: Searching for Explanations", In

Scars of War: The Impact of Warfare on Modern China, ed, Diana Lary and Stephen MacKinnon, 76-96. Vancouver: UBC Press, 2001.

Yoshida, Takashi, *The Making of the "Rape of Nanking": History and Memory in Japan, China, and the United States*, Oxford: Oxford University Press, 2006.

Yoshimi, Yoshiaki, *Comfort Women: Sexual Slavery in the Japanese Military during World War II*. Translated by Suzanne O'Brien, New York: Columbia University Press, 2000.

日文文献
（按著者姓名读音依日文字典顺序排列）

麻生徹男。『上海より上海へ——兵站病院の産婦人科医』。福岡：石風社，1993年。

「慰安婦」問題の立法解決を求める会、「戦時性的強制被害者問題解決促進法案」の立法を求める連絡会議。『「慰安婦」問題の早期立法解決のために』。2009年1月。

池田恵理子。『田村泰次郎が描いた戦場の性——山西省・日本軍支配下の買春と強姦』。石田米子、内田知行編，『黄土の村の性暴力——大娘（ダーニャン）たちの戦争は終わらない』。東京：創土社，2004年，頁296—325。

石田米子、内田知行編。『黄土の村の性暴力——大娘（ダーニャン）たちの戦争は終わらない』。東京：創土社，2004年。

稲葉正夫編。『岡村寧次大将資料（上）戦場回想篇』。東京：原書房，1970年。

内海愛子、石田米子、加藤修宏編。『ある日本兵の二つの戦場——近藤一の終わらない戦争』。東京：社會評論社，2005年。

江口圭一。『十五年戦争小史』。東京：青木書店，1986年。

大森典子。『歴史の事実と向き合って——中国人「慰安婦」被害者と共に』。東京：新日本出版社，2008年。

大森典子、川田文子。『慰安婦問題が問うてきたこと』。東京：岩波書店，2012年。

岡部直三郎。『岡部直三郎大将の日記』。東京：芙蓉書房，1982年。

笠原十九司。「中国戦線における日本軍の性犯罪：河北省、山西省の事例」,『戦争責任研究』1996 年第 13 期, 頁 2—11。

笠原十九司。『南京事件』。東京：岩波書店, 1997 年。

笠原十九司。『南京事件と三光作戦—— 未来に生かす戦争の記憶』。東京：大月書店, 1999 年。

川田文子。『戦争と性』。東京：明石書店, 1995 年。

金一勉。『天皇の軍隊と朝鮮人慰安婦』。東京：三一書房, 1976 年。

金一勉。『遊女、からゆき、慰安婦の系譜』。東京：雄山閣出版, 1997 年。

桜田武、鹿内信隆。『いま明かす戦後秘史』第一部。東京：サンケイ出版, 1983 年。

佐藤寛二。『赤いチューリップの兵隊——ある兵士の足跡』。東京：千秋社, 1978 年。

従軍慰安婦 110 番編集委員会。『従軍慰安婦 110 番—— 電話の向こうから歴史の声が』。東京：明石書店, 1992 年。

女性のためのアジア平和国民基金編集。『政府調査「従軍慰安婦」関係資料集成』五巻。東京：龍渓書舎, 1997—1998 年。

鈴木裕子。『「従軍慰安婦」問題と性暴力』。東京, 未來社, 1993 年。

鈴木裕子。『フェミニズムと戦争』。東京：マルジュ社, 1986 年。

千田夏光。『従軍慰安婦』。東京：講談社, 1984 年。

高木健一。『従軍慰安婦と戦後補償——日本の戦後の責任』。東京：三一書房, 1992 年。

田中利幸。『なぜ米軍は従軍「慰安婦」問題を無視したのか』,『世界』1996 年第 627 期, 頁 174—183；1996 年第 628 輯, 頁 270—279。

中国帰還者連絡会編。『完全版三光』。東京：晩聲社, 1984 年。

中国人戦争被害賠償請求事件弁護団。『砂上の障壁—— 中国人戦後補償裁判 10 年の軌跡』。東京：日本評論社, 2005 年。

南京事件調査研究会編訳。『南京事件資料集』。東京：青木書店, 1992 年。

西野瑠美子、林博史、VAWW-NET Japan 編集。『「慰安婦」・戦時性暴力の実態<2>中国、東南アジア、太平洋編』,（日本軍性奴隷制を裁く—2000 女性国際戦犯法廷の記録）単行本。東京：緑風出版, 2000 年。

西野瑠美子。『従軍慰安婦：元兵士たちの証言』。東京：明石書店，1992年。

西野瑠美子。『戦場の慰安婦』。東京：明石書店，2003年。

日朝協会埼玉県連合会編。『証言「従軍慰安婦」――ダイヤル110番の記録』。浦和：日朝協会埼玉県連合会，1995年。

秦郁彦。『慰安婦と戦場の性』。東京：新潮社，1999年。

林博史。『陸軍の慰安所管理の一側面』，『戦争責任研究』，1993年第1輯，頁16―17。

平林久枝。『強制連行と従軍慰安婦』。東京：日本図書センター，1992年。

広田和子。『証言記録従軍慰安婦・看護婦――戦場に生きた女の慟哭』。東京：新人物文庫，1975年。

藤岡信勝。『「自虐史観」の病理』。東京：文藝春秋，1997年。

洞富雄。『南京大虐殺：決定版』。東京：現代史出版社，1982年。

森崎和江。『からゆきさん』。東京：朝日新聞社，1976年。

山下明子。『戦争とおんなの人権』。東京：明石書店，1997年。

山田定。『憲兵日記』。東京：駿河臺書房，1985年。

山田清吉。『武漢兵站――支那派遣軍慰安係長の手記』。東京：図書出版社，1978年。

尹貞玉。『朝鮮人女性がみた「慰安婦」――明日をともに創るために』。東京：三一書房，1992年。

吉田清治。『朝鮮人慰安婦と日本人――元下関労報動員部長の手記』。東京：新人物往来社，1977年。

吉見義明、林博史。『共同研究日本軍慰安婦』。東京：大月書店，1995年。

吉見義明。『従軍慰安婦』。東京：岩波書店，1995年。

吉見義明編。『従軍慰安婦資料集』。東京：大月書店，1992年。

吉見義明監修、内海愛子、宇田川幸大、高橋茂人、土野瑞穂編。『東京裁判――性暴力関係資料』。東京：現代資料出版，2011年。